1885-1945

★二战将帅传记丛书★

PATTON's BIOGRAPHY

巴顿全传

林文力 著

華中科技大學出版社
http://press.hust.edu.cn
中国·武汉

图书在版编目(CIP)数据

巴顿全传 / 林文力著. -- 武汉 : 华中科技大学出版社, 2017.9(2023.7 重印)

ISBN 978-7-5680-3127-1

Ⅰ. ①巴… Ⅱ. ①林… Ⅲ. ①巴顿(Patton, George Smith 1885-1945)-传记 Ⅳ. ①K837.125.2

中国版本图书馆 CIP 数据核字(2017)第 155886 号

巴顿全传
Badun Quanzhuan

林文力 著

选题策划:亢博剑
责任编辑:康 艳 沈剑锋
封面设计:今亮後聲 HOPESOUND 2580590616@qq.com · 小九 白今
责任校对:何 欢
责任监印:朱 玢
出版发行:华中科技大学出版社(中国·武汉) 电话:(027)81321913
武汉市东湖新技术开发区华工科技园 邮编:430223
印 刷:鑫艺佳利(天津)印刷有限公司
开 本:710mm×1000mm 1/16
印 张:21.25
字 数:345 千字
版 次:2017 年 9 月第 1 版第 1 次印刷 2023 年 7 月第 1 版第 2 次印刷
定 价:88.00 元

【序言】

为战争而生的铁胆将军

美国陆军与全球霸主

美国在全球的霸主地位除了金融、美元、文化等的支撑，还在于它拥有全世界最强大的军事力量。事实上，如果没有强大的军事力量，美国的霸主地位将不复存在。

美国的军事力量几乎遍布全球。“冷战”期间，它在世界各地建立的军事基地超过5000个，与苏联分庭抗礼。随着“冷战”的结束，由于没有了苏联这样级别的对手，美国的军事基地才大大减少。

尽管军事基地大有削减，但是美国把控世界的野心丝毫没有改变。美军以本土基地为核心，以海外基地为前沿，点线结合，既重视前沿基地，又重视战略运输线上的中间基地和后方基地。“前沿少量存在，本土重兵机动”；控制战略要点，扼守海上咽喉。

可以说，美国之所以能够充当“国际警察”，纵横世界数十年，不是靠和平获得的，而是像绝大多数帝国崛起一样，是通过战争获得的。其中最为重要的是第二次世界大战，正是它将美国推上了世界第一强国的宝座。

在影响人类历史进程、改变世界政治格局的第二次世界大战中，美国投入1000多万人战力的部队（最高时达到1200万人），其中海军300多万人、陆航200万人、陆军600多万人。

在极具破坏性的战争面前，反法西斯国家付出了巨大的代价，仅在欧洲，军队死亡人数就远远超过1690万，居民死亡人数超过3400万，经济损失超过2600亿美元。欧洲各国严重受挫，尤其是英、法、德、意等国，因为“二战”亲手终结了称霸世界数百年的殖民帝国时代。相对而言，美军因远离欧洲战场而损失较少，但在战争这台“绞肉机”面前，美军仍有29万人阵亡，超过10万人死于其他原因，67万人受伤。其中陆军伤亡最大，阵亡约24万人，死于其他原因的约8万人，占美军总伤亡人数的80%以上。美国陆军对美国攫取“二战”后主导权、成为军事帝国作出了巨大的贡献，甚至可以说，美国坐上军事帝国的宝座，戴上头号强国的帝冠，是沾着美国陆军的鲜血的。

国家不幸英雄幸。在烽火连天的岁月里，与被惊扰了平静生活的民众不同，官兵们终于有了用武之地。在欧、亚、非等战场上，美国有数百万陆军将士前仆后继，与法西斯军队浴血奋战。期间诞生了34位担任过陆军军长的高级将领，其中最值得一提的非巴顿莫属。

将军梦与美国陆军精神

如果说“纳粹三名将”隆美尔、古德里安、曼施坦因是德军陆军的代表，“胜利的象征”朱可夫是苏联陆军的代言人，“猎狐高手”蒙哥马利是英国陆军的名片，那么巴顿则是美国陆军军魂的不二人选。

巴顿全名乔治·史密斯·巴顿，出身于军人世家，他的祖父是一名陆军上校，父亲虽然毕业于弗吉尼亚军事学院，但最后并没有成为职业军人，而是当了一名检察官。这一点他与麦克阿瑟等人不同，这些人的父亲都是职业军人，有的毕业于西点军校，有的甚至当上了将军，他们是名副其实的将门之后。不过，这并不影响巴顿从军的决心，他声称见过祖先的灵魂，自己从军是命中注定的。就读于弗吉尼亚军事学院时，他到裁缝店制作校服发现，他的校服尺寸不管长度还是肩宽、腰围、胸围，都跟祖父和父亲完全一致，因而认为自己得到了祖先的庇佑。

尽管生于富贵之家，含着金钥匙降世，但是巴顿不幸地患有“先天阅读失常症”，这是大脑综合处理视觉和听觉信息不能协调而引起的一种阅读和拼写障碍。这给他的人生发展造成了较大的阻碍，所幸巴顿是与命运抗争的人，他说话不仅没有结结巴巴，反倒成为了滔滔不绝的演说者。

人们常说，贫贱之家多出奇士，富贵之家多出纨绔子弟。巴顿对于家族提供的物质条件，始终以“靠祖先的遗产发财本身是无能的表现”的态度来看待，自强不息。他立志从军并不是为日后享受人生铺路，在他心目中，从军是神圣的，任何以此作为垫脚石来获得权力的做法，都是对军人这一职业的侮辱。

就美国将领而言，巴顿非常崇拜托马斯·杰克逊（即大名鼎鼎的“石墙”杰克逊）将军；就欧洲名将而言，巴顿和多数人一样，以汉尼拔等名将为楷模。不过，巴顿的从军之路走得并不顺利，起初，他听从父母的安排到弗吉尼亚军事学院进修，以便获得提名进入西点军校的资格，后来在父亲的多方奔走下才得以进入西点军校。至此，他的军旅生涯在磕磕碰碰中揭开了序幕。进入西点军校后，他因为偏科严重，差点被勒令退学；而且因为数学成绩很差，被留过一级。

从军校毕业后到美国参加第二次世界大战的30多年间，巴顿过着一波三折的军队生活。第一次世界大战前，他当过骑兵军官，进行过军刀改革，参加过世界军人运动会；“一战”期间，他奉命西征，担任潘兴的副官，成为美军第一批坦克指挥官之一，并获得了一枚优异服务十字勋章。战争结束后，他进入参谋学院学习、教书、练兵……

和平时期，军人不可能有什么大的作为，因此，巴顿也始终未能实现自己的英雄梦。他和绝大多数美国军官一样，几乎没有领兵作战的经验，军衔也很低。其实，凭借庞大的关系网，他大可在“一战”结束后离开军队，另谋他职，但是他却抱着有始有终的态度继续坚持着，这一坚持就是20多年。到1939年德国入侵波兰时，他已经54岁，但仍然是上校军衔。

然而，巴顿并不服老，他依旧期待着战争的到来，依旧信奉“一个军人最好的结局就是在最后一场战争中被最后一颗子弹打死”的信条。他在年轻的时候就认为自己是著名军事统帅转世，注定要投身战争。终于，日军偷袭了珍珠港，美国宣布参加反法西斯同盟。于是，名字出现在伯乐马歇尔“小黑本”第一页的巴顿，从此龙腾虎跃，平步青云，先后担任第2军军长、第7集团军司令、第3集团军司令官、第15集团军司令，直到“出车祸”身亡……

战神与非议

毫无疑问，巴顿是第二次世界大战中美军最优秀的陆军将领之一，他在欧、非战场上身先士卒、出其不意、大胆进攻，率部推进了约1700千米，解放1.3万座城镇，歼灭140多万德军。他所获得的勋章数不胜数，仅获准佩戴的军功勋章就超过20枚，包括美国陆军授予的铜星勋章、紫心勋章、银质救援勋章，以及同盟国授予的大不列颠帝国勋章、比利时十字勋章、法国十字勋章、卢森堡十字勋章、摩洛哥勋章等。

那么，年逾五旬的巴顿是如何带着被英、法称为“盟友”的意大利军队，在残酷的欧洲战场上纵横驰骋、屡立战功的呢？这或许从潘兴称他为“军队中的匪徒”中可窥见一斑。

巴顿一向视军人为自己的终身职业。他本可以通过父亲的人脉关系进入政界，享受权力，享受生活，但他对政治一点也不感兴趣，他说：“我对政治毫无天分，就如同一头奶牛对打猎一窍不通一样，况且我对政治也不感兴趣。另外，我也认为一个人军事上的声望如果和政治混杂在一起，将是很糟糕的。”事实上，因为讨厌政治，他差点惹出大祸——攻克柏林后，他屡次“犯错误”，想和苏军大干一场……

巴顿对战争的痴迷程度远远高于一般的职业军人。对隆美尔而言，战争是一场公平的游戏，既然没有办法逃避，就公正地参与。而对巴顿而言，战争是最好的归宿。他是为战争而生的！

出于对战争的热爱，加上丰富的军事理论知识和实践，巴顿具备了统兵作战的本领，并找到适合自己的战略战术。他信奉进攻是最好的防守，无视侧翼，大胆推进，追求兵贵神速和突击力。

不让敌人进攻你的办法就是你去进攻他，不停地向他进攻，这样可以防止敌人重整旗鼓……战斗中的死亡是因为时间和敌方的有效火力在起作用。你们应以自己的火力去压制敌人的火力，以迅速的行动来缩短时间。

巴顿的这种战斗精神深为美军高层所欣赏。马歇尔认为，巴顿是美军在战场上能够对付擅长“闪电战”的德军并取得决定性胜利的最优秀的人选，甚至把巴顿当作第二次世界大战中美军克敌制胜绝对不可缺少的人物。盟军最高统帅艾森豪威尔也说：“在巴顿面前，没有不可克服的困难和不可逾越的障碍，他简直就像古代神话中的‘大力神’，从来不会被战争的重负所打倒。”所以，巴顿虽然制造了许多麻烦，但他始终在一线作战，直到战争结束。

不可否认，作为高级将领，巴顿的作战意图和胜利必须靠他的“巴顿军”来实现。他性格暴躁冲动，爱出风头，炫耀军威，对军纪和训练要求极为严格。他践行“一品脱①美国人的汗水可以挽救美国人的一加仑②鲜血”的理念。他言语粗暴，看起来很不绅士，但在训练部队时却极为有效，并深得将士们的喜欢。

20 年后，你会庆幸自己参加了这次世界大战。到那时，当你在壁炉边，孙子坐在你的膝盖上，问你：“爷爷，你在第二次世界大战时干了什么呢?”你不用尴尬地干咳一声，把孙子移到另一个膝盖上，吞吞吐吐地说：“啊……爷爷我当时在路易斯安那铲粪。”与此相反，弟兄们，你可以直盯着他的眼睛，理直气壮地说：“孙子，爷爷我当年在第 3 集团军和那个狗娘养的乔治·巴顿并肩作战!”

对于巴顿的军事才能，不管是同盟国还是轴心国，评价都很高——

英军亚历山大元帅认为，巴顿是一个推进器，随时准备去冒险，他

---

① 1 品脱 =0.5683 升。

② 1 加仑 =3.7854 升。

应该生活在拿破仑战争年代——他会成为拿破仑手下一位杰出的元帅。

德军陆军元帅冯·龙德施泰特认为，巴顿是一个“出类拔萃”的将军。

德国陆军元帅冯·龙德施泰特的参谋长西格弗里德·威斯特法尔将军认为，巴顿是“（敌军）阵营中最杰出的将领，他在行动的果断、大胆方面尤其突出。这与蒙哥马利恰恰相反，自北非战役以来我就了解他，蒙哥马利总是极其小心谨慎，不愿冒任何风险”。

与美第3集团军鏖兵的赫尔曼·巴尔克将军认为，巴顿是“第二次世界大战中杰出的战术天才，我至今仍将曾与他对抗看作是一种莫大的荣幸和难忘的经历”。

德国陆军元帅隆美尔认为，巴顿极为擅长运用坦克突击力量取得成功：“在突尼斯，美国人为他们取得的经验付出了昂贵的代价，但收益不小。美国将领在那时就已经显示出他们在战术调遣方面是很先进的了，尽管我们直到在法国才目睹巴顿集团军在运动战中取得的最惊人的成就。”

出身高贵、为战争而生的巴顿，在战场上确实光芒四射，但也因为喜欢炫耀、匪性难改而招来了不少非议。

晋升陆军四星上将后，巴顿十分张扬，全身28颗星：钢盔4颗、衣领左右各4颗、左右肩章各4颗、配剑4颗、配枪4颗（枪柄镶嵌象牙）。当然，有资本炫耀只是他的个人行为，而他匪性难改导致五次屠杀事件则引发了众怒。更引人非议的是，屠杀事件发生后，巴顿非但不反悔，宁可被上级处罚也坚决不认错……

1945年12月21日，将星陨落。美国政府按照巴顿留下的“与我的人埋在一起”的遗愿，将他安葬在卢森堡哈姆区的卢森堡美军公墓。巴顿最终和他的将士们永远待在一起。

目　录

Contents

第一章　将门之家出将才

辉煌的军人世家

19 世纪末期，在美国西海岸加利福尼亚州南部的圣盖博市温雅湖畔，有一片广阔的牧场，它的主人叫本杰明·戴维斯·威尔逊。1830 年，这位富有的牧场主在牧场边上靠近温雅湖的地方，建了一座别致的木屋。后来，他的女儿露丝·威尔逊和女婿乔治·史密斯·巴顿（12 岁前名为乔治·威廉·巴顿）时常来这座木屋居住。露丝对这座木屋很有感情，因为她就是在这座木屋里出生的。她怀孕以后，便一直住在这木屋里。1885 年 11 月 11 日，露丝在这里生下了一个可爱的小男孩。和许多拥有高贵血统的家族一样，乔治和露丝用小婴儿祖父和父亲的名字组合，给他取名为乔治·史密斯·巴顿。由于这个名字和他父亲的名字一模一样，人们习惯称呼他小乔治或小巴顿。

当时乔治这一名字在那个地方属于贵族。其实，巴顿的祖籍不是加利福尼亚州而是苏格兰，有史可查的巴顿家族的第一位美国祖先名叫罗伯特·巴顿。

罗伯特·巴顿早年从原籍移居到美国弗吉尼亚殖民地后，曾当过土地契约工。这位身材不高但英俊潇洒的先祖，有着诙谐幽默的个性和风度翩翩的仪表，不久他便结识了富家小姐安妮·戈登·摩塞，并最终成为声名显赫的摩塞家族（即休·摩塞将军）的乘龙快婿。他们所生的儿子就是巴顿的祖父。

这位老巴顿出生于1831年，21岁那年毕业于弗吉尼亚军事学院①。美国南北战争（又称“美国内战”）期间，老巴顿作为一个极其顽固的守旧派，激烈地反对废奴运动。他组织了一支号称“卡拉哈来复枪队”的志愿兵部队，加入南方同盟军，抵抗北方的革命军队和方兴未艾的奴隶解放战争。他先后担任过步兵连长、骑兵团团长，后来升任弗吉尼亚第22集团军的上校。在厄尔利将军指挥的对华盛顿的袭击中，他所统率的部队是唯一一支曾在华盛顿哥伦比亚特区城界内驻扎过的南方军队。到1864年9月在第三次温切斯特战役中阵亡时，老巴顿已升至准将，但人们仍习惯称他巴顿上校。

除老巴顿本人外，他的几名表兄弟也是这支军队的军人。巴顿家族的后人都以这些尊贵的祖先为荣，他们有着先天的勇气和骑士风度，自然也高人一等。在小巴顿年幼的心灵里，时常感觉到先辈们伫立在遥远的高处，审视着自己的一言一行。他也异常崇敬先辈，把他们当作自己“行动的楷模、前进的灯塔”。后来，他在书中写道：“我家族的祖先一直在催我奋进。如果我稍有迟疑，就可能玷污我的血统。”

当然，这个血统的另一部分来源于威尔逊家族。

巴顿的父亲乔治·威廉·巴顿是巴顿上校和苏姗·索罗顿·格拉希尔的大儿子，出生于弗吉尼亚的查尔斯顿。内战期间，巴顿的祖母和四个孩子还有她的一个兄弟一起生活，这个兄弟叫威廉·格拉希尔，曾是联盟海军的上尉。

1870年，巴顿的祖母苏姗与前夫的表兄弟，也是他弗吉尼亚军事学院的同学——乔治·休·史密斯结婚。史密斯的先辈中有许多显赫的教士和律师。他对四个继子视如己出，大儿子乔治·威廉·巴顿为了纪念其继父，按照合法程序把自己的名字改为乔治·史密斯·巴顿（即大巴顿）。

1884年12月，大巴顿娶了豪门本杰明·戴维斯·威尔逊最小的女

---

① 弗吉尼亚军事学院：美国第一所州办军事学院，创立于1839年11月11日。著名校友有五星上将乔治·马歇尔、四星上将乔治·巴顿、孙立人等。

儿露丝·威尔逊。当时，露丝·威尔逊 24 岁，年轻漂亮，举止端庄，谈吐不凡，颇有贵夫人气质。大巴顿也举止高雅，衣着考究，常以南方绅士自居。巴顿家族因此和威尔逊家族拉上了亲戚关系，而后者又是乔治·华盛顿[①]的直系亲属。此外，有一些家系和爱德华一世——英格兰国王和他的妻子玛格丽特——法王菲利普二世的女儿有关系，再由此追溯到十六位曾签订《大宪章》的男爵。在巴顿家族看来，所有这些人都和他们有着直接的血缘关系。

大巴顿虽然不是职业军人，但他在中学毕业后曾进入弗吉尼亚军事学院学习，并担任过高年级的学员副官。1877 年，他从军校毕业后，留校充任法律教官一年多，到 1878 年年底才脱离军界，在洛杉矶“格拉塞尔·史密斯和切普曼公司”法律事务所当律师。1884 年，他当选为地方检察官。

巴顿的外祖父本杰明·戴维斯·威尔逊早年是一个拓荒者，来自美国中东部的肯塔基，是第二批穿过圣菲小路[②]的人。他当过猎手、商人、小店主等，经过几十年的艰苦创业，终于成为当时洛杉矶的首富。到 19 世纪 70 年代，他是加利福尼亚州最大的葡萄酒和白兰地酒制造商，并拥有大量的不动产。他还当选过洛杉矶第一任市长，可以说是有权有势。他有过一个儿子，但年纪轻轻就死了，没留下子嗣；他的大女儿舍伯太太有一大家子人，但没有一个孩子成才；他的小女儿一直没有结婚，巴顿叫她安妮·威尔逊姨妈。

巴顿一家曾在洛杉矶住过一段时间，他家在山上，山下是法院，他的妹妹妮塔出生在那儿。因身体原因，他的父亲离开律师事务所后，他们一家便永远地回到了温雅湖畔。在那儿，巴顿度过了快乐的童年时光。他和年幼的妹妹妮塔有时随父亲去打猎，有时划船或者钓鱼。而巴顿最感兴趣的是玩军事游戏。

一次，巴顿和妮塔在米申峡谷口玩，看到父亲骑着安妮姨妈的那

---

① 乔治·华盛顿（1732—1799）：美国第 1 任总统，杰出的资产阶级政治家、军事家、革命家，被美国人称为“国父”。

② 圣菲小路：1821—1880 年间美国西部一条重要的商路。

匹叫作贝塔的栗色马驹出门，他想和父亲一起去，但父亲让他玩修建城堡的游戏，还下马来拿起岩石手把手地教他。当父亲又骑上马穿过峡谷的时候，保姆玛丽对巴顿说："你该为是这样英俊潇洒的西部百万富翁的儿子而骄傲。"巴顿不解，忙问她什么是"百万富翁"，她说"就是农场主"。但巴顿对"百万富翁"一点儿兴趣也没有，他更乐意挥舞着父亲为他削制的木剑，高喊着冲锋的口号，做一名驰骋沙场的勇敢战士。

很快，父亲也发现了巴顿的兴趣所在，并有意识地发掘他这方面的才能。

巴顿和妮塔都有一件钉有铜扣子的蓝色水手服，妮塔常说她是上校，而巴顿却自称是上等兵，因为那时他还不知道谁的官大，只觉得上等兵级别要高一点。直到有一天，父亲笑着问他为什么当了几年兵还没升职，巴顿这才恍然大悟，上等兵与上校相差太多了。每天早晨，当兄妹俩总为谁服从谁的指令争论不休时，父亲就会下达正式的"命令"："立正！保持肃静！"两人果然一声不响了。接着，父亲下达第二道"命令"："军事科目第一项，早餐！""是，长官！"于是，两个小不点便乖乖地找保姆玛丽吃早饭去了。父亲骑着马要走的时候，总是向"上校"和"上等兵"敬礼。

还有一次，巴顿和妮塔换了衣服去吃饭。餐桌上父亲讲起了罗伯特·李①的故事，他们听得兴奋极了，但父亲说巴顿穿得像个女孩子，不可能太勇敢，巴顿听了大哭起来。他第一次大发脾气，并很费了一番心思把军装、军衔搞清楚了，郑重宣布自己是"乔治·史密斯·巴顿中将"，一下子把自己提升了20级，声称自己是最勇敢的将军。父亲点头默认了。巴顿日后回忆起来，总说自己是"世界上最快乐的孩子"，这一点无疑是和他的父母，尤其是父亲的百般爱护分不开的。

1892年，巴顿的母亲打算带安妮姨妈去东部做手术。她们走后，父亲给巴顿和妮塔朗读《伊利亚特》和《奥德赛》。在客厅靠近壁炉

---

① 罗伯特·李（1807—1870）：美国军事家，在美国南北战争中是南方联盟的总司令。

的地方有一把很大的椅子，巴顿和妮塔一个坐在父亲的腿上，一个坐在旁边的椅子上。书中的情节深深感染了巴顿，为此他请求父亲给他买了一支22式步枪。巴顿拿到心爱的步枪后，每天都爱不释手，勤加练习枪法。过了一些时日，父亲在篱笆上放了一个橘子，巴顿竟然开枪射中了它。父亲非常高兴，也很自豪，觉得他有军事天赋。

巴顿还有一把带有皮带的军刀和一支带有枪机的步枪。他和父亲出去溜达时，总会背着这支枪，还带上两发空的22式子弹壳。每次他都郑重其事地把子弹壳上膛，假装向狮子或强盗开火。有时父亲拿着爷爷的军刀，巴顿则拿着自己的玩具军刀，父亲半跪下来和他“决斗”，每到那时巴顿都会戴一副拳击手套。

这是巴顿最早接受的军事教育和训练，虽然是非正规且十分幼稚的，但对巴顿来说无疑起到了重要的启蒙作用，在他的记忆中留下了不可磨灭的印象。

患上“阅读失常症”

巴顿12岁那年，父母将他送入斯蒂芬·卡特·克拉克私立学校读书。这是一所富人子弟学校，位于帕萨迪纳市无轨电车线的起点，校舍是一套红木构筑的平房，有草坪环绕，不远处还有一个不小的操场。报名那天，他们乘着旧四轮马车去了学校。巴顿一点儿也不喜欢这所学校，因为它像座修道院。回家的路上，马车刚驶过加利福尼亚大街来到杰克大街，父亲扭过头，悲伤地对巴顿说：“孩子，从今以后我们的路就要分开了。”这时的巴顿不明白，父亲曾是军人，怎么那么多愁善感呢?

这一年，父亲又给巴顿买了一支12式勒非弗水枪，花了125美元。买枪那天，父亲从银行借了钱，巴顿觉得太贵了，父亲却说这支枪会伴随他一生，并在枪上刻下他名字的缩写。巴顿要求父亲略去缩写字母中的“小”字，那样父亲也可以随便用这支枪了。

巴顿在1岁左右曾得过一场重病，险些夭折，这对他的智力产生了一些影响。后来医生说他患有“先天阅读失常症”，这使得巴顿的文化学习比较吃力。所以，家人都对他特别关照，尤其父亲对他宠爱有加。在巴顿完全懂事之前，他并不了解父母如此爱护他的良苦用心。直到 7 岁生日那一天，他才发现这个秘密。

那天，父母为巴顿在葡萄园开了一个规模不大但十分热闹的庆祝会，还请来了当地有名的杂耍艺人表演。当天晚上，大家在葡萄园的空地上放起了美丽的焰火，一直到深夜……客人们都告辞后，巴顿也到了该睡觉的时候，他想起还没有向父母说晚安，于是蹦蹦跳跳来到父亲的书房，正要进去，听见父母正在谈论着什么，而且间或还提到他的名字。巴顿好奇地站在门外听了起来。

“乔治，我真的很担心，他已经 7 岁了。”母亲忧虑地说。

“露丝，我知道你的忧虑，我也很想让他接受正规的教育，但巴顿不同于一般的孩子，我们不能让他在众人习以为常的观念中感到自卑……”

“我知道你的用心所在，你那样忙碌，而且你安静的性格是不喜爱整天进行这些户外活动的，为了小巴顿，你却扮演了野外教练的角色，的确做出了很大的牺牲。”母亲之所以这样说，是因为巴顿的父亲是当地颇有名气的演说家，但他平时却不苟言笑，含蓄内敛，既有政治家的手腕，又有思想家的深沉。他是民主党人、律师，一年前当选为洛杉矶县地方检察官，正值前程远大、事业蓬勃向上之际。

“亲爱的，我担心的也就是这些，公务越来越繁忙，我不得不尽量提高工作效率，但陪伴他们的时间一点也不能少，要知道，为了儿子能够早一天和正常孩子一样，我必须付出更多的努力，让他早一天摆脱一切障碍。”

巴顿似懂非懂地听着，此时的他并不能完全理解父母所说的自己和普通孩子之间有什么“不同”，但他明白了，父亲原来并不热衷户外活动，完全是因为爱他、迁就他才这样做的。7 岁的小巴顿好像一下子成了一个能够深深体会父母之爱的大人。

巴顿的所谓“阅读失常症”，是半个世纪前的一项发现。一些医学家与教育学家合作研究，发现了一种神经性异常现象，并将这种现象取名为“阅读失常症”，即“阅读能力部分丧失症”，也叫“难阅症”。又过了一些时候，他们发现了另一种类似的神经化学失衡症状，称之为“注意力不足失调症”。这两种病症的症状包括感觉不适、对书本与学习有沮丧感、只能维持局部注意力、学习过程不健全，等等。而这些症状竟然无一例外地都发生在巴顿身上。这种病症并非完全等同于“多动症”，根据医学资料记载，“阅读失常症”是一种神经性疾病，它的发作与恢复不能由人掌控，也就是说，巴顿根本不能控制自己的阅读和书写。而在当时的医学条件下，这种病症还未被人确诊，当然更无从下手医治了。因此，得了这种疾病的人，从懂事开始，将十之八九与“笨蛋”“白痴”的嘲讽相伴终生。

尽管巴顿的父母无法透彻地理解折磨巴顿的究竟是什么，但他们相信自己的儿子绝对不是“低能儿”，更不是不求上进、贪图安逸享乐的纨绔子弟。他们担心巴顿一旦入学，难免会因发音与书法的拙劣而遭到同学的嘲弄与讥笑，以致丧失自信。因而他们没有让巴顿按学龄上学，而是专门请家庭教师教他文化课，请教练指导他锻炼身体，以便排除外界干扰，使他能够集中精力学习和锻炼。就这样，直到 12 岁，巴顿才正式入学。巴顿的父亲是执着而倔强的人，他既相信自己能找到更为合适的方法，让小巴顿顺利完成最初级的学习，更坚信自己的儿子不会是个怯懦的胆小鬼。

1898 年，巴顿的父亲参加国会选举，孩子们都不希望父亲选上，因为一想到父亲要离开家，他们就很难受。为此他们决定，如果父亲落选，他们将举行一次划船比赛以示庆贺。结果真的落选了，那天巴顿的父亲很难过，但他还是带一家人去水库划船了。

立志当中将

傲气十足的巴顿在进入克拉克学校之初，“阅读失常症”常困扰着他。他不仅要克服阅读和拼写上的生理缺陷，还要忍受同学们的羞辱和嘲笑。有的同学在课堂上模仿他发音不准的朗读，有的同学则在黑板上模仿他不规整的拼写。约有半年时间，每到晚上熄灯睡觉时，巴顿就偷偷地躺在被窝里流泪。好胜心强的巴顿不明白自己为什么会输给别人，尤其令他不能容忍的是，那些穷小子竟然也在文化学习上超过自己。他不得不写信向父亲诉苦和求援。

父亲并没有向他解释什么，只是鼓励他说："巴顿家族的孩子永远都不能输给别人。"巴顿家族的荣誉感激励着巴顿，促使他自强不息，决心战胜一切困难。在他看来，这不仅仅是为了自己，更是为了报答父母，"不给家族抹黑"。在校期间，尽管他的语音和拼写仍有不如意之处，但他的学业一直都在进步之中，尤其令他引为自豪的是他那名列前茅的操行成绩。

尽管阅读能力的障碍折磨着他，但他从不怀疑自己。

优越的家庭环境使他养成了"高人一等"的感觉。他自幼受到父母的溺爱，以及爱尔兰和墨西哥仆人的伺候，平时接触的都是当地显要人物，养尊处优，应有尽有，所有这些使他感到自己是"世界上最幸福的孩子"。他从不怀疑自己的社会地位。他有自信能像弗吉尼亚的祖先那样担任军官，像历史上的著名统帅那样成为伟人，这就是巴顿少年时期的理想。

1902 年 1 月，他给自己的姑妈写信说：

亲爱的凯瑟琳姑妈，我昨天收到了你的信，你的信很好，尤其是对城堡的描绘，我非常喜欢它，还想自己亲眼去看看呢！可能等我有了自己的船以后，我会去莱茵河上划船，但我怕莱茵河太浅了，会容不下我的船和我自己……

这年冬天，父亲带着他和几个人去打猎，当他们来到阿瓦隆时，和往常一样，一群人围上来问他们打了多少山羊。其他人每人都仅捕了一只，巴顿却打了好几只，因此他扬扬自得地大声炫耀。父亲见状，对他说："孩子，如果你不表现出你比别人打得多，就更厉害了。"

巴顿在现实生活中的贵族地位为他带来一种优越感，这种优越感甚至开始滋养了他性格中影响他一生的弱点——自负。

巴顿的父母原以为他会讲话结巴，但令人没想到的是，巴顿特别爱出风头，甚至喜欢在大庭广众之下滔滔不绝地演说。尽管这种性格不值得称道，但毕竟比胆怯、自卑要好得多，因此，父母还是任其自由发展，并没有刻意要求巴顿成为怎样的人。因为在那个世俗的上流社会中，富家子弟可以轻易地接受良好的教育与特别的照顾，言行举止与脾气的怪异不仅是可以容忍的，甚至是受到鼓励的。

在所有科目当中，巴顿对历史课表现出浓厚的兴趣。这得益于父亲早先给他讲述过的大量生动的历史故事和文学作品。其中，许多历史伟人的人格和功绩，使巴顿无限迷恋和钦羡，常常为之激动得夜不能寐。

他如饥似渴地阅读历史书籍，尤其是军事题材的各类史诗，如《荷马史诗》中的《伊利亚特》和《奥德赛》、色诺芬的《远征记》等，从中了解了军事史，了解了许多震撼人心的战争故事，尤其是那些具有传奇色彩的卓越的军事指挥家。他崇拜汉尼拔、恺撒、拿破仑、托马斯·斯通威尔·杰克逊[①]等人，把他们看成是驾驭战争、改变历史、改变人类命运的英雄。

汉尼拔在西班牙和意大利的作战行动，充分显示了他的用兵自如、胆量超人和对关键时间、关键地点的敏锐感觉。恺撒率第 10 军团在高卢征战、拿破仑统军在意大利与反法联盟作战等，都展示了这些统帅卓越的领导才能和神秘莫测的军事艺术魅力。巴顿尤其崇拜因防御顽强而号称“石墙”的美国南部同盟军将领杰克逊将军，因为巴顿家族的几位成员都曾在杰克逊麾下供职。这些人作战勇敢、指挥有方、充满自信、战绩赫赫，成为巴顿效法的楷模。

学校校长克拉克博士和他的兄弟把历史看作是一幅由领袖人物的不同的道义选择构成的恢宏鲜明的画卷，历史是在那些各怀豪情壮志的人

---

① 托马斯·斯通威尔·杰克逊（1824—1863）：美国内战时期南方最成功的将军、战斗英雄。

之间产生的一系列的冲突——其中以波斯人、希腊人、罗马人为主。他们的决定或是英明，或是愚蠢；他们的生活或是充实丰富，或是堕落腐化；他们中有的人推动了国家的进步，有的则由于出发点的错误或是个性的缺陷而阻挠了人类的进步。简言之，历史就是一个由真实的人们所构成的故事，这些活生生的人至今仍存在于世，只不过以不同的表现形式艰苦搏击着、斗争着。

他们在课堂上传授知识的同时，还反复强调爱国和献身是公民应有的品质……这样的教育，将巴顿对历史故事的迷恋推上了一个新的高度。他强烈地意识到，历史就是理解过去、掌握现在与洞悉未来的金钥匙。历史的进步与否，往往是由伟大的人物决定的，而伟大的人物都具有爱国主义精神、自我牺牲精神的优秀品质。

一次，克拉克博士讲课时，发现巴顿正站在课桌上发表演讲，他说："伊巴密浓达①是希腊仅次于亚历山大的最伟大的军人，在我看来，他拥有迄今为止所有著名的希腊人中最好的品质……而米特拉达梯②尽管征服了罗马却无法征服东方，因为他缺少一种东西，而这种东西则造成了一位好的将军和一位伟大的将军之间的'微妙差别'。"克拉克博士觉得巴顿言之有理，于是就没有对他施以惩罚。

很快，巴顿就开始努力学习那种造成"一位好的将军和一位伟大的将军之间的'微妙差别'"的知识了。经过一段时间的研读，他认为，所有的伟人不管是好是坏，都是通过对周围环境的控制和驾驭而达到显赫地位的。为了能够出人头地，他必须在某些方面具有专长，并得到社会的认可。他认为他本人的专长就是在军事领域有所作为。为此，他重视荣誉和声望胜过生命，认为"只有继承了家族那种伟大、崇高和辉煌的传统，只有向社会展示出超群的才干并为国家做出卓越的贡献，才能获得荣誉和声望"。

暑假期间，巴顿兄妹常常在姨妈安妮或父母的陪同下，乘船到圣卡

---

① 伊巴密浓达（前418—前362）：古希腊城邦底比斯的将军与政治家。

② 米特拉达梯六世（前132或前131—前63）：古代小亚细亚本都王国国王，罗马共和国末期地中海地区的重要政治人物，也是罗马最著名的敌人之一。

特林纳岛度假。这里风景如画，气候宜人，没有受到污染的原始森林散发出缕缕清香。蔚蓝的天空、浩瀚的海洋、迷人的自然景观给人一种心旷神怡、心胸开阔和飘飘欲仙之感。巴顿在这里游泳、划船、打猎、捕鱼，玩得痛快淋漓。1902 年夏天，巴顿一家又到圣卡特林纳岛度假。当时，富豪本·可斯一家也在那里，他们是威尔逊家和巴顿家的好朋友。就是这一次，巴顿和比阿特丽丝·本宁·爱尔相遇了。

一直以来，巴顿粗犷的性格、不凡的谈吐和充满阳刚之气的体魄，使得不少美丽少女倾心于他，但他的择偶标准却几近苛刻。在和妙龄女郎接触的时候，巴顿不仅爱跟她们讲腓特烈大帝①的故事，还喜欢向自己喜爱的对象朗读自己表达生死观的诗："百姓死于自然，战士死于责任。"当他发现那些姑娘都不愿意谈论死亡的话题时，他居然出言不逊地说："他妈的，连死都不敢谈，还要嫁给将军？"

他还公开宣布："我要找个能理解死的人！""我要的娘们儿，应该像战士一样不怕牺牲。"这一标准令不少姑娘望而却步。但是，爱尔小姐就是一个能"理解死"的人，谁也没有料到，这次偶然的相识成为他们之间真挚爱情的开始。

其实，他们在很多方面都不尽相同。巴顿性格豪爽，脾气暴躁，喜欢运动，而且与众不同。爱尔小姐则是大家闺秀，文静高雅，感情细腻而浪漫。她身材苗条，面庞清秀，像夏日山涧清澈的溪水。巴顿长这么大还没有离开过加利福尼亚，而爱尔小姐则游历了欧洲，并在法国和瑞士的学校就读，能讲一口流利的法语。巴顿是个乐盲，而爱尔小姐却能弹奏一手好钢琴。如果说巴顿代表了野蛮的西部生活，那么爱尔小姐则代表了东部海滨文明。

这一年，爱尔小姐已年满 16 岁，但还是一身孩子气，喜欢玩洋娃娃。她在家中的沙龙里是一个活跃分子。由于自幼受到父母的宠爱，她养成了固执、骄傲和目空一切的个性，但她对巴顿却格外温柔。

---

① 腓特烈大帝（1712—1786）：又称腓特烈二世、弗里德里希二世，普鲁士王国国王，欧洲历史上著名的军事家、政治家，还是一名作家、作曲家。

巴顿一向傲慢，但对爱尔小姐却望而生畏，觉得她高不可攀。然而，两人相处的时间久了，倒也渐生一些情愫。一天午后，他们玩“捉特务”的游戏，巴顿只身跑进岛上的森林里，不慎掉进一口废弃的陷阱中，身上多处受伤。他强忍疼痛，用随身携带的猎刀在井壁上挖出脚蹬，最终爬出了陷阱。这次历险让巴顿因祸得福，他以过人的意志和柔情赢得了爱尔小姐的好感，两人不久便陷入热恋。面对心爱的姑娘，巴顿豪情万丈许下了自己的誓言：“我一定会成为一名出色的将军！”

假期结束后，两人开始有意识地相互通信。爱尔小姐送给巴顿一枚领带别针作为圣诞礼物。巴顿写信表示感谢，说这是“我最需要的东西”，“当我第一次戴上它，照照镜子看看它是否是笔直的，我情不自禁地举起了帽子”。爱尔小姐看过信后，心里美滋滋的。

即使在两人热恋期间，巴顿仍不忘自己曾经许下的做出色将军的誓言，严格地坚持着军人标准。他一如既往地表述自己对战争和死亡的看法。爱尔小姐没有被吓跑，反而饶有兴致地问道：“乔治，你认为自己怎么个死法，才光荣有趣呢？”巴顿兴奋地回答说：“我想最美好的死法是，让结束战争的最后一发子弹打在我的脑门上。”爱尔小姐会心一笑说：“那么，我希望战争永不结束。”巴顿不无遗憾地说：“我也是那么希望的，可现在战争还没开始呢！”爱尔小姐调侃说：“这么说，你还要活下去了？”说到这里，这对绝配情侣都开怀大笑起来。这段对话使巴顿终生难忘，他欣喜地发现自己找到了志同道合的灵魂伴侣。

与爱尔小姐分别后，巴顿回到克拉克学校，开始了最后一学年的学习。他的远大志向也被克拉克博士发现，他认为巴顿是一个具有“特殊天赋”的人。一天，乘巴顿的父亲来访之机，克拉克博士委婉地表示：巴顿应该尽早扬长避短，发挥特长，或许真能成大器。

巴顿的父亲当然明白克拉克博士的话意，也知道儿子的长项是什么，短处在哪里，他准备尽快把儿子送到军校学习。而最好的从戎出路就是到西点军校学习，因为学员从那儿毕业后，立刻就能被授予少尉军衔。不过，要取得西点军校的入学资格很不容易。

巴顿只是在一所私立中学学了 6 年，进入新学校的入学考试对他来说是个问题，但还有一条出路：如果候选人是联邦正规学校的学生，那么就可以“在持有教务处证明的情况下，不经考试而直接进入西点军校学习”。巧的是，弗吉尼亚军事学院正是这样一所学校。如果巴顿想要获得提名进入西点军校，在弗吉尼亚军事学院学习一年可以帮他适应离家生活，并能保证他在进入西点军校时不需经过入学考试。父亲最后决定先将巴顿送进弗吉尼亚军事学院学习。巴顿家族已有两代人就读于此校，现在学校的负责人不是巴顿家的朋友就是亲戚。

1903 年，巴顿第一次离开家乡，踏上了东去的列车，进入弗吉尼亚军事学院学习。24 年后，巴顿回忆说：“就在我去学院前，我和舅舅格拉西可谈了一次话，我告诉他，我怕自己是个懦夫，他说巴顿家族没有懦夫。我把这件事告诉爸爸，爸爸说在这样的文明时代，像我这样家教的人可能不会愿意去肉搏作战，但是，正是相同的家教，让我非常愿意面带微笑面对死亡。”

第二章　宝剑锋从磨砺出

曲线入学：西点军校

巴顿就读于弗吉尼亚军事学院后，没有从该校毕业，就被推荐到西点军校。

西点军校即美国陆军军官学院，该校位于纽约北部哈德逊河西岸的橙县西点镇，故又被称作“西点军校”或“西点”，距离纽约市约80千米，占地1.6万英亩[①]。

哈德逊河有一个S形弯道，弯急水深，若在河西岸的高地架起枪炮，便可封锁10千米长的河道，彻底切断哈德逊河的交通运输。因此，这里曾是美国东北部最古老的军事要塞。1778年美国独立战争中，美军在此建立抗英据点，1802年美国国会把这里定为军事保留地，第三任总统杰斐逊[②]签署建立陆军军官学院的法案。这所军校坐落在一座小山上，最东端的山头有废弃的战壕。向前眺望，哈德逊河像一只巨人的手臂，环抱着西点校园。

西点军校号称“美国将军的摇篮”，许多美军名将如尤里西斯·辛普森·格兰特、威廉·提康普赛·谢尔曼、罗伯特·李、约翰·潘兴、德怀特·艾森豪威尔等均是该校的毕业生。

西点军校如此赫赫有名，对学员素质的要求自然颇为严苛，必须有

---

① 1英亩≈4047平方米。

② 托马斯·杰斐逊（1743—1826）：美国第三任总统，《美国独立宣言》的主要起草人，美国开国元勋中最具影响力的人物之一。

相当地位的官方人士推荐方能入学。因此，巴顿进入西点军校还是颇费了一番周折的。

当时全美除总统有 30 个名额的推荐权外，国会参议员、众议员和特区代表每人只有 1 个名额推荐权。巴顿的父亲深知当将军是儿子念念不忘的梦想，于是动员各种关系向参议员巴德施加压力，请求他提名巴顿。这样巴顿便具有了不少优势，因为：第一，巴德参议员曾是威尔逊生意上的合伙人，而巴顿则是威尔逊的外甥；第二，巴德的儿子是巴顿的同学和好友，两人关系非同一般；第三，巴顿的父亲是当地的名人，又是洛杉矶加利福尼亚俱乐部（实际上是富人俱乐部）的成员，结交了不少地位显赫、神通广大的朋友；第四，巴顿本人对军事和战争具有浓厚的兴趣，他冷俊威严的外貌也颇具军人气质。

就在巴顿的父亲积极活动的同时，各方面的来信如雪片一般飞向巴德家。当时，巴德正在华盛顿开会，他的妻弟处理了那些信件，他答复巴顿的父亲说：巴德先生仅仅承诺把巴顿加入推荐参试人员名单中，巴顿还是得进行入学竞争考试，巴德先生再择优推荐。

这下可急坏了巴顿的父亲，他知道巴顿的发音和拼写均有缺陷，万一通不过考试怎么办？为了更有把握，巴顿的父亲决定让他先去弗吉尼亚军事学院学习一年。他还让巴顿的姨妈安妮留在莱克星顿照顾巴顿，想方设法给他家庭的温暖，使他不致感到孤独，并激发其进取心。

有趣的是，巴顿去裁缝店做校服，意外地发现父亲当年去弗吉尼亚军事学院报到时也在这家裁缝店定做了校服。而且为父亲做校服的裁缝温菲尔德先生给巴顿量身材的时候，发现他的校服尺寸无论在长度、肩宽，还是在腰围、胸围上，与他的祖父和父亲从前的军校制服尺寸都惊人的一致。温菲尔德先生拿出记录过去尺寸的本子给巴顿看，巴顿认为这是一个好兆头，有祖辈们保佑，自己必将吉星高照。

不过，在进入弗吉尼亚军事学院初期，巴顿的老毛病仍时常作怪。由于经常误解校方通报上的字意，他不断出错，甚至闹出了笑话。他把满腔的烦恼告诉姨妈，并给父亲写信。父亲在回信中告诫他要尝试阅读各种字迹的文稿，搞懂单词的每个字母直至理解整段文字。他还以自己的切身经历告诫儿子：“对高年级学员要有礼貌，但只在同年级学员中交朋友；首先要成为一名优秀的军人，其次才是学好文化课。”

巴顿遵照父亲的教诲去做，先把自己训练成为一名优秀的军人，但他又不得不在文化课方面加倍努力，因为如果他不能通过西点军校的入学考试，其他方面的努力都将付诸东流。

到 1903 年圣诞节前夕，巴顿的成绩和表现已经名列前茅了。他如饥似渴地学习军事知识，严格遵守一切规章制度，并在文化课上狠下功夫。不久巴顿就被评为内务整洁、着装规范和军姿优美的下士，深受教官和同学们的喜爱。

当然，巴顿并没改掉他待人傲慢的习惯。课余时间，他也经常搞一点儿恶作剧，借以放松一下紧张的神经。他还是班上第一个被吸收为秘密“兄弟会”会员的人，虽然他内心并不愿这样做，但又不得不顺其自然，因为这意味着他已经被高年级同学同等看待了。

1904 年 1 月，巴德先生终于确定在洛杉矶举行推荐学员入学考试，由他的妻弟负责组织。巴顿的父亲担心儿子千里迢迢赶赴洛杉矶考试会影响成绩，于是建议让儿子在华盛顿的巴德参议员的办公室考试，但遭到拒绝。巴顿只好匆匆返回洛杉矶参加考试，在长途的旅行中，巴顿丝毫不敢放松，抓紧时间复习功课。考完试后，没等结果出来，也没有来得及休息，巴顿就匆忙赶回弗吉尼亚军事学院上课了。

参加这次入学考试的共有 12 人，不久洛杉矶地方报纸上登出了前 3 名名单，巴顿榜上有名，考了第 3 名。

巴顿的父亲得知这一喜讯后，马上给巴德写信表示感谢，并继续为巴顿游说。巴顿家的亲友也纷纷写信给巴德。在此情况下，巴德最终决定推荐这位民主党人的儿子。得到这个消息后，巴顿的父亲激动极了，马上发电报给儿子，向他表示祝贺。

第二天上午，巴顿的父亲又给儿子写了一封洋洋洒洒的长信，抒发他对这件事的感受和对巴顿的殷切希望。他说，虽然巴顿即将与家人分开，但全家都为他感到高兴，“因为一个人在世界上最强烈渴望做的……便是最适合于他做的事。你身上具备优秀军人的血统，要正直、勇敢、整洁，那么你将得到应有的报答”。

梦寐以求的西点梦终于实现了。巴顿兴奋不已，数夜未能入寐，同学们也纷纷向他表示祝贺。后来，巴顿在日记中写道：“我知道我的理想是冷酷自私的，但不是真正的自私的表现，因为这个理想非但没有让我免受折磨，反而让我竭尽全力地去追求一个不会给我也不会给别的任何人带来任何好处的结果……我会尽我全力地去实现我认为——也可能是错的——我命中注定要实现的目标。”

1904 年 6 月，不满 19 岁的巴顿在父母的陪同下到西点军校报到。刚下马车他就发现，门廊里有几个姑娘不屑地看着他，其中一个还尖叫道：“瞧，来了一个老鼠!”“老鼠”是当时对一年级新生的蔑称，因为他们初来乍到，对一切都感到陌生，胆小如鼠。在军校里，各年级学员之间颇有“等级森严”的味道。巴顿在弗吉尼亚军事学院虽已评为下士，但仍然属于小“老鼠”。

从迈进西点校园第一天接受“立正”训练开始，学员就必须接受强制性的“野兽营”训练。在刻板的列队、操练、野营、演习过程中，在艰苦的摸爬滚打中，无论在什么情况下，学生只能有四个“标准答案”：“报告长官，是。”“报告长官，不是。”“报告长官，我不知道。”“报告长官，没有任何借口。”“野兽营”的残酷更鲜明地表现在新学员入学阶段，这是新学员教育阶段的过滤器，其淘汰率达 15% 之多。

纪律是胜利之母，是实现一切远大目标的阶梯。西点军校对学员纪律的要求比全美任何学校甚至部队都更为严格。“我们要做的是让纪律看守西点，而不是教官时刻监视学员。”以日常生活管理为例，每个学员手中都有多达十几甚至几十条条令、条例、命令和规定必须学习和遵守。他们每天早餐之后便开始了几乎是没有喘息机会的操练和上课，那些数不清的规章制度就像是高悬的“达摩克利斯之剑”，随时都可能刺向违规者，让学员们叫苦不迭。

到了第三学年，学生们还将接受极富挑战性的历险训练，比如到巴拿马[1]进行热带丛林作战训练、到阿拉斯加[2]北部进行野外滑雪作战训练、到科罗拉多[3]进行野外生存训练。如果经不起残酷的考验，就会被淘汰。

在西点军校最初的日子里，巴顿对这里的一切都感到新奇：餐厅里的桌布几乎每天一换，到处窗明几净、一尘不染，大家都循规蹈矩，一切都是严格的军事化。但是，不久他就觉察到，这里并没有他所欣赏的那种南方绅士气派，许多学员的出身并不高贵，充其量属于中产阶级家庭，没有超凡脱俗的远大志向。他在日记中写道："我则不同，我属于一个可能快要灭亡或者从来就没有存在过的阶级，与那些懒散、声称爱国而又爱好和平的军人之间差距甚大，如同天堂与地狱之别。"

在西点军校期间，巴顿为自己制定的发展目标是：在队列训练中夺冠；晋升为学员副官；打破西点军校径赛运动项目纪录而达到 A 级运动员标准。

巴顿的勃勃雄心，在入学不久就受到了严峻的考验。

在文化课方面，他缺乏扎实的基础，尽管他为此付出了巨大的努力，但成绩仍不理想。学习上的困难令巴顿烦躁不安，他开始埋怨甚至诅咒自己是"一个平凡、懒惰、愚笨而又野心勃勃的幻想家"。他深深感到，再这样下去将前途无望，将无颜面对列祖列宗，将玷污乔治家族的血统和荣誉。

关键时刻，给予巴顿勇气和力量的还是他的亲人，他们理解他的苦衷，也了解他的性格，知道他尽了全力。父亲经常来信鼓励他，告诉他，一个人只要尽了最大努力，不管结果如何，都算是赢家，是强者。

与薄弱的文化课基础相比，巴顿在军事科目上却表现出色，他尤其偏爱战术理论和队列训练。战术系的教员们对巴顿在战术理论方面的独

---

① 巴拿马：即巴拿马共和国，位于中美洲最南部，连接大西洋及太平洋的巴拿马运河位于该国的中央，拥有重要的战略地位。

② 阿拉斯加州：美国的一个州，位于北美大陆西北端，东与加拿大接壤，另三面环北冰洋、白令海和北太平洋。

③ 科罗拉多州：位于美国西部落基山脉东侧，在 50 个州中地势最高，州府为丹佛。

到见解十分赞赏，认为他具有超越常人的军事天赋和才智，是全系最杰出的战术天才。

对于队列训练，巴顿更是达到痴迷的程度。他认为队列训练最能体现军人的气质，培养军人良好的军姿和顽强的意志。他的学友戈塞尔斯对他说："乔治，队列训练在毕业成绩中只记 15 分，而数学却有 200 分。你的数学已经很差了。如果你把用于准备队列训练的时间拿出 80% 来攻一攻数学，你不但仍可通过队列的考试，而且数学成绩也会跟上去。"但巴顿不为所动，依然如故。

根据训练计划的安排，队列训练每周六进行一次，但巴顿在星期天下午就苦练下一周的科目内容。因此，他的队列动作漂亮利落，堪为表率，名列全班第二。

校方对巴顿的顽强意志和刻苦精神给予了肯定，承认他军姿优美、勇敢刚毅，但巴顿的数学成绩为全班倒数第一，法语成绩也很不理想。因此，校方最终还是决定让他留级。巴顿原来计划在学年末当上下士学员的心愿也随之泡汤了。

夜幕降临，空山不见人，山谷下的哈德逊河孤独地流淌着，繁星闪烁下的西点一派静谧。偶尔，从远处的山谷中传来几声美国大兵的笑声。巴顿在静谧之夜独自反思。

对于一个男子汉来说，连续三年在军校一年级（包括弗吉尼亚军事学院的一年）徘徊，的确无法忍受。如果不是抱着要成为一名伟大军人的坚定信念，如果不是亲人的鼓励和支持，巴顿早就打退堂鼓了。他的父亲给他发电报说："没关系，孩子，努力，上帝保佑你！"

1905 年 9 月，巴顿又开始和下一届学生过一年级的生活了。他买了一个日记本用以记录自己的一些想法和重要的事情。他在扉页上写道："勤奋努力，锲而不舍。"留级的打击没有使巴顿退却，反而激发了他争强好胜的欲望，他在父亲的鼓励下，迅速调整好情绪，决心重整旗鼓，从头做起。

在圣卡特林纳岛休暑假期间，他把时间全部花在温习功课上，并请了一位家庭教师辅导自己。他在记事本上写道："勤奋是天赋的源泉。"

西点军校时期的巴顿

“不仅要做好要求你做的，还要乐于做更多没有要求你做的。”“我们不能以年龄来计算在这个世界上活了多少年，而应该从我们做了多少事情来计算。”随后，他又给女友爱尔小姐写信说：“你在信上说，如果一件事即使是失败了也没有什么意义的话，也就没有尝试的价值。我认为非常正确，我从来都没有这么想过，你说我不会真正的失败，也许你是错的，因为我又懒又蠢……但总有一天我会出人头地的。”

经过又一年的刻苦学习，巴顿终于升入了二年级，他参加了校足球队，卖命地踢球，以此检验自己的勇气。但不久他就扭伤了胳膊，被迫离开绿茵场。他没有气馁，又参加了校田径队，成为高栏赛项目运动员。同时，他把其他功课也抓得很紧，他已经紧紧地盯上了第一下士学员的位置。

功夫不负有心人，他的刻苦努力终于有了回报。到学年末，他不仅通过了各项考试，而且被任命为二年级的第二下士学员，负责带领一年级的一个连队。

作为学员连队的小头目，巴顿显示了指挥员应有的负责精神和管理才能。他对新学员严格要求，对他们的违纪行为铁面无私、绝不姑息。当然，他天生喜欢发号施令和出风头的禀性一点没变。他在信中告诉母亲："今天晚上开饭，由我带队喊口令，因为一等下士在站岗。晚上集合的时候也是我下口令。在弗吉尼亚军事学院第一次看到拉格兰下集合口令的时候，我就希望也能像他一样，今天终于做到了，有人说我是具有感染力的一个人，我希望是这样，那我就可以一直到 8 月都能指挥他们了。不管怎样，我知道我是班上唯一一个可以指挥他们前进，并能有效控制他们的人。"

由于巴顿严格管理，执行纪律时铁面无私，有时显得过于刻板，所以新学员普遍讨厌他，给他取了个绰号叫"豪猪刺"，意指他过于热衷军衔和荣誉，而不惜把同学当作向上爬的阶梯。其实事实并非如此，巴顿所关心的是如何履行职责并做一名标准的军人，从不在乎是否受人欢迎。他不仅对新学员要求严格，而且严于律己，以良好的自身形象为他们做出表率。但是，鉴于巴顿上报的学员违纪行为比其他学员干部多，到新生训练结束时，战术教官将他从第二下士降为第六下士。事后，巴顿给父亲写信说："我还是不太受欢迎，可能是因为我'太好斗'，但这正是我比别人强的地方，那种认为自己不如别人的人是世界上最蠢的人，去他妈的吧！总有一天我要让他们知道，他们永远比不上我。"

最后一个学年，西点军校组织了一次狙击训练，巴顿突然萌生出一个怪念头，想看看自己能否勇敢地面对子弹毫不畏缩。按作训规定，同学们轮换射击和报靶，在其他同学射击时，报靶者要趴在壕沟里，举起靶子；射击停止时，将靶子放下报环数。轮到巴顿报靶，同学正射击时，他突然站起来，把头伸向火线区，子弹从他身边"嗖嗖"地飞过，他却丝毫不在乎。他的同学大惊失色，嘲笑他是一个天生不要命的傻瓜。事后，父亲责问巴顿："你为什么要做这样的蠢事呢?"巴顿回答说："我只是想看看我会不会害怕，想锻炼自己不再胆怯。"

巴顿锻炼自己勇气的另一件事是他用自己的身体做电击试验。在一次物理课上，教授向同学们展示了一个直径为12英寸[①]长、放射火花的感应圈。有人提问，电击是否会致人死亡。教授就请提问的学生进行试验，但这个学生胆怯了，拒绝进行试验。下课后，巴顿请求教授允许他进行试验。他知道教授对这种危险的电击毫无把握，但这恰恰是考验自己胆量的良机。教授稍微迟疑后同意了他的请求。当感应器触及巴顿胳膊的时候，火花在他的胳膊上绕了好几圈，当时他并不觉得怎么疼痛，只感到一种强烈的震撼。但此后几天，他觉得胳膊一直麻木、硬邦邦的。

冒险的次数多了，巴顿敢作敢为的精神得到了教官们的理解和肯定。他得到了来自各方面的赞誉和高度评价："他是一个满头金发的北欧人，身体高大匀称，风度潇洒，举止端庄，是年轻领导人的完美典型。"高高的个子、端庄的举止、合体的军装和整洁的内务，他从外表到内涵都是一个标准的军人。他的仪表、举止和言谈与众不同，他对自己所做的一切都完全投入，所有这些都使他在学员生活中引人注目。

1908年夏天，巴顿被任命为西点军校学员队副官，这使他春风得意，因为他终于实现了当学员副官的目标，这个目标给他带来了两大心理满足：第一，出于对父亲的尊重和爱戴，父亲曾是弗吉尼亚军事学院的学员副官，巴顿决心要继承父亲的传统，这是从起点迈出了第一步；第二，学员副官是军校全体学员的首领，是"阅兵队伍之星"，能抛头露面，十分长脸，是军人和荣誉的象征。

巴顿在给女友爱尔小姐的信中写道：

> 你还记得很久以前……我说我想当学员副官吗？我担心我永远也当不上，而你却说我会当上的。如今我如愿以偿了。

巴顿为此兴奋不已，心花怒放，无论是在阅兵还是训练中，他都保

---

① 1英寸≈2.54厘米。

持着一种昂扬的激情和勃发的姿态，俨然是一位指挥千军万马的将军。他在日记中勉励自己：

乔治·巴顿，你已经看到热情对于一个人成就一番事业有什么样的影响了，你必须靠自己的力量去得到掌声和赞许，而这也是你应该得到的。可能在和平年代，这没有什么太大的价值，但这是你生命中唯一值得去争取的事情了。为了追求更高的荣誉，生命和世俗的欢乐只是小小的牺牲而已。以前你尽了最大努力但失败了，现在你仍要尽最大努力获得成功。这才是你活着的意义所在。你一定要成就一番事业，你一定要一直追求成功，除非你已达到了事业的顶峰或是进了坟墓。

军校生活充满了艰辛和烦恼，但巴顿慢慢熬了过来。1909 年 6 月，在上完最后一节课后，巴顿如释重负地在笔记本上写道：

谢天谢地，作为士官生的最后一节课终于结束了。

直到今天，西点军校还流传着巴顿的一个笑话：巴顿在学校的学习成绩实在令人不敢恭维，他花了 5 年时间才从西点军校毕业，比同期学员多出了一年。一次，一位学弟追问其原因，巴顿俏皮地回答说，他学习期间没有找到学校的图书馆。对此，西点人则以自己的幽默来回答和纪念这位 1909 年的毕业生。如今在西点军校图书馆外有一尊身着军服、头戴钢盔、钢盔上有四颗将星的塑像，手里拿着望远镜，面朝图书馆。这就是第二次世界大战时期四星上将乔治·史密斯·巴顿将军的塑像。

尽管巴顿花费了 5 年时间才学完所有的课程，但他仍取得了惊人的成绩。他是学校跨栏赛纪录的创造者，同时还是优秀的击剑运动员和步枪、手枪的特级射手。他以标准的着装、优美的军姿、出色的领导才能和勇敢善战的举动，成为西点军校的骄傲和众人关注的中心。更为重要的是，他以惊人的毅力和意志战胜了“阅读失常症”，克服了摆在他面前的一个又一个障碍，各个科目都取得了合格的成绩。他比别人付出了更多的劳动和汗水，因而获得了更多的荣誉和成果。但这仅仅是一个开始，他渴望在真正的军旅生涯中开辟一条显赫与光荣的道路。

喜事不断的骑兵少尉

巴顿对军人职业一直孜孜以求，近乎痴迷。四年级时，他一直在冥思苦想选择哪一个兵种。火炮在当时被称为“战争之神”，具有无坚不摧的威猛形象，炮兵是令人称羡的。但巴顿认为炮兵离短兵相接的前线太远，不能冒着枪林弹雨冲锋陷阵，既缺少刺激，又无建功立业的机会。所以，巴顿首先排除了炮兵。他也考虑过步兵，任何时代、任何战争都不能没有步兵，步兵的勇敢精神和立功晋级的机会与巴顿的志趣是很契合的。步兵中，从少尉到中尉的提升可能只要两三年，但只有升到中尉以上，才能真正算得上是军官。不过，步兵军官与巴顿本人崇拜的“骑士”相差甚远，因此，他最终选择了骑兵。这不仅因为骑兵符合他向往的骑士精神，而且还因为人们都说骑兵军官是优秀的绅士。

1909 年夏，巴顿被分配到伊利诺伊州芝加哥附近的谢里登堡，任骑兵连少尉。

谢里登堡位于芝加哥城以北 27 英里（1 英里约为 1.6 千米）的密歇根湖畔，以美国内战中的杰出将领谢里登命名。后来这里因在第二次世界大战中建立了美国女子军事训练学校而闻名。巴顿去报到的时候，这里还是一片荒凉，并不是他所向往的骑兵军事基地，只是由一个连驻守的哨所而已。

巴顿来到这里的第一印象是，除了少数几位军官外，大多数军官都像是当一天和尚撞一天钟的普通军人，毫无绅士风度。有些军官更为糟糕，甚至“不正经”，尤其是美、西战争后加入正规军的民兵军官。巴顿对这里士兵的无知更是感到吃惊，他们中大多数人英文都不好。但是他们都在很努力地训练，对于集合从不提出疑问，也不在乎被责骂，行动也很迅速，当你叫他们时，他们都跑步过来。

所幸的是，巴顿在这里结识了第一个朋友弗朗西斯·马歇尔上尉。

他任骑兵上尉，是巴顿的顶头上司。在此之前，他曾在西点军校参谋部供职，因而对巴顿的在校表现一清二楚，两人很快建立了信任与友谊。

马歇尔上尉领巴顿在营区转了一圈，让他尽快熟悉连队的日常生活。他们检查食堂卫生，观看靶场的实弹射击，督促马夫值班，查阅办公室的文件等。巴顿对每个细节都很留心。

有一次，巴顿在马厩里发现有一匹马没有拴，而马厩那头有个士兵，于是就咆哮着让那个士兵跑步过来把马拴上。这个士兵可能没听明白，快走了两步又停下来，巴顿见状大骂道："混蛋！你他妈的跑步过来！"士兵跑步过来后，巴顿突然觉得，这其实是对士兵的一种侮辱，事后他又找到这个士兵当面道歉。

几个月后，他给女友爱尔小姐写信说：

我关了一个士兵的禁闭，因为他没有执行命令；我还惩罚了一个军事犯人，因为他没有服从下士的命令。我不想这么做，但我必须这么做，我倒不是说这么做了之后对这些人本身有什么影响，而是会对别人有影响。不管怎样，要正确地做好一件事，你必须不受私人感情的影响，对待人就像对待没有生命的木头一样。因为你一旦考虑到他的悲哀、他的悔恨，你就会陷入一种绝境，那样就没有正义可言了。我想，这种感情也可以用到战争中，将领指挥的不是一百个人，而是一百个单位。

之后，他又写信告诉父亲：

周二，我的眼睛青了。我的马跳起来，差点把我摔下来，因为帽子遮住了我的脸，我什么也看不见。我用手和膝盖支着在马上站了起来，它跳得更厉害了，最后竟然用后腿站了起来，又重重地摔倒了。本来我一直坐在马上，它摔倒时，我立刻把腿从镫里抽了出来。它用前腿站起来时，我是倾斜着坐在鞍上的，它站起来之后，头拼命地向后一甩，结果弄伤了我的肩骨。直到看到血流了出来，我才知道我受了伤，但我没在意，甚至擦都没擦一下脸。我继续训练士兵，训练了 20 分钟后才去医务室包扎伤口，当时我的样子狼狈极了。包扎完就没什么事了，但血都凝固在我的眼睛上了，我可不想被摔下马来，我想我后来的表现是给“沉着冷静”下的最好的注解，至少那天我去医务室打消炎针的时候，那个医生就说他希望能有我这样的勇气。

这件事在士兵中引起了轰动。一个军官在鲜血直流的情况下仍镇定自若地指挥训练，充分表明了他的勇气和冷静。基层连队的士兵都信任和崇拜受伤不下火线的人，巴顿的举动使他在士兵中树立了极高的威信。

巴顿满怀信心、精力充沛地投入连队的工作和生活。他特别喜欢带兵参加野外训练和演习，讨厌枯燥乏味的办公室工作。但连队的野外活动并不多，他感到闲暇有余，于是就把很多精力投入其他事情上。他经常带着猎犬上山打猎，并为连队设计了一个马球场，训练了一支足球队，还与一个同事合作开办了一个“军事阅读与研究班”。当然，他的本职工作也做得相当出色，他坚决果断的工作作风和完美的工作质量，都给上司留下了良好的印象。

在哨所所有的上司中，巴顿最佩服的还是马歇尔上尉。在他眼里，马歇尔上尉无疑是一位最优秀的军官和绅士：他们夫妇举止端庄、待人宽厚，靠部队的薪水生活，有仆人伺候，定期向慈善机构捐款。马歇尔上尉在 6 月为巴顿写了他参军以来的第一份述职报告，对巴顿的责任感、敬业精神、训练组织管理士兵的能力给予了高度评价。马歇尔在报告中说：“他非常胜任自己的工作，应委以重任。战争期间，他将是最适合带兵打仗的军官。巴顿是一位前途光明的年轻军官，他是我所认识的军人中最有敬业精神的一个，他从不放弃任何提高自己素质的机会。自从他开始在西点军校学习时，我就知道他办事果断，能力出众，忠于事业。”

在谢里登堡期间，巴顿的个人生活也是充满情趣的。闲暇时间，他常常外出郊游，带着猎犬上山打猎，还成为海兰公园的富人们家宴的座上宾。一些富家小姐也钦慕巴顿的风度举止，乐意陪伴他出入歌厅、剧院，以及各种晚会和舞会，但巴顿却对爱尔小姐情有独钟。1910 年 3 月，他给爱尔小姐写信说：“是你鼓励了一个怯懦胆小的人。正是因为我热切地渴盼成功，以至于我一直都在担心失败。希望我们的爱永远和现在一样，永不消减，希望我们的理想和我们的爱一样，幸运伟大。阿门!”

但他又有些踌躇，如何请求爱尔小姐嫁给自己呢？“我一无所成，一无所有，没有出人头地的机会和可能性。要让这么可爱的姑娘去爱一个傻瓜，这岂不是居心险恶吗?”巴顿常常扪心自问，感到莫名的惆怅孤独，但在内心深处，他是多么迫切地需要爱尔小姐做他的终身伴侣啊！她能够真正地理解他、爱他，没有任何虚情假意。

在西点军校的时候，巴顿就告诉过父亲，他爱她，但又不敢向她求婚，因为她各方面的条件都比他好。她是百万富翁的女儿，受过良好的教育，从小娇生惯养，被父母视为掌上明珠。而他则是一个军人，军队的生活枯燥乏味、艰苦危险，她很可能不适应。归根结底，他担心自己会破坏她的幸福。而且，爱尔小姐的父亲已进入耄耋之年，她曾说过只要父母还健在，她就永远在家陪伴他们。

巴顿的父亲很清楚，爱尔小姐一直在等待着巴顿鼓足勇气求爱，于是鼓励儿子大胆向她求婚。

巴顿到谢里登堡军营后不久，便向爱尔小姐求婚，并向未来的岳父力陈当军人的价值和意义。爱尔先生却对这位年轻军官的身价不以为意，而且，他不愿让女儿一辈子做一名军人家属。巴顿一直只关心自己的职业和仕途，对自己的财产一无所知，于是就询问父亲。父亲的回答让他大吃一惊：“我从没想到原来我是这么富有。”爱尔先生也为此感到吃惊，情不自禁地说：“看来我不用卖土地了。”据说，巴顿当时的财产已近百万美元。

不久，巴顿接到比阿特丽丝・爱尔的一封电报——

如果你打算 6 月份娶我，那就请娶吧。如果你乐意，爸妈希望我们

6 月份完婚。

好事竟然来得这样快。巴顿风趣地对母亲说："这不是强迫吗？我接受她。她在绝大多数问题上都有很高的鉴赏力，但在选择丈夫的问题上却是个例外。"

经过一番筹划后，他们确定了结婚日期。婚礼在圣约翰大教堂举行，新娘、新郎、伴娘、伴郎和随行招待人员都无可挑剔，婚宴也是在最漂亮的地方以最奢华的形式举行的，波士顿所有的报纸都用了很大的篇幅细致地描述了这一盛况。而唯一的遗憾是巴顿的母亲因病未能参加婚礼。婚后，巴顿夫妇去欧洲度蜜月。

蜜月旅行的日子充满了柔情蜜意，他们先到纽约，然后乘船横渡大西洋赴欧洲。轮船上专门布置了豪华的婚房，到处都放着鲜花和礼物。他们还游览了风景如画的英国乡村，在伦敦度过了一段美好的时光。在那里，巴顿买了不少军事书籍，其中包括卡尔·克劳塞维茨①的《战争论》。

虽然有爱情作为支柱，但巴顿太太对艰苦单调的军营生活一时还是难以适应。可贵的是，她能够放下阔小姐的架子，待人和蔼，广交朋友，因此颇受欢迎。她还是一位颇为难得的贤内助，她使巴顿粗鲁的言辞变得温和顺耳，她教他如何待人接物，还帮助他克服自卑感和感情冲动。巴顿的传记作家马丁·布卢门森指出："她献身于他的事业，控制他的脾气，安慰他受伤的感情，为他提供了外交手腕和敏锐眼光。"

1911 年 3 月，他们的第一个女儿诞生了，取名小比阿特丽丝。这一时期，巴顿太太把更多的时间和感情倾注在了女儿身上，使巴顿受到了冷落。巴顿虽然产生了一点妒意，但他理解妻子深沉的母爱，也十分疼爱这个新到来的小生命。

谢里登堡的生活毕竟过于安稳闲适，时间一长，胸怀大志的巴顿难免有些烦躁起来。他抱怨自己生不逢时，作为军人，没有战争，他感到

---

① 卡尔·克劳塞维茨（1780—1831）：德国军事理论家和军事历史学家，普鲁士军少将。

寂寞难耐。他买了一台打字机，开始撰写军事题材的论文。几年来，他一直在思考进攻作战的问题，并初步形成了攻势作战思想。他尝试着要把这些思想写成论文，以飨读者，他觉得这是一件非常有意义的工作。他在一篇文章中写道："进攻……推进，再进攻，直至最终取得胜利。"理想的战役应该是"一个打击接着一个打击"。

1911 年 3 月，巴顿写信对安妮姨妈说："……可能不会有战争发生，但上帝不会允许这种不测发生的……比特和小孩都很好，小东西长着一头丑陋的黑头发，竟有人说她长得像我小时候。我怎么可能有那么丑呢？墨西哥现在暂时稳定下来了，但即使现在的冲突状态停止了，和平也不会持续太久的，我们肯定会跨过边境进驻墨西哥的，我肯定这一点。"巴顿对战争已有些迫不及待了。

改革马刀，炼"巴顿剑"

在谢里登堡时，巴顿经常抱怨自己生不逢时，似乎战争已成为遥远的历史，和平的生活将会使他无所作为。他甚至设想，假如欧洲发生了战争，他宁愿辞去军职当一名雇佣兵，也不愿继续待在和平的冷宫里。他曾考虑过到菲律宾参加镇压当地人起义的行动，但发生在菲律宾的起义很快就被镇压下去了，这个东南亚的岛国又恢复了平静。

早已为未来的战争做好了充分准备的巴顿，给父亲写信诉苦道：

> 我写信给格拉德上校问我是否可以去赖利堡的骑兵学校学习，他说我必须服满 3 年兵役，我必须自己为这些事奔波了。可能只有两项工作适合我：一是在西点军校做战术教官，二是去哪个国家当军事专员……除了墨西哥。南美洲是最重要的地方，我们总有一天会统治墨西哥的。

巴顿希望能进骑兵学校深造，但他的军衔太低，不具备进入赖利堡骑兵学校的资格，而要进入索米尔法国骑兵学校的时机也不成熟。思量再三，巴顿决心先调离平庸的谢里登堡。

几经周折，巴顿终于在1911年12月调到了首都华盛顿附近弗吉尼亚州的迈尔堡，并且奉命作为陆军参谋长伍德将军的随从副官。

迈尔堡是一个真正的骑兵基地，也是陆军参谋部所在地。这里有美国出身最好的军官，这些军官熟悉华盛顿的每一位要人，而且军队里优秀骑手云集，基地的都市气氛浓郁，是重要的社交场所。这里酒吧林立，有几处豪华的剧场、舞厅和高档的马球场，经常举行各种宴会、舞会、马术表演和马球赛。对于一个事业刚刚起步、从荒凉哨所而来的小小少尉来说，这里可以说是“离上帝最近”的地方。

在迈尔堡，巴顿夫妇又过上了奢华、舒适的贵族生活。巴顿购买了一批纯种马，经常参加赛马和马球赛，频繁出入各种社交晚会，在最豪华的餐厅用餐，接触华盛顿各界名流。由于妻子的关系，巴顿很快便在华盛顿的上流社会出了名。正如有些传记作家所描述的那样，巴顿“还是个少尉时，就坦然自若地出入陆军高级指挥部的密室和华盛顿上流社会最高贵的客厅了”。

1912年2月，巴顿被借调到陆军部参谋处，主要负责整理档案和回复信件，这使他有了在工作中接触到伍德将军和其他一些高级军官的机会。他向他们学了许多东西，而对他尤其有利的是他和斯蒂文森师长的友谊。同时，巴顿写了《巴尔干争端及第一次和谈纪要》一文，提出了他对巴尔干战局的一些看法。

巴顿在迈尔堡还没有完全展开他的工作，便被告知将作为军队代表参加1912年夏天在瑞典斯德哥尔摩①举行的第五届奥林匹克运动会中的五项全能比赛。全能项目的主要内容是一名军人携带文件执行以下任务：1. 骑在马背上，遇到敌人而疾跑（500米骑术）；2. 举起手枪射击（25米远射击）；3. 拿起剑刺向敌人，得以逃脱（击剑）；4. 游过一条河流（300米游泳）；5. 最后越野跑步抵达终点（4000米越野）。

经过一段严格刻苦的训练后，6月4日，巴顿乘船赴芬兰参加训练。20天后，巴顿离开纽约赴瑞典，他的家人也随行，直到7月5日，巴顿一直坚持训练，尤其注意跑步和游泳。

---

① 斯德哥尔摩：瑞典首都和第一大城市，瑞典政府、国会以及皇室宫殿所在地。

7月7日比赛开始。比赛时，巴顿游完300米后体力透支，被人用船钩从游泳池里捞上来；在跑完4000米越野赛后，他精疲力竭地晕倒在了皇家观礼台下。不过，他的成绩还算不错，在32名选手中获得第5名，而前4名都是东道主瑞典的选手。

赛后，陪他前来参赛的父母和妹妹妮塔继续在欧洲大陆旅游，巴顿夫妇则直接前往法国索米尔。巴顿希望在击剑方面完善自己，于是向当时在斯德哥尔摩遇到的每一位击剑手请教，并学习了法国索米尔军事学校的击剑课程。毫无疑问，他的剑法得到了提高，但更有价值的是他见识了欧洲刀剑类比赛职业冠军克莱里的教学方法。

他在给国防部行政长官的报告中说：

这是一种和美国军队中所教授的方法完全不同的更有效的教学方法。它把力量减小到最低程度，因而也更安全。我已经用了很久军刀，因此我相信我的观点是建立在实践的基础上，而不是要创出什么不同的观点。……法国人用刀尖的频率比我们高得多……整个法式击剑体系都建立在一个词上——进攻。

当时，美国骑兵使用的是弧形的弯刀，在战斗中只能用刀刃砍杀敌人；而法国骑兵使用直剑，可以在马上直刺敌人，这充分体现了法国人强烈的进攻意识。相比之下，法国骑兵的军刀具有更高的效用，因为刺杀能够更快捷地贴近敌人和更有效地实施进攻行动。所以，巴顿主张以法国式的直剑取代美军盛行的弯刀。

回国后，巴顿在报告中写道：

我游泳第6名，击剑第3名，骑术第3名，越野赛第3名，但射击第21名的成绩将我的总成绩拉低了。

他既没有抱怨，也没有推卸责任，他在报告中说：

整个比赛过程中所表现出的运动员的锐气和宽容，有力地证明了当代军官的本色，没有人抗议裁判判决不公，没有人为了成绩而争吵，每个人都尽了自己的最大努力，像真正的军人那样坦然地面对最后的结果。

巴顿像凯旋的英雄一样受到了热情接待，应陆军参谋长伍德将军之邀，他与陆军部部长亨利・史汀生①、伍德等要人共进晚餐。伍德还邀请巴顿第二天早晨一同骑马锻炼。巴顿对此受宠若惊。自西点军校毕业3年来，他一直默默无闻，只是一名小小的少尉，但现在终于结识了军界的头面人物，虽然还谈不上关系密切，但毕竟建立了初步联系。

这年秋天，巴顿在华盛顿等地区参加了一系列马术比赛。除了性格和爱好等因素外，他参加马术比赛还有一个重要的原因，那就是引起人们的广泛关注。有趣的是，巴顿引起公众关注的事竟是他对美国骑兵马刀的改进。

在迈尔堡，巴顿常常在早上陪伴史汀生骑马漫步，因而有了许多机会向这位显赫的陆军首脑表达自己对军事和战争的看法与建议，这给史汀生留下了深刻的印象，对巴顿日后的发展起了很重要的作用。

非常巧合的是，他在法国为剑术大师克莱里副校长写的那篇工作报告竟被人转到了美国陆军部，随后又被送到迈尔堡骑兵团上校手里，得到了高度赞许，上校建议巴顿再增添一些内容，然后投寄军事杂志。受到鼓励的巴顿激动万分，决心大干一番。他利用一切机会向同事兜售改进马刀的主张，并找机会向伍德将军建议。

1913年3月，《骑兵杂志》又发表了巴顿的另一篇文章，文章全面地分析了剑的发展史，论述了德意志人、哥萨克人、波兰人、土耳其人和阿拉伯人使用过的各种剑及其取得的良好战果，并深刻总结了历史的经验和教训。随着巴顿学术论文的不断发表，他的知名度也日益提高。

不久，陆军部部长指示，按照巴顿提供的规格和备忘录上的模型打造两万把军刀。第一批军刀造好后，巴顿奉命专程到斯普林费尔德兵工厂检查验收。这种军刀后来被批量生产，并在骑兵部队中得以广泛使

---

① 亨利・史汀生（1867—1950）：美国政治家、战略家、骷髅会成员，曾担任美国驻菲律宾总督、国务卿。

用，以“巴顿剑”闻名天下。

巴顿还希望专门到法国索米尔骑兵学校研习剑术。由于他在这方面具有造诣和声望，这一请求得到了上级的批准。1913 年 6 月 25 日，国防部致电巴顿：授权你赴法进一步完善你的剑术，请在 7 月 10 日前务必到达堪萨斯州的赖利堡。

这个机会来之不易。在赴法后的 6 个星期里，巴顿与克莱里形影不离，剑术水平有了很大提高。同时，克莱里的教学方法也给了他很大启示。

在此期间，巴顿夫妇还在法国骑兵军官中交了不少朋友。巴顿经常参加他们的聚会和讨论，主要话题是关于拿破仑对欧洲军事学术的影响。巴顿在法国的另一个收获是学会了一口流利的法语。这一收获十分重要，在以后的岁月里，巴顿曾两度在法国作战，精通法语使他获益匪浅。

9 月，巴顿学成归国。临行前，法军海斯德上校致信巴顿说：“您一定要教授给学生不同的击剑动作、策略和原理，您也应该让学生领会到武器的美妙并培养他们对击剑的感情，这对您来说会很容易，因为尽管我们在一起的日子不长，但我已经知道您堪称一位大师。”

10 月 1 日，巴顿奉命到堪萨斯州赖利堡骑兵学校报到，既当学员，又兼任剑术教官。但他很快便遇到了一些难题，他写信给妻子说：“我有 3 个班的击剑课，一个班 14 人，一个班 5 人，还有一个班 13 人，大班是正式的，小班是二年级学生或是助教。11 月我还会教一些上尉军衔以上的学生，这使我非常为难。”巴顿之所以为难，是因为这些学员的军衔比他高，年龄比他大，他没法向他们提出严格的要求，而巴顿的一贯作风是对人对己的要求都很严格，这就会让他在下命令时“很为难”。

不过，巴顿还是欣然接受了这些任务。他还全力投入到编写陆军赛跑纪录的工作。在校期间，巴顿的剑术教官工作成绩很突出，他被公认为美国陆军的第一剑术专家，并第一个获得“剑术大师”的荣誉称号。1914 年 3 月，巴顿编写的《军刀训练》由陆军部批准出版。

第三章　第一次世界大战

在潘兴麾下作战

巴顿热爱战争，视战争为生命。但他正式入伍后，美国一直处于和平时期，与周边国家相安无事，这使他非常失望，甚至有些心灰意冷。

他不断地与父亲通信，谈论墨西哥发生的事情，并表明：“我很想去战场上试试我的身手。我的名字应该让每个没有见过我的人也耳熟能详，我有两倍的这种能力。……希望明天早晨能在炮声中醒来。”

在赖利堡骑兵学校学习和教授剑术期间，巴顿多次表达参战心愿，有两次差一点尝到了战争的滋味，但最终都未能如愿以偿。

第一次是 1914 年第一次世界大战爆发初期，美国执行所谓的“中立政策”，实际上是“坐山观虎斗”，向交战国大卖军火，在欧洲发战争横财，交战国的军事实力得到了空前的提高。当欧洲对战的德国与协约国（法、英、俄）双方厮杀得两败俱伤的时候，美国开始蠢蠢欲动。同年 8 月，墨西哥卡兰萨①政府遭到农民的反抗，墨西哥游击队在查普塔和比利亚的领导下对抗卡兰萨傀儡政府，卡兰萨政府出于无奈，请求美国支援。美国派兵强占了墨西哥港口城市韦腊克鲁斯②，挑起事端。巴顿得知这一消息后，迫切希望战争尽快爆发，并急不可耐地要求参战。但事与愿违，由于美军遭到墨西哥军民的顽强抵抗和拉美各国的一

---

① 卡兰萨（1859—1920）：墨西哥民主革命领导人之一，第一任立宪总统。

② 韦腊克鲁斯州：位于墨西哥东部的一个州，东临墨西哥湾，首府为哈拉帕市。

致反对，加上胡尔塔亲美政权迅速垮台，美国被迫宣布撤军。巴顿只好继续干着老本行，既当“剑术大师”，又当骑兵学员。

第二次是1914年8月德军对法国宣战，并入侵卢森堡、比利时期间。巴顿获悉这个消息后欣喜若狂，马上给索米尔的法国朋友去信，请求他们帮他在法国军队中安排一个职务，并让他离职一年到欧洲作战。同时，巴顿致信给伍德将军说：

亲爱的先生，从报道来看，一场大规模的战争已经爆发，法国也将参战。一直以来我都希望能够参加实际的战斗，不是作为旁观者，而是作为参与者，那样的话，我会得到许多有更高价值的知识。只有做别人没有做过的事，人类才能进步。因此，我希望请假一年，入法作战。

这是一个大胆得近乎痴狂的想法。时任东部军区司令的伍德将军对巴顿的想法表示了赞许，但最后回答说：“我们不希望像你这样的年轻人在外国军队中浪费生命。坚持现在的工作，努力吧！”巴顿又只好作罢。

就在这时，比阿特丽丝又怀孕了，巴顿把她送回加利福尼亚，让她和自己的父母一起生活。1915年4月，巴顿写信给妻子说：

我上回告诉你我的马踩空摔倒了，但我忘记告诉你它摔倒时从我身上滚了过去。它在起来的时候后蹄踩到了我的脑袋，我缝了5针。这不是它的错，它只是想站起来。我骑上它跑了2千米才叫到救护车，我甚至没有出现头疼的症状，因此，请不要担心。

巴顿依然像小时候那样，拿自己的性命不当回事，因此常常事故不断。

此时比阿特丽丝已近临产，所以没能去看望他。不久，他们的第二个孩子出生了，又是个女孩，极像比阿特丽丝，所以巴顿开玩笑似的给她取名叫比阿特丽丝二世。不过，孩子正式的名字叫露斯・艾伦・巴顿，是根据她外婆和奶奶的名字给取的。

1915 年 6 月，巴顿从赖利堡骑兵学校毕业，各科成绩合格，被教官们公认为是一个"具有魄力和前程远大的军人"，并获得了参加晋级考试的资格。然而，事情并非他想象的那般完美，他被分配到原先所在的团队，而该团将调往菲律宾执行驻守任务。巴顿不愿到那个平安无事的岛国去，他于 6 月 17 日得到了 11 天的假期，这使他有了通过关系寻找一份差事的机会。他来到华盛顿，动用母亲的人际关系网，想在华盛顿另谋出路，结果是被调到得克萨斯州布利斯堡的第 8 骑兵团，驻地与墨西哥接壤，是两国军事冲突的焦点地区。这可以看作是巴顿军旅生涯的一个小小的转折点。他很兴奋，又有点愤愤不平，他在写给妻子的信中说："俱乐部的黑人门卫还认识我，太让我感动了。但别人就都不认识我了。总有一天，我要让他们都认识我。"

不久，巴顿发现在布利斯堡仍然无事可做。原来，他所在的骑兵团还没有到位，而他却由于急于参战而提前到达了。于是，巴顿抓紧这段时间准备晋级考试。为了使考试能顺利通过，巴顿除了温习各门课程之外，还设法利用各种人际关系。他曾主动帮晋级委员会主席驯养小马，以取得他的好感。碰巧他原来的老上司马歇尔（已升为少校）到布利斯堡访问，与晋级委员会的第二号人物住在一起，巴顿立即拜访了他们，并趁机游说，马歇尔少校也替他大吹了一番。结果，巴顿轻松过关，获得了晋升的资格。

骑兵团到位后，巴顿谒见了身材肥胖、和蔼可亲的上校。由于连队的上尉、中尉都空缺，就由巴顿这个少尉临时指挥一个连。他教士兵们正确地洗马和喂马，还教他们骑术和剑术。有一次他们团受检阅，而他的连队正好赶上值班，当他看到战友们一个个军刀出鞘、雄赳赳气昂昂的壮观景象时，不禁热血沸腾，而战友们使用的军刀都是巴顿剑，这更令他热泪盈眶。

1916 年 3 月，巴顿听说墨西哥有事情发生，立即开动了脑筋。他

美国陆军五星上将　马歇尔

通过小道消息，加上自身敏锐的洞察力，了解到有一支讨伐军正在组建之中，同时又得知他所在的骑兵团不在改编之列。于是，他再次主动申请参战，并争取到了与约翰·潘兴将军面谈的机会，顺利加入了约翰·潘兴将军指挥的远征军，并参加了一次镇压墨西哥农民起义军的作战。这令巴顿狂喜不已，他写信给妻子说：

据说，命运是个佯称窃听到情报的大骗子。所以，对此我总是心有疑惧。还好，这次他待我还不赖。

摩托化作战，剿灭卡德纳斯

巴顿如此高兴，不仅仅是因为得到了上前线的机会，还因为跟了一个好上司——约翰·潘兴将军。这位将军可以说是巴顿的前辈。他于1886年6月从西点军校毕业，进入骑兵部队服役，被分在第10骑兵连。这里的士兵大多数是黑人，他们不但是美国社会最下层的人，在部队服役时也不能像白人那样被提拔成军官。尽管如此，黑人士兵在作战时仍然相当勇敢、顽强、不怕牺牲。潘兴待人随和，因此黑人士兵都比较喜欢他，有些黑人士兵戏称他是“黑桃杰克”（恐怖的杰克），他也因此成了黑人士兵的代称。后来，潘兴又被称为“铁锤将军”。

约翰·约瑟夫·潘兴，美国著名军事家、陆军特级上将，又称“铁锤将军”，绰号叫“黑桃杰克”

1886 年 9 月，潘兴被调到新墨西哥州，参加镇压新墨西哥州和亚利桑那州的阿巴契印第安人、南达科他州的西努克斯印第安部落的战斗。之后，潘兴在内布拉斯加大学担任了 4 年战术教官，于 1893 年自学获得法学学士学位，并在工作之余研读许多法学著作。他在美国西部服役 2 年之后，因一个偶然的机会担任了西点军校的战术教官（中尉）。和平时期，已过而立之年的潘兴一心想利用西点军校的有利条件，在教学方面有所成就。

让人意想不到的是，1898 年 4 月，为争夺加勒比海①的古巴，美国与西班牙发生战争，潘兴擅自离职去了华盛顿，得到与西奥多·罗斯福②面谈的机会。当时，西奥多·罗斯福是美国海军部副部长。虽然规定教官不许参战，但潘兴仍被派去参战。经过大约 4 个月的战斗，美军胜利地占领了古巴。几乎同时，美、西战争也开始了，潘兴接着参加对西班牙的作战，并因作战勇敢而荣获银质勋章。此后 3 年，他在菲律宾任职，受到已成为总统的西奥多·罗斯福总统的赏识，随后被派赴中国东北任日、俄战争观察员（少校）。1906 年，潘兴被破格从少校提升为准将，有很多人对此不服气，但此后每有战事发生，人们都能见到潘兴的身影。他转战南北，声名远播。潘兴的种种杰出表现，证明了罗斯福的识人之智。

1914 年，美国镇压墨西哥革命的行动失败后，美国政府并不甘心，总想寻机出兵。1916 年 3 月，墨西哥农民起义军在比利亚的率领下袭击了哥伦布城，杀死 17 名美国人。于是，美国借口墨西哥农民起义军袭扰美国边民，派兵进驻美、墨边境，企图入侵墨西哥。其中一支部队便是潘兴指挥的一个骑兵旅，他们准备从旧金山前往布利斯堡。巴顿就在该旅中，奉命前往美、墨边境“追击和摧毁比利亚匪帮”，主要是想

---

① 加勒比海：位于西半球热带大西洋海域，是世界上最大的珊瑚礁集中地之一。

② 西奥多·罗斯福（1858—1919）：美国第 26 任总统，人称老罗斯福。曾任美国海军部副部长，参加美、西战争。1900 年当选副总统，次年因总统威廉·麦金莱遇刺身亡而继任总统，时年 42 岁。他的独特个性和改革主义政策，使他成为美国历史上最伟大的总统之一。

抓住比利亚并追杀游击队队长萨帕塔[①]。需要指出的是，所谓“比利亚匪帮”实际上是对墨西哥农民起义军的蔑称。

出征时，潘兴原打算把全家都带去，但一场灾难性的火灾摧毁了他幸福的生活——他的妻子和三个女儿都死于大火之中，只有小儿子沃伦幸免于难。

1916 年 4 月，潘兴率领一个近万名美军的骑兵旅（全美在役陆军才 3 万多人）开拔，由两个骑兵连作为先遣部队，其中一个连就是由巴顿少尉领导的。

他们跋山涉水，经过近 2 个星期的艰苦行军，终于到达了目的地——一个有几分神秘、几分荒芜的山林小镇谢拉布兰卡。这里除了一大片牧场和一条铁路外，再没有更重要的东西，也没有一个敌人。先遣骑兵连的任务就是保卫牧场和铁路，防止“比利亚匪帮”侵扰。因铁路线很长，所以他们往往要到 30 英里[②]外巡逻。

谢拉布兰卡小镇没有可怕的敌人，如果说有什么不稳定因素的话，那就是镇上几个有势力的人物会无事生非。其中一个是镇上的法警，长着一头白发，是一个枪法很好的笑面虎，镇上的人都怕他。他有 7 个兄弟，非常富裕，平时却是一副流浪汉的模样，谁也不敢惹他们。当然，镇上的居民们也不是软弱无能的人，这里民风强悍，人人脚套带有刺马钉的长靴，手持武器以自卫。

镇子的西边是一片未经开发的荒野，几十英里的土地上野草杂树丛生，危机四伏。野生动物成群结队，尤以鹌鹑、野鸭和野兔为多。有一次打猎时，巴顿与法警等几位兄弟不期而遇，法警的兄弟本想给傲慢无礼的少尉一点颜色看看，但在猎兔射羊时，巴顿弹无虚发，枪法远比法警更厉害。法警及几位兄弟惊得目瞪口呆，他们邀巴顿在一个又脏又烂的饭馆里滥喝一顿后，双方便成了朋友。

由于巴顿经常能够轻松地打到猎物，给战友们带回不少美味，因此

---

① 萨帕塔（约 1879—1919）：墨西哥革命领袖，积极组织农民游击队，提出“土地与自由”的口号。

② 1 英里≈1.6093 千米。

他获得了“枪手”的美名。为了不负盛名，巴顿一直焦急地等待着真正战斗的到来。5 月 13 日，他终于在墨西哥境内与“匪徒”进行了一次遭遇战。

这一天，巴顿奉潘兴之命，率队向附近农民收购玉米、麦子等粮食送往司令部。这是一支由文员、侦察兵和司机组成的小队，总共 15 人，有 9 支步枪、3 辆敞篷汽车。他们在凯奥特和萨尔希图两个村庄买到粮食后返回。此时，天色已近黄昏，他们在地图上根本找不到的山区与沙漠里行进。巴顿坐在第一辆车里领路，雾色越来越浓，黑暗中他所乘坐的那辆车的前灯突然照到一个拿着武器的墨西哥人身上，这个人拔腿向萨尔蒂约[①]方向跑去。巴顿早就想寻找作战的机会，此时他认定萨尔蒂约是一个“匪巢”，于是下令道：“追上他！”

车子靠近牧场，巴顿又下令：“加速前进！”司机驱车越过房子，来了个急刹车。巴顿和 2 个士兵顺着房子的北墙穿过去。其余 2 辆车在房子的前面停下来，每辆车上各跳下 3 个士兵快步穿过南墙。他们 9 人迅速封锁大门，搜查房子，其他 6 人则封锁了村子的南北道路。

他们很快搜到了刚才逃走的那个人，他是“匪徒”卡德纳斯的叔父，先前卖过一些粮食给巴顿。经过仔细观察，巴顿发现这个老人有些心神不定、举止不安，因此他判断卡德纳斯很可能就在附近。

巴顿立即吩咐士兵将卡德纳斯家包围起来。他看到 3 个老人和 1 个小孩在院内剥牛皮，见到巴顿等人后似乎视而不见，仍继续干手中的活。这更加重了巴顿的疑心，他立即做好了战斗准备。

突然，3 个骑马的武装人员出现了。他们发现巴顿持枪而立，立即掉头朝南面奔去。守在南面的几名美军士兵当即开枪射击。于是武装人员又折向巴顿这边，并一起向他开火。说时迟那时快，巴顿紧扣扳机连续射击，直到打光枪夹里的所有子弹，其中一发击中对方的马肚子，一发击中骑马“匪徒”的胳膊，还有一发击中了另一“匪徒”的后背。

在对方还未来得及再次向巴顿射击时，他就地一滚，扑倒在另一边

① 萨尔蒂约：墨西哥北部城市，位于佩斯克纳河畔，科阿韦拉州首府。

的墙角下。起初，他还为自己没中弹感到意外，因为“匪徒”离他们非常近。巴顿迅速装上子弹，当他再次在地上滚过来时，几发子弹“嗖嗖”飞过来，他差一点被击中。因为没法瞄准马上的人，他对着马屁股就是一枪，骑马人摔倒在地，当场毙命。另一个骑马人则在100码[①]的距离处被巴顿击中，第三个人破窗而逃，被一个侦察兵追上打死了。

经过辨认，巴顿发现死者之一便是赫赫有名的卡德纳斯。巴顿把他们的尸体放在车钩上，又将他们使用的镀银的马鞍和崭新的剑放到车里，正想喘口气时，突然，40多个骑马匪徒飞驰而来，朝巴顿的小队发起了猛烈的攻击。巴顿立即下令还击。因力量悬殊，双方对射一阵后，巴顿让队员全部上车撤退。到达鲁维奥郊外时，巴顿下令切断电线，以防卡德纳斯被击毙的消息走漏。

当他们装着尸体的车在鲁维奥出现时，有七八个人端着枪试图拦截他们。巴顿分不清对方是敌是友，于是让司机加大油门快速冲过去，总算没有受到多大阻碍，安全抵达目的地。

这是一次了不起的“胜利”。这是美军战史上第一次骑兵小分队乘汽车作战。这种战法就是后来众所周知的摩托化作战的雏形，预示着巴顿以后在这方面将大展宏图。

事后，潘兴对巴顿大加赞赏，他说：“我们队伍中有一名匪徒，这家伙就是巴顿！他是一个真正的斗士！”潘兴允许他保留战利品，作为纪念。

巴顿计划将马鞍送给父亲，放置在他的办公室里。很快，巴顿就被闻讯前来采访的记者包围起来，他的事迹被写成文章，配上照片刊登在全国各大报纸上。他成了美利坚的民族英雄。

由于一连几天被记者扰得不得安宁，兴奋不已的巴顿直到第四天才有时间给姑妈写信，他在信中说：

我非常幸运，既能参战又能毫发无损。当时3个敌人在15码之距

---

① 1码＝0.9144米。

向我开枪，我一直纳闷他们怎么能打不中呢？那枪口似乎正对着我。……将军说我是他队伍中的匪徒，这是赞美之词。而事实上，这要么是幸运，要么就是命中注定。

同时，他又给妻子、父亲接连写了好几封信，对此事一直津津乐道，也不管妻子和父亲是不是为他担心。

不久，巴顿返回得克萨斯州布利斯堡处理公务，顺便把妻子接来边镇小住。他们的住所是一栋有三个小间的木屋，原本破烂不堪，经巴顿辛苦改造后倒也可以勉强住人。他诙谐地对妻子说："比，这是我们的别墅，后面还有个大花园。"比阿特丽丝往后一看，的确有一个超大的花园，但只有野草，没有鲜花。面对边镇古堡满目荒凉的景象，她伤心地哭了。由于生活太过艰苦，在一个可怕的暴风雨之夜，她不幸病倒了。她力劝巴顿放弃军职，重返都市，过自由的贵族生活。巴顿对妻子一向唯命是从，但这一次他的理想之路才刚有了个良好开端，怎能半途而废呢？这似乎比让他舍弃性命更难。

无奈，巴顿只得把两个女儿也接来一起生活，并让自己未出嫁的妹妹妮塔来照顾大家。幸好比阿特丽丝的病很快好了，这场家庭风波才得以平息。

自那次遭遇战之后，墨西哥境内一直没有大的战事发生，数千名边境官兵过着枯燥而艰苦的生活，思乡情绪极为强烈。为了丰富军营生活，潘兴组织了一系列体育比赛和文娱活动，包括马术、射击、拳击、田径等项目，当然也有舞会之类的交际活动。他还组织检查组对所有人员、马匹和装备进行全面检查。巴顿参加了所有的检查工作，同时具体负责战术演习和模拟战斗训练。

潘兴除了亲自指导训练外，有时也参加一些文娱活动。在此期间，他与巴顿的妹妹妮塔相识。潘兴身材高大，表情严肃，是一个 50 多岁很有军人气概的鳏夫；妮塔身材修长，性格开朗，已经是一个 29 岁的老姑娘了。他们一见钟情，似有相见恨晚之意，很快就交上了朋友。妮塔为此推迟了返家的日期。潘兴经常向巴顿提到他的妹妹，并亲热地称她为安妮小姐。巴顿对比阿特丽丝说："我这次是做了好事，看来妮塔要超过我们了。"

这段时间，由于潘兴的副官休假了，巴顿临时代理副官之职。他陪潘兴骑马参加演习、整理公文，并管理膳食、马匹、车辆、警卫、护卫部队及办事人员等，此外巴顿还要与战地记者打交道，显得非常活跃和忙碌。

由于具有传奇色彩的"匪徒"比利亚和萨帕塔采取了避实就虚的战术与潘兴的部队周旋，潘兴虽然取得了一些胜利，但并未能抓获他们。近万人的部队驻守边境已无必要，威尔逊总统命令潘兴后撤至埃尔帕索①一带，但部队仍处于"紧急待命"状态。

1916 年 11 月，巴顿晋升为中尉，他留在埃尔帕索指挥一个骑兵连，并通过了晋级考试，获得了晋升上尉的资格。巴顿在当了 7 年的少尉后，终于成为名副其实的军官。

奔赴欧洲作战

1914 年 7 月第一次世界大战爆发后，美国凭借其独特的地理位置，以及与欧洲两大帝国集团间微妙的政治经济关系，没有被立即卷入战争。诸多因素造成了美国这种置之度外的态度。

军事上，19 世纪末 20 世纪初是美国历史的转折时期，也是美国陆军的改革时期。内战结束以来，美国陆军长期保持在 3 万人左右，零星分布在全国各地，指挥系统紊乱，工作效率低下，行政管理不善，物资经费奇缺，远远不能应付大规模战争的需要，战斗力甚至还不如国民自卫队（近 20 万人）。面对不断紧张的国际局势和向外扩张争霸世界的需要，以埃里奥·鲁特、伦纳德·伍德等人为代表的军事改革家开始对陆军进行全面彻底的改革，他们不断扩军，组建新的野战军团。

经济上，美国垄断资本集团利用欧洲大战的天赐良机，以中立国的

① 埃尔帕索：美国得克萨斯州西部城市，南临墨西哥华瑞兹城。

身份与交战双方大做军火交易，获取高额利润。威尔逊政府乘机扮演“中立调停人”的角色，从中推波助澜，坐收渔人之利。

到 1917 年春，欧洲战场上英、法联军与德国两大集团经过两年半的鏖战，人力物力消耗殆尽，美国参战的时机业已成熟。同年 4 月 6 日，威尔逊政府以德国实施无限制潜艇战、破坏美国中立为借口，加入经济利益与美国紧密相连的英、法集团，对德国宣战。为了战后在谈判桌上争取更大的发言权，在英、法两国的要求下，美国政府决定向欧洲派遣远征军。

听到这一消息，巴顿如打了一针兴奋剂，几天都没睡好觉，他又故伎重演，利用各种关系四处活动。这时一个不好的消息又给他泼了一盆冷水：他们团依然“紧急待命”，不参加欧洲远征军。据说是潘兴不同意把自己的部队交给英、法联军指挥。此时，潘兴已被调到圣安东尼奥[①]接替弗雷德里克·凡斯顿任南方军区司令。

巴顿没有因此而埋怨潘兴，相反他一直认为，自己到骑兵旅来的最大收益是认识了潘兴这个伟大的军人。一方面，他通过观看潘兴组织和指挥演习，了解了机动作战的价值，认识到以骑兵迂回敌方侧翼击败步兵是比较有效的战法。另一方面，他认为潘兴不仅是个朋友，更是一名优秀的职业军官。潘兴在战场上指挥若定，沉着冷静，对纪律和忠诚有严格的要求，并身体力行，其言谈举止、生活习惯都给巴顿留下了深刻的印象，并对巴顿的军旅生活产生了积极的影响。总之，巴顿认为，潘兴的方方面面都值得自己思考和模仿，自己“在墨西哥学习到的有用的军人生活知识比以前服役期间学习到的总和还要多”。

之后，巴顿又想到了调动，他给斯科特将军写信，希望调到第 10 骑兵团去。斯科特回信给巴顿说“不想失去他”，调动一事未能如愿。于是，巴顿又通过父母的关系，甚至利用妹妹妮塔的关系活动，只要能调到一个参战的部队去，让他做什么都愿意。

此时，巴顿的父亲正好决定到华盛顿参加竞选，母亲与妹妹决定陪

---

① 圣安东尼奥：美国得克萨斯州中南部城市，是得克萨斯州第二大城市。

他一起去。凑巧的是，陆军部正召潘兴到华盛顿接受任务，于是，他们四人便一同前往首都。

几天后，威尔逊总统任命潘兴为远征军司令、哈博德为参谋长。按计划，由潘兴先期组建一个步兵师，作为美国首批参战部队赴法国协同英、法联军作战。潘兴为组建师参谋部物色了一批军官，巴顿在其中被任命为副官，并升为上尉。这可能有三个方面的原因：一是潘兴对巴顿过去在墨西哥的表现有所了解；二是巴顿有积极求战的决心与不怕死的勇敢精神，潘兴作为一个典型的骑兵军官，评价一个军官的标准就是看他是不是斗士；三是妮塔与潘兴的密切关系。如此，远征军司令部电告巴顿迅速赶到华盛顿报到。

与此同时，巴顿的父亲在华盛顿没有找到合适的差使，送别巴顿后，他和妻子返回加利福尼亚州。妮塔全身心地投入战时工作，比阿特丽丝则回到马萨诸塞州的娘家住了下来。

1917 年 6 月中旬，潘兴率 200 余名司令部人员抵法。6 月下旬，美国陆军第 1 师及海军陆战队第 5 团抵达法国圣纳泽尔①。

当时，美军在各国之中实力较弱，英、法等协约国完全不相信美军的作战能力，决定把美军编入英、法等军队中充任后勤部队。从国家尊严的角度出发，潘兴对这种安排极为不满，他极力坚持保持美军的独立性和完整性。他认为，如果美军失去了独立性，不仅有损美国在世界各国的威望，对远征军的士气来说也是一个不小的打击。而且，潘兴预见到西线战场将变得更加危急，美国只有派出大批部队参战，才能有进攻的优势。因此，他在力主增派大量美军支援欧洲战场的同时，已经做好了独立作战的准备。他的主张得到了威尔逊总统的支持。

不过，由于海运能力不足等因素，美军在欧洲的集结速度相当缓慢。至 1918 年 1 月，到达战场的美军共有 17.5 万人，编为第 1、第 2 师 2 个正规陆军师，第 26、第 32、第 41、第 42 师 4 个国民警卫队师。

美军抵达法国初期，即 1917 年下半年，基本上没有参战，主要在

---

① 圣纳泽尔：法国西部城市、海港，位于卢瓦尔河口北岸。是全国造船工业中心之一。

后方集训、驻防和从事后勤保障工作，仅有少量工兵参加了战斗。

潘兴特别重视对普通士兵的训练，在法国圣迪济耶，他让士兵们先在营地接受军事知识的学习和训练，然后仿照欧洲军事建制，以师、团为单位进行大规模模拟实战训练，直到士兵们具备了独立作战的能力，再开到真正的战场上去。在参加第一次世界大战前，美国陆军的作战经验训练主要是根据“南北战争”进行模拟。来到法国后，潘兴从英、法、德军作战战例中获得了许多宝贵的经验，他要求各级指挥官必须进行堑壕战的战术训练，并力图摆脱依托深沟高垒的阵地战打法，提倡美军加强“火力与机动”的突破战术操练。

这一期间，巴顿的任务是负责管理潘兴先遣队的传令兵和其他内务人员。

1917 年 7 月下旬，潘兴带着两名少校和巴顿拜访了英国远征军司令道格拉斯·黑格①元帅。在两位将军会谈时，巴顿寻机插上几句话，道格拉斯·黑格元帅对这位低阶军官的大胆言行极为惊讶。事后，黑格在日记中写道：“这位副官是一个脾气火爆、争强好斗的家伙。”不过，黑格原来也是骑兵军官，并且也喜好打猎和马球，因此与巴顿一见如故。他们两人还就军刀问题讨论了一番。巴顿认为黑格元帅“比我更像一匹战马”。

不久，潘兴视察美军训练基地圣迪济耶，巴顿作为副官随行。眼前的情景使他们非常担心：士兵们一个个吊儿郎当，军官也懒洋洋的，部队的训练和演习并没有多大成效。巴顿心想：“这样的部队能打胜仗吗？如果让我来训练这些人，一定要找个机会狠狠地治治他们的毛病。”

在集训的日子里，巴顿思念亲人的感情越来越强烈了。他在给妻子的信中写道：

巴黎没有你就变成了一个十分乏味的地方……我至今还看不出我个

---

① 道格拉斯·黑格（1861—1928）：英国第一代黑格伯爵，毕业于桑赫斯特皇家军事学院。第一次世界大战中曾任英国远征军总司令，并晋升为陆军元帅。

人在这场战争中能够做点什么，但我想我运气好，我会碰见一个人。我希望那就是你。

按照规定，上尉衔军官的妻子不能在战时到法国去，但巴顿还是劝妻子拉拉关系，以一个旅行者、政府机关的秘书、记者或商人等身份来一趟。比阿特丽丝为了丈夫的前途着想，没有到巴黎去。巴顿虽然感到很遗憾，但也认为妻子的做法是明智的。他写信安慰她说：

事物总是在朝好的方向发展……我们俩都力所能及地尽到了自己的职责，上帝是不会忘记这一点的。

命运转折：加入坦克部队

1917 年 9 月，协约国最高统帅部决定将美军部署在洛林[①]战线，潘兴因此将司令部迁至法国东部小城肖蒙。此地距巴黎约 150 英里，是一个比较适合做指挥部的地方。它有着悠久的历史，建于 1190 年，城市保存有 13 世纪的哥特式教堂和 17 世纪的市政厅等古老建筑。

美国远征军司令部机构庞大、人员冗杂，巴顿感到待在这里简直是浪费生命，无聊至极。于是，巴顿对潘兴说：“我请求上前线，去踢那些德国佬的屁股。法国人一向浪漫而幼稚，他们躺在战壕里还在做香槟美梦。”潘兴此时正在筹划组建一支新型坦克部队，觉得“愣小子”也许是最佳人选。因此，他对巴顿说：“你要离开这里，我没有意见。我提出两个职位供你选择：第一你可以去指挥一个步兵营，第二去坦克部队。”巴顿听了既惊喜又疑惑：坦克为何物？

坦克最早出现在战场上是在 1915 年。早在 1914 年，法、德两军在马恩河[②]地区展开大战，双方投入兵力 150 多万人。法军以阵亡 2 万多

① 洛林：是法国东北部地区及旧省名，为历史上的洛林公国所在地。
② 马恩河：法国北部河流，塞纳河支流。

人、受伤12万人的代价，挫败了德国对西线的闪电式进攻，然而法军此后也无甚作为。1915年，德国重点进攻俄国，占领了波兰、立陶宛和波罗的海沿岸的部分土地，然而其主要目的也没有达到。于是，德国又在次年集中兵力，与法国在凡尔登①展开会战。双方在8英里长的战线上分别投入20多个师，进行拉锯战。德国的进攻再次被法国人的殊死抵抗遏制住了，双方的部队被困在由堑壕和铁丝网构筑成的坚固防线上，形成僵持局面。

为了突破德军防线，一位叫欧内斯特·斯文顿的英国上校突发奇想，建议制造一种“能够自行推进的车辆，它能够跨越战壕，又有装甲，既不怕机枪的袭击，又能进攻敌人阵地”。富有激情的海军大臣温斯顿·丘吉尔②对此设想加以肯定，并把研制这种战车的建议付诸实施，立即组织了一个“陆上之舟委员会”来进行试验。该委员会根据丘吉尔的建议，将一种“霍不特”型拖拉机改装成战车，在英国的水柜工厂里进行生产。为了保密，研制人员将其佯称为“水柜”。“水柜”的英文字母是“Tank”，读音即为坦克。

坦克问世后，人们对其认识还很肤浅，它投入战场后只是用于攻坚，没有完全发挥其防护、机动和火力三者结合的威力。

美国陆军对这项新式武器的赏识也是很迟钝的。到1917年秋，美国陆军决定“采用这种新式武器”时，英国和法国已经拥有了不少坦克。美国只有2辆称得上是自己的坦克，这还是华盛顿的军械署依照法国的设计图样定制的，外形粗陋而笨拙，结构简单而粗糙，而且其中一辆竟采用蒸汽机来驱动。

对于骑兵出身的巴顿来说，他更熟悉战马，对坦克十分陌生。所以，他一时无法对潘兴提出的问题做出正式回答。

在左右为难的情况下，他写信求教于岳父老爱尔。老爱尔在复信中

---

① 凡尔登：法国东北部城市。发生于此的凡尔登战役是第一次世界大战中破坏性最大、时间最长的战役。

② 温斯顿·丘吉尔（1874—1965）：英国政治家、历史学家、画家、演说家、作家、记者，1940和1955年两度担任英国首相，2002年被BBC评为“最伟大的100名英国人”之一。

说："我对战争一无所知。我对你的劝告是：应该选择那种你认为对敌人打击最沉重而对自己伤亡最小的武器。"巴顿觉得岳父言之有理，他立刻去见潘兴，请求说："报告将军，我已决定去坦克部队。我怀着一种特别的热情接受新的任命，因为我相信我能用轻型坦克给敌人最大的杀伤，而使美国付出的代价最小。"

1917 年 11 月 9 日，巴顿接受了正式命令，具体任务是在马恩河上游的朗格勒①附近建立一所坦克训练中心，并以此为基础组建一个坦克营。如果顺利的话，他还可能将坦克营扩大为坦克团或坦克旅，并获得晋升高职的机会。

机会难得，但一切必须从零开始。没有专业知识，没有训练经验，也没有坦克，但巴顿向来倔强而又固执，明知山有虎偏向虎山行，他义无反顾地去了朗格勒。

朗格勒是古罗马的一座军营，中世纪的要塞、城墙、堡垒、教堂等保存得完好无损。它距肖蒙约 20 英里，位于朗格勒高地上。巴顿是在一个阳光明媚的白天抵达朗格勒的，他对这里的第一印象非常不错。他非常高兴在此安营扎寨，因为他十分崇拜恺撒和古罗马勇士，在这里，他觉得离勇士们很近，似乎与他们生活在同一个城市之中，这无形中增添了他的勇气和争取胜利的信心。

为了熟悉坦克知识，巴顿首先到贡比涅②附近的法国坦克兵培训中心（查姆利尤坦克兵军官培训学校）学习了两个星期，和他一起参加学习的还有爱尔金·布莱恩中尉。巴顿学习使用的是双人小型"雷诺"型坦克。这是一种十分原始的坦克，结构简单，性能很差：驾驶员坐在底层，射手坐在炮塔上，坦克内一片漆黑，发动机的噪声震耳欲聋，两人无法交谈，驾驶员看不到外面的情景，只能靠炮塔上的射手用脚轻轻地碰碰他的头和肩指示他朝哪个方向前进，坦克上配备一挺机枪或是一门加农炮。

---

① 朗格勒：法国东北部的市镇，是香槟－阿登大区上马恩省的副省会。

② 贡比涅：法国瓦兹省的首府，位于巴黎以北 80 千米处、瓦兹河畔。

巴顿以极大的热情投入了训练。他驾驶着坦克在陡峭的河岸上下颠簸，而且“做得很好”，他觉得“坦克撞击小树然后看着它们倒下”很有趣，他也喜欢站在坦克小塔台上开枪。晚上，他还认真检查机器的工作情况，并向教官问了许多问题，使得他的教官只好派专业的技术人员给他解答。他总是闲不住，不是参观修理工厂，就是观看训练演习，与教官和学员就坦克的使用问题进行讨论。

在巴顿受训的同时，在法国的十几万美军几乎都在受训。潘兴统率的部队中，第 1 步兵师是王牌师。美国第一次参战，要想不被英、法联军小瞧，就得看第 1 师，所以潘兴对第 1 师期望极高，仅对他们的基本战术水平进行检查前后就花了一个多月的时间。1917 年 8 月下旬，法军第 47 阿尔卑斯狙击师，即“蓝魔”师开始向美军第 1 步兵师讲授堑壕战和武器知识。直到 10 月 21 日，潘兴才把该师派到一个没有战事的地区，配属给法军第 18 师，让他们体验一下前线生活。10 月 23 日早晨6 时 5 分，第 1 步兵师打响了美国在第一次世界大战中的第一枪。11 月初，该师 3 名士兵遇袭身亡，成为美军在第一次世界大战中的第一批牺牲者。

1917 年 11 月，俄国发生了布尔什维克革命，俄军势必退出战争，潘兴估计德国因此能集中 250～260 个师于西线来对付协约国的 160 个师，于是请求美国陆军部向欧洲战场增兵。与此同时，德军西线攻势发展顺利，旷野战这种形式自 1914 年以来第一次重新出现于西部战线。

1918 年 1 月 18 日，即美军第 1 步兵师抵达法国半年后，潘兴认为该师已做好了单独执行任务的准备，这才将第 1 步兵师正式投入战斗。

1918 年 3 月，德军发动了他们在西线的最后一次强大进攻，企图赢得战争最终的胜利。在这次战役中，美国远征军在总司令潘兴的统一指挥下，作为一支独立的部队参战，结果却失利了。潘兴与时任协约军总司令斐迪南・福煦①元帅会商后，仍坚持让美军独立作战，并继续将

---

① 斐迪南・福煦（1851—1929）：法国元帅，第一次世界大战最后几个月协约国军总司令，被公认为协约国获胜的最主要的领导人。著有《战争原理》《战争指南》等。

王牌师投入战斗。

1918年4月，德军距巴黎已不足40英里。美军第1步兵师被派往皮卡第[①]地区，与法国第1集团军并肩战斗。此战第1步兵师仅用45分钟就攻克了康蒂尼，歼灭德军250人，取得了美军远征作战的第一次胜利。

与此同时，英、法联军却在节节败退。远征军的胜利让潘兴大喜过望，他立即致电美国国防部："我坚信，我们的军队在欧洲首屈一指，我们的参谋人员不比任何军队逊色。"他甚至拍案怒斥："谁胆敢再问我美国人会不会打仗，我就对他不客气！"他顶住了英国首相劳合·乔治的阿谀奉承、法国总理乔治·克列孟梭[②]的大声怒喝、法军总司令费迪南·福煦将军的暴跳如雷及美国国内一些人的冷言冷语，继续让美军独立作战，并极力反对协约国军不求强攻、固守阵地的战略战术，提醒各国使用野战、运动战等战术。

随后，德军对康蒂尼大举反扑，万炮齐发，美军第1步兵师奉命坚守阵地。这是德军在第一次世界大战最后阶段最密集的炮火射击，但是第1步兵师守住了。当时还在第1步兵师服役的乔治·马歇尔（美国陆军五星上将，先后在第1步兵师担任上尉参谋和中校作战处处长）后来写道："我们守住了康蒂尼，德军后来再也没有重新占领这个村庄。"

1918年7月，第1步兵师又一鼓作气攻占苏瓦松[③]，但同时也付出了伤亡7000人的巨大代价。

7月24日，协约国司令官亨利·贝当[④]、海格和潘兴在博蒙召开会议，对今后的作战作了深入的讨论和准备。协约国采纳潘兴的建议，变战略防御为主动进攻。

---

① 皮卡第：法国的一个大区，位于法国北部。下辖埃纳、瓦兹和索姆三个省。

② 乔治·克列孟梭（1841—1929）：法国政治家、新闻记者、法兰西第三共和国总理，法国近代史上少数几个最负盛名的政治家之一。第一次世界大战中为协约国的胜利和《凡尔赛和约》的签订作出重大贡献，被当时欧洲称为"胜利之父"。

③ 苏瓦松：法国皮卡第大区埃纳省的一个城镇，位于法国东北部埃纳河畔。

④ 亨利·贝当（1856—1951）：法国元帅，维希法国国家元首、总理。他的一生非常坎坷，集民族英雄和叛徒于一身。

8 月 10 日，潘兴把 16 个美国师编为美国第 1 集团军，辖第 1 军、第 4 军和第 5 军，并得到了一个法国军团的补充。每个美国师的人员编制大致相当于 2 个法国师或德国师，但美军缺少火炮和坦克，不得不从盟友那里借。在潘兴进行部队整编的同时，美军仍在不断增兵，至 9 月初，美国远征军的人数达到顶峰，总数超过 150 万人，潘兴又组建了第 2 集团军。

锻造美军坦克精锐

当各方在战场上激烈斗争之际，巴顿经过一段时间的训练，已经深深迷上了坦克这个“怪物”。他认为集中使用的坦克群最有突击力，对坦克集群得当的指挥能够快速推进攻击，一个防御点上的突破会很快发展成为一个防御正面的突破，而且坦克部队可以用最小的伤亡获得最大的胜利。

当然，要想拥有强大的突击力，就必须抛弃那些设计笨重、速度迟缓、火力不强的坦克类型。他在评价法国的坦克时尖刻地说：“英勇的法国士兵在他们自己造的坦克里备受煎熬，而打死的德国人却寥寥无几。”他从骑兵的冲击战中得到启示，发现强火力、能快速推进是坦克的绝对优势。同时，他认为，坦克部队是一个具有巨大发展前途和作用的新兵种，自己是最合适的坦克军官人选。他在一封信中谈到自己的有利条件：使用轻型坦克就像指挥骑兵作战一样，而他是一名优秀的骑兵，此为一；他曾指挥过机枪连，并成功地训练士兵如何提高射程和精度，此为二；他曾修理过汽车发动机，知道它是如何运转的，此为三；他能讲一口流利的法语，与法国人相处十分融洽，可以与法国人商讨坦克使用经验，此为四；谈到墨西哥鲁维奥牧场的遭遇战，他认为自己是“乘汽车进行进攻作战”的唯一的美国军官，此为五。总之，巴顿认为自己能完全适应这一新兵种，并将在实战中取得出色的成绩。

1917 年年底，美国从国内派遣的第一批坦克人员到达了，但这批来自海岸炮兵部队的青年的军事素质并不高，他们缺少军事常识，甚至不会敬礼。巴顿对此感到十分不悦，他认为："我的手下别的东西可以没有，但绝不能没有纪律。"他暗下决心，一定要训练出一支与众不同的模范军队。

不久，15 名高级军官参加了坦克学校的开学典礼，巴顿在会上做了演讲。令人感兴趣的是，一向轻视步兵的巴顿在讲话中竟然大肆吹捧步兵在作战中的主导作用，并贬低坦克的作用，一再强调：坦克的任务是紧密地配合步兵作战。巴顿之所以如此，是因为他充分意识到与会的高级军官都来自步兵，对坦克的价值普遍持怀疑态度。他希望讨好这些高级军官，取得他们对坦克兵的谅解和支持。不过，巴顿对自己的这次讲话很不满意，以后每当提起这件事，他都觉得十分羞愧。

当然，巴顿的训练中心还是很有吸引力的，许多人前来参观，询问有关事项。在这里，巴顿是"绝对的老板"，他严格执行铁的纪律。他认为只有这样，才能训练出无坚不摧的文明之师，才能把战场上的伤亡减少到最低限度，同时给敌人以最大的打击。他还十分重视士兵们的礼节，因为礼节是军人的标志，一支缺少礼节的部队在战场上是不可能有所作为的。所以，他首先从纪律和礼节两个方面着手训练部队。

巴顿经常带领执勤人员在营区内巡察，随时随地检查军容风纪，根据情况对违纪者给予不同的惩处。他还经常向军官和士兵们训话，要求他们不折不扣地执行任务，并不断地给予他们鼓励和鞭策。他对军官们提出了更严格的要求：他们必须有高度的责任心，要生动有趣地为士兵讲解、示范突击和进攻，用科学的理论培养一批好学上进、勇猛顽强的战斗人员。他还用各种方法向官兵们暗示大家都要以他为榜样，养成残酷无情的勇敢和突击精神。

到 1918 年 7 月，巴顿已组建了 6 个坦克连，被提升为少校。残酷的训练、严格的军纪、正确的学术指导，使巴顿在被手下人无情咒骂的同时带出了美国远征军中最厉害的铁甲部队。

由于坦克部队发展很快，巴顿先把 6 个坦克连编为第 1 坦克营，然后扩建第 1 坦克营为第 1 坦克旅，他自己任旅长，下辖 2 个营，营长瓦伊纳和布莱特分别为中校，每营辖 6 个连。

1918 年 8 月，协约国联军总指挥部接受潘兴的建议，准备发动圣米耶尔战役。

德军自第一次世界大战全面爆发以来，就对默兹河[1]和摩泽尔河[2]之间的一个突出部增派重兵防守，目的是保护梅斯和布里埃铁矿。这个插入法国 16 英里的突出部既切断了凡尔登到土尔的铁路，又切断了巴黎至南锡的铁路。协约国要想在默兹河和阿尔贡森林之间的防区进行大规模进攻，就必须消除这个突出部的驻军。

从突出部的顶端圣米耶尔起，其西边呈斜线延伸到默兹河东的树木茂密的高地，南边从圣米耶尔延伸到摩泽尔河横切河两岸的高地。高地之间是沃夫勒平原，它被小溪、沼泽、池塘和一片片的林地所切割，不易通行。而且，突出部的防御体系宽 30 英里、纵深 15 英里，从凡尔登东南向位于默兹河畔的圣米耶尔镇延伸了大约 10 英里。在摩泽尔河附近，突出部向东往蓬塔穆松延伸了大约 40 英里。

4 年的时间里，德军在整个突出部地区用战壕、铁丝网和混凝土碉堡构筑了前沿阵地，并在后面构筑了与之类似的第二道防线。即便联军突破了前面这些防御阵地，也还要面对一个由重重壕沟和坚固的地下掩体组成的强大防御体系，那就是德国人精心构筑的兴登堡[3]防线。在兴登堡防线的后面，隐藏着可怕的梅斯和蒂永维尔要塞群。圣米耶尔突出部的防御由 8 个半师的地面部队来完成，其中大部分是奥匈帝国军队。

在这种情况下，潘兴还是决定用美军来攻打圣米耶尔突出部，以此作为联军结束战争的一系列攻势的开端。

美国第 1 集团军承担了圣米耶尔战役的主要任务：收复巴黎—凡尔登—南锡铁路。为了达到预期的战斗效果，潘兴在战争开始前便制造假情报迷惑敌人，以便以飞机、坦克等快速反应的地空武器，出其不意地

---

① 默兹河：发源于法国东北部朗格勒高原的一条河流。

② 摩泽尔河：又译为莫塞勒河，莱茵河在德国境内的第二大支流，仅次于阿勒河。

③ 兴登堡：即罗·冯·兴登堡（1874—1934），德国陆军元帅、政治家、军事家，1925 年任德国总统。

发起攻击。潘兴在之后的作战中意外地获得了空军作战的经验，为美国以后发展自己的空军力量奠定了良好的基础。

8 月的一天，巴顿接到紧急通知：到萨缪尔·罗肯巴赫上校处报到。他意识到大战即将来临，一时兴奋不已。

罗肯巴赫上校不久前被任命为潘兴司令部直属的坦克兵司令。

罗肯巴赫是弗吉尼亚军事学院的高才生，有很强的业务能力，是一个颇有见地、成熟老练的军官，但他的个性极强，有自命不凡、爱卖弄资格的缺点。当时他的主要使命有两个：作为司令员，负责领导设在英国的美军坦克训练中心和朗格勒坦克学校；作为参谋军官，他是潘兴的顾问，负责坦克的管理、采购、供应等工作。

俗话说，一个槽上拴不住两只叫驴。罗肯巴赫与巴顿从一开始关系就很冷淡，互相猜疑，但为了战争、坦克和各自的利益，他们又不得不在一起共事，互相依托。

罗肯巴赫给巴顿的命令是：美军要在 9 月 7 日前后进攻圣米耶尔突出部，巴顿不仅要指挥自己的坦克连，还要指挥一个法国坦克连。

尽管巴顿对这位古怪的上校没有多少好感，但他接受命令后，便立即忙碌起来。当天，他在司令部里为这项计划搜集需要补充的详细材料，静下心后，他突然想到一件可怕的事情，便立即去向罗肯巴赫请教："天哪，上校先生！我忙乎这些有什么用？我自己连一辆可作战的坦克都没有，怎么能指挥第 5 军和其他部队的坦克呢？"

罗肯巴赫用眼斜视着他，硬生生地说："不要多问，请做你该做的事情，坦克到时候会有的。"

巴顿还是不放心，他跑到美军第 1 步兵师作战处找乔治·马歇尔少校打听消息。马歇尔少校把坦克已在运途中的消息告诉了他。但是，巴顿同时又听到了别的传言，说他的部队要经过的道路可能全是沼泽地，坦克要过去非常困难，他不禁又忧心忡忡。他再次查看地图，发现这一带根本找不到湖泊，只有小河。他担心地图错了，又跑到法国军团司令部去，征得了有关人员的同意，然后和一个法国骑兵一起去察看了地形。看到那里没有什么沼泽，几乎没有什么障碍能挡住坦克，他终于放心了。

巴顿回到营地后，坦克也运到了。一切准备就绪，只等司令部的命令了。

由于联军发起进攻的时间一推再推，进攻直到 9 月 12 日凌晨 1 时才开始。协约国 900 门火炮进行了 4 个多小时的炮火准备，凌晨 5 时，地面部队发起了进攻，同时还有几百架飞机参战。

巴顿在把坦克部队投入战斗之前，做了战斗部署和动员。他说："这是我们千载难逢的良机，现在要证明我们过去所做的一切都将是有价值的。"

根据巴顿制订的计划，7 个坦克连分三路前进：营长布莱特在左引导第 5 师的步兵抵达拿萨德附近的目标；法国坦克连居中随步兵前进；营长康普顿在右，开始随法第 42 步兵师前进，然后加速，引导他们进入埃塞①和帕讷。布莱特是一名优秀的军官，作战经验丰富，因此，巴顿对左路比较放心。而第 42 步兵师缺少步坦协同作战的经验，巴顿对康普顿不大放心，于是决定自己靠近右路指挥。

这场战斗并不困难，只是蒙蒙的细雨有些讨厌。巴顿时而驾着坦克领队，时而跳到地面上大声叫嚷着指挥车辆前进。他要的是速度，只有快速推进才能发挥坦克的优势。他看到有人不听他的指挥，便一阵又一阵地大发雷霆。进攻正式开始时，他甚至还为自己设立了一个不是很有必要的指挥所，拿着望远镜紧盯着坦克群。

后来，巴顿觉得推进速度太慢，于是让副官留在指挥所与上级和步兵保持联络，他自己则带领 1 名中尉、4 名机械师尾随部队前进。他出没于坦克内外，步行比乘车多，跑的路比走的多。很快他就发现自己已到了开在最前面的一个坦克排那里。他不满意驾驶员的操作，于是就跳上去亲自驾驶。

进入德军阵地的时候，巴顿发现周围竟然只有自己一辆坦克。他没有慌乱，而是继续向前开进。德国人早已发现了他，几挺机枪对着他射

① 埃塞：法国科多尔省的一个镇。

击。他知道机枪密集的子弹所具有的威力远远超过稀疏的炮弹，于是他一面还击，一面退回自己的阵地。

过了一会儿，巴顿来到另一个高地，看到德国人开始撤出埃塞，于是带人冲了过去。康普顿的 5 辆坦克随即开过来，巴顿命令他们穿过埃塞镇，但有一个法国兵坐在通向镇子桥梁的桥头上把他们挡了回来，说前面的炮火太猛烈。巴顿听了大发雷霆，再次命令他们冲过去。他本人也步行带领坦克从桥梁上冲了过去。

美国陆军五星上将　麦克阿瑟

中途，他遇到了道格拉斯·麦克阿瑟准将，立即上前敬礼，并问道："将军，第 1 集团军坦克旅正攻打帕讷镇，坦克是否可以直接穿过镇子?"麦克阿瑟说："问题不大，铁甲骑士。"于是，巴顿指挥一个营的坦克向 2 英里外的帕讷镇前进。

在穿过帕讷镇时，他们遭到了德军的猛烈射击，子弹把坦克的油漆都打飞了。坦克还在继续前进，但在坦克后面约 300 码的步兵却原地不动，只管开枪射击。巴顿跳下坦克返回到步兵这一边，找到他们的指挥官，大声嚷着要求对方率部随坦克行动，但遭到拒绝。由于对方是个上校，无奈之下，巴顿只得懊恼地转身朝坦克跑去，子弹不断从他身边飞过。他命令所有能动弹的坦克快速向镇内推进，当天便占领了该镇，缴获德军 4 门火炮、16 挺机枪。

这里不得不插叙一下空军的战斗情形，因为这也是美军陆军航空队的处女战。

当时，空军由威廉・米切尔①上校指挥。威廉・米切尔是美国空军创始人之一。

1917 年 3 月，威廉・米切尔作为当时隶属于美国陆军通信兵部队的航空部门的主要负责人，被选派以中立国军事观察员的身份赴欧洲观战。有趣的是，就在他登陆欧洲几天后，美国就宣布参战了。

军事航空技术在第一次世界大战爆发后的短短几年时间里突飞猛进。欧洲战场上的所见所闻给了米切尔极大的震动。为了掌握第一手资料，米切尔几乎跑遍了法国前线，走访了许多一线作战部队。那时，西线战场双方仍处于僵持状态，堑壕战那人间地狱般的景象给他留下了极其深刻的印象。米切尔坚信，采用空袭战术是可以解决堑壕战难题的。他认为，飞机是一种进攻型而非防御型的武器，如果能够很好地把空中力量组织起来，就有可能持续不断地发起攻击，甚至在敌人处于进攻态势时也可以对其发动攻击。对于防守一方来说，空域太过辽阔，很难有效地阻止敌方飞机的侵袭，唯一可行的办法，就是使用空中力量对敌后方区域发起攻击，破坏敌方的所有补给。

米切尔的空战理论终于在圣米耶尔之战中付诸实施了。

在战役开始前，米切尔进行了精心的准备。据情报显示，德军已经

---

① 威廉・米切尔（1879—1936）：美国著名的空军理论家，和意大利人杜黑、英国人特伦查德一起被视为空中战争理论的三位先驱。著有《空中国防论》，他的理论对许多国家的空军建设和作战理论产生过重要影响。

集结了 150 架驱逐机（歼击机的旧称）、120 架侦察机和 25 架地面攻击型飞机。为此，他坚持要求将尽可能多的飞机集结在他的指挥之下。

米切尔计划的关键是在战役中全面出击，摧毁敌人的空中力量，突击敌人的地面部队，为己方空中和地面的有生力量提供安全保障。他的作战计划需要多达 500 架飞机同时发动攻击，大编队将按照他的战术部署，对突出部整个地域进行轮番轰炸，不让敌人得到片刻喘息之机。

米切尔最终争取到了 1481 架飞机的指挥权。在一次单独的军事行动中，集结一支如此庞大的空中力量，这在军事航空史上是前所未有的。这支空中力量包括 366 架侦察机、323 架昼间轰炸机、91 架夜间轰炸机和 701 架驱逐机。

米切尔的参谋机构制订的空中作战计划非常详尽，其他方面的准备也非常完善。一个大范围的无线电预警网络被建立起来，用以监控、报告敌方和联军的空中行动。全天 24 小时，每个机场都保留有一架驱逐机在机场上空警戒，这种早期空中战斗巡逻的应用，意味着将拦截敌方侦察机的任何突袭。后勤保障部门则被要求为高空飞行提供一种专用的高级燃料，这种红色的燃料被称为“战斗汽油”。

米切尔在作战指挥官的选拔上也独具慧眼。富有经验的伯特 · M. 阿特金森少校被委任为第 1 驱逐机联队联队长，刘易斯 · H. 布里尔顿少校被指定为空中侦察联队联队长，原第 1 航空中队老兵、曾在墨西哥作战的约翰 · N. 雷诺兹少校成为美国第 1 集团军直属空中侦察大队大队长，原英国皇家航空兵团的加拿大籍老兵哈罗德 · E. 哈特尼少校则成为第 1 驱逐机大队的指挥官。

空中侦察是空战的首要任务，第二任务是为炮兵定位。前线每天都被拍照，图片解读人员通过照片来察看炮兵阵地的位置、战壕线的变化及其他一些相关信息。飞机也时常深入敌人的后方，对公路和铁路运输进行拍照和观测，核查军用物资的存放，为昼间和夜间轰炸选定目标。

另外，空中对地面的通信联络可以通过无线电、灯光、声响（汽笛或机枪开火时发出的声音）及投放通信袋来完成，而最后一种似乎最为可靠。相比之下，地面对空中的无线电通信一般会困难一些，往往还要依赖连续编码的摆布、信号弹、发出闪光或其他一些应急措施，比如不停地挥动手帕。

轰炸的任务是摧毁和袭扰位于战场后方的敌方区域，对那些超出炮兵射程之外的军事和工业目标实施攻击。

驱逐机的任务是夺取制空权，限制敌机的侦察和轰炸行动，为实施空中侦察和空中突击的部队提供支援。

圣米耶尔战役正式打响后，德国人一开始被完全打懵了。遗憾的是，米切尔用数百架飞机同时发动一场强大空中突击的计划被恶劣的天气彻底破坏了，雨、大风和雾使得绝大多数飞机在美军地面部队一路高歌猛进的时候无法加入战斗。

不过，美军的驱逐机和轰炸机还是采用超低空飞行，轰击了德军的部分战壕和道路运输。飞行员的飞行高度往往不超过 50 米，这是非常危险的，因为他们完全暴露在火炮、机枪和步枪等地面火力面前。

联军指挥部在恶劣的天气里放松了对飞行的所有约束。空中作战行动计划逐步地全部付诸实施，甚至在大雾弥漫或大雨倾盆的情况下，美军这些更像是挑战极限的“冒险爱好者”仍然冒险驾机起飞，执行摧毁观测气球、击落敌机、轰炸道路等任务。这些第一次世界大战空中英豪的名字逐渐在美国国内变得家喻户晓。

第一天，美军共出动飞机 390 架次，投下了总重达 6.4 吨的炸弹，但只有 11 次空战报告和 2 次未经证实的击落。美军飞行员中有 11 名驾驶员和 4 名空中观测人员被列入战场失踪人员名单。

1918 年 9 月 14 日，当潘兴的第 1 集团军艰难地攻击前进的时候，米切尔面对的难题发生了变化，天气开始转好，可德国人也调来了他们最优秀的航空队之一，由奥伯洛伊特纳特男爵奥斯卡 · 冯 · 伯尼克指挥的皇家普鲁士第 2 战斗机联队。伯尼克在第一次世界大战中有着击落 26 架飞机的战绩，其中 4 次是在圣米耶尔战役中取得的。皇家普鲁士第 2 战斗机联队由 4 个经验丰富的战斗机中队组成，每个战斗机中队都由资深的王牌飞行员负责指挥。而且他们大部分人都驾驶福克 D. VII 驱逐机，这种飞机在第一次世界大战中被认为是最好的驱逐机之一。

美国陆军航空队尽管缺乏经验，但是仍雄心勃勃地在战役中承担了对抗经验丰富的德国空中力量的主要任务。其中，驱逐机部队是米切尔掌握的空中力量中最有经验的，因此在战斗中的损失最小。

与航空队相比，地面部队的进展要顺利得多。在突出部的两边，美、法集结了 400 辆坦克，联军共预备了 3000 余门大炮和 330 万发炮弹。

德军在突出部布置了 8 个师和 2 个旅，还有 5 个师的后备力量。总攻前，尽管潘兴采取了极其严密的保密措施，但德军也隐约感觉到协约国部队和物资的集中预示着一次进攻，为此他们做好了相关准备。但出乎德军意料的是，一向以战壕战为主的协约国部队攻势竟然如此凌厉，推进速度如此神速。事实上，从 12 日清晨到黄昏，协约国的主要作战目标已经达成，他们成功占领了圣米耶尔的一个突出部。潘兴要求参战部队同时向两边推进，进攻的重点是在南边，与此同时，还要对突出部的顶端发起佯攻。

为了保证战斗的胜利，潘兴集结了 55 万美军和 11 万法军。其中，美、法陆军共有 174 辆坦克参战，其中有 3 辆被击毁，22 辆陷入壕沟，14 辆出现故障，坦克兵阵亡 5 人，4 名军官和 15 名士兵受伤。

到攻势开始后的第三天，美国第 1 集团军已俘获 15 000 名德军官兵，并缴获 450 门大炮，收复失地约 518 平方千米。

在这次战役中，巴顿像一个铁甲骑士，一路高歌猛进，冒险使他精神焕发、兴高采烈。战斗结束后的第一天，巴顿到罗肯巴赫的司令部去，想听到上司对他的表扬，但罗肯巴赫却严厉地批评了他："我的少校，你究竟想干什么？你的任务不是去单枪匹马打胜仗。你愚蠢地突进德军防线的行为是绝对不能原谅的！"巴顿吃了一惊，他知道自己所干的事确实有太多的个人英雄主义色彩，虽然打了胜仗，但他的轻率举动过早暴露了美军拥有坦克的秘密。巴顿立刻承认错误，表达歉意。

罗肯巴赫见巴顿态度如此诚恳，便原谅了他。轻松躲过一劫的巴顿离开办公室时，回头看了他的上司一眼，脸上颇有得意之色，罗肯巴赫这才意识到自己上了巴顿的当。不过，几天以后，罗肯巴赫上校还是表示对巴顿取得的战果很满意，只是不希望他目无军纪、自作主张。

协约国指挥部根据战局的发展决定转入总攻。此时，潘兴又组建了第3集团军，由西点军校1881届毕业生约瑟夫·T. 迪克曼指挥。

1918年9月下旬，根据协约国总指挥部的部署，潘兴再次调集各路远征部队，准备进行马斯河—阿尔贡战役，占领兴登堡防线。这是美国远征军在欧洲大陆最大规模的攻势作战，参战的美军大约有120万人。远征军第1集团军和法国第4集团军在马斯河西岸实施主要突击。

马斯河—阿尔贡一带地形极为复杂，德军在这里修筑了坚固的防御工事，有纵深达12英里的迷宫般的阵地，还有相互支撑的机枪火力点，并铺设了密集的铁丝网。面对如此牢固的防线，进攻很可能要付出巨大的代价。在西线上的首要战术问题就是怎样突破战壕，而要达到目的，军队就必须跨过“死亡区”。

第1集团军司令、西点军校第79届毕业生亨特·里杰特将军当过师长、军长，是一位能征善战的虎将。他体型肥胖，但脑子里装的可不是脂肪。战役打响后，经过3个小时的炮火攻击，他的军团一次又一次地发起冲锋。这次攻势持续了4天，作战地区遍布密林、深谷和丘陵，虽说取得了某些进展，但主要的作战目标并没有实现。

10月4日，潘兴重新调整了部队的进攻方式，发起新一轮攻击。远征军用特制爆破筒炸开一排排有刺的铁丝网，其他士兵把铁丝网剪开一个宽阔的口子，再把一卷卷小方格的铁丝网铺在地上。这样一来，士兵们就能快速通过德军设置的障碍物，突破一个个阵地。几天后，数百名协约国军官到现场学习经验。潘兴回忆道：“其中有一个法国军官在踏勘之后，一本正经地议论说，美国人比法国人优越之处是他们腿长脚大。”

另一个解决战壕中静止战争的方法，就是利用坦克来使其重获活动性。坦克可以相对安全地穿过“死亡区”，破坏敌人的设施。

前后两次突破行动，巴顿的坦克旅都是先锋。9月26日那天，坦克旅在浓雾的掩护下发起了进攻。虽然浓雾有利于隐蔽，但也挡住了视线，使他们难以辨认方向，为此，巴顿带领2名军官、12名机械师下车步行，以炮弹爆炸的地方作为目标点，引导坦克前进。

上午 9 时，坦克兵向前推进了 9 英里，攻占了瓦雷诺镇，并向切平镇进攻。德军以又宽又深的壕沟为屏障，以密集的炮火和机枪火力进行封锁。惊慌失措的步兵匆忙向后退，巴顿阻止了他们。他集合了大约 100 人，在德军火力稍减时，用铁锹挖土填壕沟。当时一个士兵迟疑不动，巴顿用铁锹拍了他的脑袋，然后自己率先解下皮带，拿起铁锨，动手干了起来。德军仍然不断向这边开火，一发子弹突然击中巴顿身边一个士兵的头部，他说了句“将这个不走运的下士送回去吧”，又继续挖土，直到把沟填平。

六七辆坦克越过了壕沟，冲向高地。巴顿挥动着指挥棒，口中高声叫道：“前进吧！谁跟巴顿一起上？”壕沟两边的士兵都抓起枪，跟随他往上冲。他们刚冲上一个斜坡，德军的一阵机枪子弹便雨点般猛射过来，士兵们连忙趴到地上，但仍有几个人当场毙命，众人吓得不敢动弹。

过了一会儿，巴顿猛地站起来，大喊一声：“该是另一个巴顿献身的时候了！”他又带头向前冲去。这次只有五六个人跟着他一起往前冲，很快，他们又一个接一个地倒下去，巴顿身边只剩下了传令兵乔·安吉，安吉对巴顿说：“就剩下我们孤单单的两个人了。”巴顿说：“无论如何也要前进。”他又向前走了几步，突然有一颗子弹击中了他，从他的直肠旁边斜穿出来。他坚持走了大约 40 英尺①的距离，最后摔倒在地，血流不止。

安吉把他挪进一个弹坑，用刀割开他的衣服，给他包扎好伤口。这时几辆坦克开过来了，巴顿派安吉迅速跑过去，向坦克手指示约 40 码距离处的敌人机枪点的位置。一个中士走过来，巴顿命令他赶回去向司令部报告他受伤的消息，并命令布莱特接任指挥职务。又有几辆坦克开上来了，巴顿躺在地上，给它们指示攻击的方向和目标。大约一个小时后，附近敌人的机枪点和炮台全部被摧毁。3 个士兵抬来了担架，巴顿被抬送到救护车队。

---

① 1 英尺 =0. 3048 米。

几天后，美第 1 集团军和法第 4 集团军彻底突破了德军的第一道防线，但美国远征军也付出了惨重的代价，第 1 师伤亡过半。此后，这支部队连战连捷，一路直逼色当地区。同时，罗伯特·李·布拉德将军指挥的第 2 集团军也在附近地区开辟了另一战场，以配合第 1 集团军的正面进攻。最后，美国远征军占领了色当和梅斯之间的德军阵地。

潘兴的军事生涯在第一次世界大战中达到了顶峰，其指挥艺术和谋略在此期间得到了充分的发挥。

与此同时，巴顿的勇敢、牺牲精神也得到了潘兴的高度赏识，潘兴写信给比阿特丽丝，说她有权利“比任何时候都更为他感到骄傲”。

鉴于巴顿的英勇表现和卓著功绩，罗肯巴赫建议晋升巴顿为上校。巴顿先后获得了两枚勋章，“优异服务十字勋章”和“优异服务勋章”。第一枚是表彰他在战场上的勇敢表现和突出战绩，嘉奖令上写道：

1918 年 9 月 26 日，在法国切平附近，他在指挥部队向埃尔山谷前进中，表现出超人的勇敢、冷静、干劲和机智。而后，他将一支瓦解了的步兵集合起来，率领他们跟在坦克后面，冒着机枪和大炮的密集火力前进，直到负伤。在他不能继续前进时，仍然坚持指挥部队作战，直到将一切指挥事宜移交完毕。

另一枚则是表彰他在布尔格坦克学校和训练中心所取得的巨大成绩。

1918 年 11 月 11 日，战争正式宣布结束了。一向渴望得到荣誉的巴顿此时有些喜形于色，因为他感到自己没有虚度年华，幸运地赶上了一场大规模战争，建立了功业，并为自己赢得了“美国第一坦克手”的美名。而且，这一天恰好是他 33 岁的生日。

他踌躇满志，颇为自得，然而战争已经成为历史，等待着他的将是漫长的和平岁月和艰难的仕途。

第四章　英雄无用武之地

铁甲骑士受冷遇

第一次世界大战是世界历史上规模空前的残酷游戏。4 年多激烈、艰苦、漫长的鏖战，造成数万人伤亡和数千亿美元损失，最终以德国等国的投降而宣告结束。美国虽仅参战一年多，但也付出了沉重的代价。

1918 年 11 月 11 日，这是一个值得纪念的日子。各参战国的人民都举行了隆重的仪式欢庆战争的结束，迎接和平的降临。《芝加哥论坛报》的头版标题就是："让战士们立刻回家吧！"在纽约，人们高唱着："我们要的是莱茵河的一席之地。"协约国中的大小国家，在胜利面前仿佛都喝醉了酒，手举刀叉，醉眼惺忪地斜睨着面前的一块块肥肉，想分而食之。世界又恢复到了 1914 年以前资本主义世界笙歌四起的状况，协约国的每一个成员都在喋喋不休地鼓吹自己在战争中的重大作用，力图在瓜分的宴会上多分得一杯羹。

美国远征军的胜利也让巴顿高兴了一阵子，但随之而来的则是平淡枯燥的和平生活。

平心而论，巴顿与那些狂热的好战分子是不同的，他虽然热衷于战争并且具有中世纪骑士的冒险精神与性格，但他从未鼓动或宣传过战争，也从未站到民主制度的对立面。他只是在战争开始之后，为了满足自己被激发起来的勃勃雄心，为了一个军人的光荣职责而积极投身其中，并以此为荣。

他写信给妻子说：

和平时期到了，我们基本上天天都是一个样，只是每天早上起床的时候比较困难，因为我们原来只有星期六才这样。我担心挥之不去的惰性最终会毁了我。可笑的是，原来我在战场上指挥1000个或更多的士兵，而我回到美国之后，可能只需指挥一个74人的骑兵连，而且每天上午都要巡逻。为尽量避免目前这种可怕的寂寞感，我打算写书，因为在和平时期，只有笔才能刻画出战争的伟大。

巴顿从朗格勒总医院出院后，奉命返回布尔格（法国东部城市）任职，继续训练他的坦克部队。当他看到那些经历过战争的士兵松松垮垮、无精打采的样子时，立即发布了“关于着装、举止和纪律”的命令，要求军官和士兵都要遵守纪律，着装整洁，刻苦训练。此时，布雷恩带着美国制造的新型坦克抵达法国，但为时已晚，赶不上参战了，这些坦克便成了巴顿的试验品。

这是美国自行设计、生产的坦克，仍有很多不足之处。巴顿对坦克进行了大胆的试验和编组，在坦克里安装了无线电话，以便士兵在行进中仍能进行通信联络。他还制订了集中使用坦克突破敌人防御向敌纵深发动进攻一举摧毁其指挥中心的战术。这种战法（即后来的“闪电战术”）在第二次世界大战中被德军广泛地使用。但是，巴顿未能像英国军事理论家富勒①和李德·哈特②那样形成一套完整的理论体系，因为理论上的探索不是他的专长，作为铁甲骑士，横刀立马、驰骋疆场才是他的夙愿。尽管如此，他还是对第一次世界大战的经验教训进行了一番认真的总结。

---

① 富勒（1878—1966）：英国军事理论家和军事史学家。历任坦克部队参谋长、参谋学院主任教官、英军总参谋长助理、野战旅旅长，获少将军衔。在机械化战争理论方面作出过重大贡献，一生著作颇多，有《西洋世界军事史》《装甲战》等30余种军事著作。

② 李德·哈特（1895—1970）：英国军事思想家。参加过第一次世界大战。曾任《每日电报》《泰晤士报》军事记者与《大英百科全书》军事编辑。1966年受封为爵士。

巴顿甚至还对自己之所以在士兵中拥有威望一事进行了总结，认为这主要是因为他能身先士卒地出现在战斗最激烈的地方，而不是像某些指挥官那样躲在安全的后方很少上前线。例如，在圣米耶尔战役中，他孤身带领坦克穿越不知是否埋有地雷的埃塞大桥一事，就在士兵中引起了强烈反响。他的妻子对他的这种英雄气概也十分佩服，她在来信中写道：

你实现了我一直对你寄予厚望的男子汉气概和勇敢无畏的理想……我对你的期望比世界上其他任何人都高，无论过去、现在还是将来，都始终如一。

1919 年 2 月，巴顿率部乘火车前往马赛，然后从那里坐船回国。法国马赛基地司令为美军这支部队严整的军容和严明的纪律所震撼。上船后，巴顿十分关心士兵们的食宿条件，为此又忙碌了一番。3 月 17 日，巴顿终于回到了美国。

在巴顿离开的近两年的时间里，美国发生了巨大的变化，在战争的催化下，美国成了一个工业化、机械化和城市化的国家。甲虫般的汽车塞满了公路，穿工装裤的人更多了，女权运动兴起，男人则被禁止饮酒……

由于参议院拒绝批准《凡尔赛和约》① 和拒绝加入国际联盟，美国又退回到传统的孤立主义政策中来。美国人民的眼睛只盯着国内事务，在欧洲的美国远征军全部被召回。

回国后，思念亲人的情感像烈火一样燃烧着巴顿，他觉得自己似乎已有一个世纪未和家人见面了。他摆脱了记者的纠缠，但仍受到报界的广泛宣传。他拒绝了任何邀请，匆匆赶回家与妻子见面，然后又安排潘

---

① 《凡尔赛和约》：全称《协约国和参战各国对德和约》，是第一次世界大战后，战胜国（协约国）对战败国（同盟国）的和约，它的主要目的是惩罚和削弱德国。

兴与妮塔见面，让他们平和地分手。几天后，巴顿与家人小聚了一次。母亲称他是“我的英雄儿子”，他为此感动得流泪。父亲也为他感到骄傲，对他说：“你是乔治家族尚武精神的传人。”

巴顿的部队回国后，被调到马里兰州的米德军营。该地位于巴尔的摩[①]与首都华盛顿之间，是第一次世界大战后专门开设的坦克兵军营。原在宾夕法尼亚州科尔特军营受训的坦克兵，在德怀特·艾森豪威尔中校的指挥下，与从法国返回的坦克兵合编，并转至米德军营。

美国陆军五星上将　艾森豪威尔

巴顿与艾森豪威尔在米德军营的坦克中心初次相见，尽管两人的经历与学识各不相同，但他们志向相同，都立志为装甲部队奋斗。坦克把

① 巴尔的摩：美国马里兰州最大的城市，美国大西洋沿岸重要海港城市。

这两名优秀的军人紧紧联系在了一起。

不久，“降低军衔的浪潮冲击到所有的军官，就连参谋长佩顿·马奇上将也被降为少将。巴顿由上校被降为上尉……”但到 1919 年 7 月 1 日，巴顿又被升为少校了，这是发生在巴顿身上最具戏剧性的一幕，但“其他人就没有这样幸运了，大约有 2500 名正规军官抱恨辞职，他们大声痛斥国家忘恩负义”。和平时期，这些战争时期的功臣被时代边缘化了。

作为华盛顿一个事务委员会的成员，巴顿以饱满的热情投入了工作，参与撰写了坦克使用条例。但在米德军营，他却遇到了不少麻烦。由于战后要节省开支，他得到的燃油越来越少，坦克平均每天只能开动几分钟，坦克手们的大量时间都花在了修建军营的篱笆上。

后来，巴顿又在一个技术委员会工作，研究如何改进坦克装备，使其从原始的胚胎中解放出来。他认为，缺少通信设施是影响坦克发挥威力的主要原因之一。由于坦克中没有安装通信设施，坦克手既无法与指挥官、司令部联络，也不能与步兵、空中飞机联络，甚至相互之间的沟通都很困难。巴顿试图通过实战中的经验解决这一问题。他把通信兵的设备装配到坦克上，并与拉尔夫·萨斯上校合作发明了一种安装在坦克炮塔上的同轴架，以方便射手瞄准。但这种无线电通信设备发挥不了作用，因为坦克的金属外壳使其无法接收信号。

这时，一个叫沃尔特·克里斯蒂的发明家给巴顿带来了一线希望。巴顿给母亲写信说：

近来，坦克方面的事总是让人兴奋。一个发明家到这儿来了，他听了我们从战争角度出发的观点后，设计了一种我认为是世界上最大的坦克。它与旧式的坦克有天壤之别，没想到，那里的空间那么大……明天下午 3 点半钟，战争部部长牛顿·D. 贝克要正式给我戴上“战时优异服务勋章”。

发明家克里斯蒂住在新泽西州的霍博肯，是一名机械师兼赛车驾驶员，他创办了一家机动车公司。他设计的坦克具有革命性意义，其主要特点是大大提高了坦克的速度和机动性。具体来说，这种坦克实际上是一个炮架，大功率的发动机安装在坦克的后部，使坦克既可以用履带，也可以用车轮行驶，此外坦克还安装有避震系统。巴顿认为这是世界上最好的坦克，慷慨解囊资助他进行研究，并在米德军营为他安排了一次表演。巴顿还说服陆军部的7位将军前来观看。

巴顿与坦克

这一天，巴顿的妻子比阿特丽丝特意着盛装陪同丈夫观看表演，为他助威鼓劲，并为将军们准备午餐。表演用的坦克其貌不扬，像是一辆装有履带的平台，但机械性能很棒。它是靠自身的驱动力开到米德军营的，行程达250英里，最高时速达40英里。这在当时简直是一个奇迹，它表明坦克可以不靠铁路运输，直接开进战场。

巴顿作了简短的现场介绍，着重说明这种坦克能够撞倒树木、摧毁房屋、穿越沙地，而且操作简便。然后，他请在场的将军们试一试，但没有人响应。于是，他便请妻子试验一下。比阿特丽丝坐上坦克，快速绕场一周，虽然她漂亮的帽子被风吹掉了，时髦的衣服上也溅满了泥土，但总算顺利返回原地。巴顿再次请将军们试一试，但他们已经看够了，认为这种简陋的机械操作不便。最后，这种坦克被军械署否决了。

巴顿没有因此而灰心，继续与克里斯蒂保持联系，并大力资助他的研究工作。

1919 年秋天，为了使部队在即将来临的冬训中取得优异成绩，巴顿连续向他的部属发表了 11 次演讲，以激发他们的训练热情。其中一次演讲的题目是“作为一名军官的责任”，深刻地反映了他对军队的深厚感情、对战争和历史的深刻理解，以及作为一个军人对国家的责任感。

1920 年 6 月，美国国会通过《国防法案》，规定陆军定额是 28 万人，两年后更裁减至 12.5 万人。令巴顿最为伤心的是，坦克兵失去了存在的法律根据。该法案规定坦克兵配属于步兵，不再作为独立的兵种存在。《国防法案》还规定，坦克兵以连为单位配属步兵，每个步兵师配属一个坦克连，由步兵司令统一指挥。

国会之所以取消坦克兵的建制，除了经费短缺外，还有一个原因是受坦克兵司令罗肯巴赫落后理论的影响。罗肯巴赫认为，坦克对“每一个兵种都有巨大的价值”，“坦克应大量使用，否则就干脆不用”。这一提法含混不清，似乎无可厚非，但是他却忽视了坦克突破敌人阵地、向敌纵深进攻的强大突击力和机动力，也没有看到这一新兵种的巨大发展前途。

巴顿曾千方百计地找军界有影响力的朋友帮忙，请求他们支持保留独立的坦克兵，支持他那流产的发展坦克的计划。但他沮丧地发现，他们中竟没有一个人赞赏他对这种新武器的热情，就连潘兴也拒绝援助他。这位陆军特级上将把巴顿看作自己的门徒，愿意为巴顿做任何其他事情，但就是不支持他的坦克计划。

四处碰壁的巴顿，根据多种原因终于得出了结论，他发展坦克的计划已注定走到尽头了。他认识到装甲车辆是战争机器中花费仅次于飞机的东西。目前，他到处听到的都是鼓吹如何节约而又节约……毕竟刚刚经历了第一次世界大战，美国也需要休养生息。虽然他仍然相信，将来的部队是要靠轮子和履带运动的，但此时他也得出结论，从经济角度看，坦克是行不通的。

不过，巴顿仍坚持认为，即使撤销坦克兵的建制，也不应该将它编入步兵而应编入骑兵。如果把坦克编入骑兵部队，它受到的限制将更少，更便于充分发挥其机动力和潜在的突击力。显而易见，将坦克编入骑兵部队的想法并不科学，它反映了巴顿对步兵的偏见，但将坦克编入步兵也确实对美国坦克兵的发展产生了极其不利的影响。

发展坦克受阻后，巴顿决定离开坦克部队，重新参加骑兵。其原因是多方面的。第一，他在步兵部队几乎没有晋升的机会，因为他在步兵中认识的人很少，他的朋友包括潘兴将军等，都集中在骑兵部队。第二，骑兵生活与巴顿的性格特征和爱好十分相投，他喜欢骑兵的生活与乐趣，喜欢马球、赛马、马展和游猎等。巴顿之所以选择骑兵还有一个隐秘的原因：他希望美国的下一个对手是墨西哥。在墨西哥原始化的道路上，坦克将无用武之地，而战马受地形、气候影响较小，可以充分施展其快速、勇猛的特点。

离开自己亲手创建的坦克部队无疑是一种巨大的痛苦。临走前，巴顿向第 304 旅的官兵们发表了感人肺腑的演讲，他情绪激动，热泪盈眶。

他在演讲中说："我不能错过这个能够见到你们大家的机会。你们可能认为我是世界上最卑鄙的人，但是我要说，你们弄错了。我爱 304 旅及其所有的军官和士兵们，我以你们为骄傲。……坦克部队有我的心血和希望，我坚信它是不会衰亡的。总有一天，我还要与它重聚，我的生命和荣誉全都与它息息相关。"

再回骑兵部队

1920 年 9 月底，巴顿挥泪告别了坦克兵，重返骑兵部队，回到阔别多年的第二故乡迈尔堡。他以充沛的精力和饱满的热情，将每一项工作都干得有声有色——专心致志地指挥操练，兢兢业业地埋头卷宗，孜孜不倦地学习军事业务。迈尔堡与巴顿有不解之缘，他的第一次升迁和第一次生活转折都发生在这里。

在迈尔堡304英亩的地盘上，驻扎着一支首都卫戍部队。这支部队平常保持战备状态，但其任务并不是保卫华盛顿，而是为华盛顿举行的各种庆典提供军事人员。他们住在一排排崭新的砖房里，环境幽雅，绿树成荫，四周是碧绿的草坪。巴顿非常喜爱这座军营，它靠近首都，便于与华盛顿的大人物保持联系，方便获取各种信息。这里还拥有美国陆军最好的马术设备，包括一座巨大的跑马厅，一年四季都可以进行马术训练和举办各种马赛。

这是一段“和平时期”的美国。“当美国正在繁华中欢跃、在禁酒声中痛饮时，陆军却在混日子。军官们就像英国小说家萨克雷所说的那样，在高贵的怠惰中消磨着时光。‘当兵’一词已经成为游手好闲的同义词。在这段麻木不仁的间隙中，实际上唯一的运动似乎就是军官们不停地从一个岗位调到另一个岗位，不让任何人扎下根或持久地做任何事情。”

和平时期，有什么值得军队做的事呢？此时巴顿的职务是第3骑兵团的中队长，相当于步兵的营长。在一片歌舞升平的气氛中，这个新职务不过是一个杂差，其任务是为要人及普通军人的葬礼提供勤务，负责把从全国各地运到华盛顿来的阵亡军人的尸体护送到阿灵顿公墓①埋葬。他要在联邦车站迎接载运棺材的炮车，然后在缓慢、庄严的气氛中护送它穿过市区，走入墓地。这种枯燥乏味、日复一日的仪式，对性情急躁的巴顿来说实在难以忍受。不过，他很善于通过高强度的运动找到生活中的乐趣，以弥补内心的空虚，刺激麻木的身体和灵魂。

从1920年离开米德到1940年回到本宁堡②装甲部队，巴顿调动过十次，担任过十多种不同的职务，其中有些与他的专业毫不相干。特别

① 阿灵顿公墓：坐落于美国弗吉尼亚州阿灵顿郡，与林肯纪念堂隔波托马克河相望，是美国的象征和历史的缩影，见证着战争给人们带来的灾难。

② 本宁堡军事基地：位于美国佐治亚州第三大城市哥伦布市，建立于1918年，被称为“美国陆军卓越演习中心”，也是“装甲和步兵之家”。

是他在长岛的一次英雄救美的行为，更是与他的职务本身“毫不相干”。

那是“1922 年的一个夏夜，巴顿驾着敞篷车离开赛马场返回花园城的旅馆，途中他看到 3 个男人拉着一个面有难色的少女，好像要把那个女孩推进一辆卡车的后部”。谁看到这种情景都会认为他们至少有劫持少女的嫌疑。“于是，巴顿停下车来，用枪口对着那几个家伙，迫使他们放开了那个少女。”他还以为这是多么见义勇为的壮举，“后来才知道，那姑娘原来是其中一个男人的未婚妻，他们只不过是要帮她爬上那辆卡车”。

后来，当巴顿笑着对长岛的一位贵夫人谈起他“见义勇为”的故事时，这位贵夫人问道：“乔治，你怎么带着武器参加老百姓的赛马?”

“我相信有备无患，”他告诉她，“我历来带着手枪，就是系着白领结穿着燕尾服时也是这样。”

那一时期，巴顿干的大多是这样一些莫名其妙的事情。不过，巴顿对百无聊赖的生活并没有心灰意冷，因为生活常常也有一些亮点出现。“他买了一书房的书，绝大部分是历史和军事著作，他带着批判的眼光如饥似渴地把它们从头读到尾。他重新开始写作，并写出了一个陆军正规军官所能写出的一些最好的文章。他还尝试着以英国著名诗人吉卜林的笔调写诗……”虽然巴顿的大部分写作都是为了自我欣赏，但也有几十篇文章发表在《骑兵杂志》和《步兵杂志》上。而且，“巴顿凭他充沛的精力把他所担当的每一项工作都干得有声有色”。

经过一场残酷战争的考验后，巴顿与妻子的感情更加深厚了，他们在迈尔堡过着豪华的社交生活，形影不离。有一次，他们到杜邦广场附近的朋友家去参加宴会。当巴顿身着戎装、佩戴勋章走进华丽的前厅时，一个酒鬼以挑衅性的语言讽刺他是“假英雄”。比阿特丽丝忍不住向酒鬼扑过去，将他从椅子上推倒在地，然后在地上与他打成一团，并用拳头猛击他的面部，直到巴顿拉开他们才算罢休。她绝不容忍任何人玷污丈夫的荣誉，即使牺牲一切她也在所不惜。

1923 年上半年，巴顿参加了赖利堡骑兵学校高级班。由于刻苦努力，他的学习成绩优异，校方特意请他给学员们作报告。巴顿在讲演中深刻分析了拿破仑手下元帅的成败得失，他的最终结论是："人的因素是最重要的。"随后，他又到利文沃思堡[①]陆军指挥与参谋学院进修，其间他特意送给妻子一张自己骑着战马的照片，并解释说："很遗憾，它并不像我希望看到的那么勇猛，但或多或少有点普鲁士的样子。"圣诞前夕，巴顿再次当了父亲，他的妻子给他生了一个又白又胖的儿子，这个儿子就是巴顿四世。

1924 年，巴顿作为该年骑兵高级进修班的荣誉学生（占学生总数 25% 的优等生），被暂时分配到参谋团工作。一般来说，被分配到参谋团工作的军官都是出类拔萃、前途远大的学员。此后，作为参谋团的军官，巴顿先后到斯科林菲尔德兵营和夏威夷军区任职，先当人事处长，后又当情报处长。

巴顿喜欢夏威夷四季不变的海洋气候，并以固有的贵族阶级视角欣赏这里贫富差距悬殊的社会结构。他很快结识了夏威夷最富有、最显赫的家族，并与他们往来密切，其中与迪林海姆的交往便是一例。沃尔特·迪林海姆是个英俊潇洒、富有魅力的年轻人，因搞土地投机而发家致富。他和巴顿在当地贵族子弟举办的马球赛上相识，并很快成为朋友。

在夏威夷任职期间，巴顿的母亲去世了，他悲痛万分，常常泪流满面。伤感之中，他写信给父亲，信中附了一首小诗：

啊！亲爱的爸爸，您过去、现在和将来永远是我最亲爱的人！

可惜，不久后父亲也随母亲而去了。父母给巴顿留下了大笔遗产，包括大量不动产和 20 万美元的债券，但他主动放弃了继承权，让妹妹妮塔继承。3 年后，巴顿的姨妈安妮也离开了人世。这 3 个人一直都是最关心、最疼爱巴顿的人，他们未能看到巴顿功成名就便过早离开了人世，巴顿为此感到十分惭愧和不安。后来，他在一封写给已故母亲的信

① 利文沃思堡：位于美国堪萨斯州。

中悲凉地说道：

亲爱的妈妈……看着摆放在我面前的您用过的东西，我觉得您离我那么近。在您生前，我从未向您表达过我的爱，我也从未意识到您勇于接受病魔的挑战和不计个人得失的博大胸襟，让我钦羡不已。儿子是没心肝的东西，请原谅我！我一直都在祷告，我一定要为您做出一番惊天伟业来表达我对您的爱，以不愧为我从法国回来之时您对我的称谓："我英雄的儿子。"也许我还能继续做您英雄的儿子。但岁月不饶人，我们将埋葬安妮姨妈的骨灰。我所爱的，同时也那样深深爱着我的 3 个人，如今都已离我而去了，但您知道我依旧是那样深深地爱着您。当您的灵魂出现的时候，我感到自己仿佛又回到了 46 年前的那个全新、幼小、无助的生命中去了。

在夏威夷，巴顿一度改任计划与训练处长，这是他一直渴望得到的职位，因而格外卖力和认真。不过由于他对上直言敢谏，对下威严专断、态度粗鲁，得罪了不少人，以致任职仅 7 个月就被解职，重新担任情报处长。

1928 年，巴顿回到华盛顿，在骑兵司令办公室任参谋。当时，军内外讨论得十分热烈的一个热门话题是：机器在多大程度上将取代战马。从巴顿的职务及其对骑兵的热爱来看，他最有资格成为骑兵的代言人，但他又怎能否认坦克在战争中取得的辉煌成就及其远大前途呢？巴顿处在旋涡的中心，常常感到左右为难。

一次偶然的机会，巴顿听说好友艾森豪威尔进入了利文沃思堡陆军指挥与参谋学院，于是就把自己在校学习时的笔记寄给了他。艾森豪威尔后来以全班第一名的成绩毕业，巴顿认为自己的笔记肯定起了作用。这一时期，巴顿与艾森豪威尔经常在信中探讨一个问题——指挥艺术。经过多次讨论，他们认为，只有依靠高超的指挥艺术才能使士兵转变为斗士。问题的关键在于，如何使士兵具有进攻精神，如何在战斗中激励他们的斗志。对此巴顿曾经大发牢骚，他说："理论家关于指挥艺术的著作数不胜数，但谁也未能解决这个最实际的问题。”

巴顿认为优良传统对于造就指挥艺术具有最重要的意义。伟大的军事统帅要具备两个条件：一是天生的高贵的血统（这可以说是巴顿的一个偏见）；二是卓越的指挥才能。他甚至认为，绅士阶层不同于其他阶层，其优等之处无论在战时还是平时都能体现出来。因此他主张，要把绅士精神灌输给每一个士兵，这样才能将普通的士兵训练成绝对服从命令的勇士，部队才能有战斗力。

巴顿非常欣赏机动性作战的出奇制胜。他说，打败敌人的最佳方法是“抓住他的鼻子，踢他的裆部”，这实际上是指以火力和运动取胜的传统战法，即指用部分力量牵制敌人，主力迂回至敌侧后，从敌后方发起进攻。这句名言经常被巴顿引用，给人留下了深刻的印象。

在华盛顿，巴顿夫妇与上流社会来往甚密。除艾森豪威尔外，陆军参谋长麦克阿瑟及副总统查尔斯·道斯[①]等人都是他的座上宾。这一时期，比阿特丽丝在马萨诸塞州南汉密尔顿的乡村买了一座农庄，取名“绿色草地”，作为他们的新居。“绿色草地”坐落在伊普斯韦奇河畔，草地上建有一幢典型的19世纪初新英格兰风格的建筑，朴实自然，居住十分舒适。院内有马厩、畜栏、谷仓和车库，还有两个宽大的赛马场。休假时间，巴顿常常换下戎装，以一个乡绅的姿态在这里闲住。

此时，巴顿深深地迷上了马球，而且水平还相当高。当时人们普遍认为马球是最适合军人的一种运动，从事这项运动不仅要求运动员具备强健的体魄、准确的判断和高度集中的注意力，而且还要求运动员能够快速反应、当机立断和协调配合。“从1919年到1934年，他一直是少校军衔，但在打马球方面，他却从三分的马球运动员跃升为七分运动员，并且当上了令人向往的陆军马球队的队长。”此外，巴顿还喜欢参加马展、赛马和游猎。他在全国各地的马术比赛中共获得400枚奖牌和20个奖杯。此外，他还抽空打网球、手球，进行飞碟射击、飞行表演

① 查尔斯·道斯（1865—1951）：美国政治家，1925年诺贝尔和平奖获得者，是“道威斯计划”的制订者。

等，似乎有着用不完的精力。

1931 年夏天，巴顿在骑兵司令办公室的任职期满，当他在“绿色草地”度假时，接到了进美国陆军军事学院（即美国陆军的最高学府）深造的通知。此时他已年近 49 岁，但他仍一边学习一边撰写论文，其中一篇题为“未来战争的可能特点以及应付它们所需要的组织、战术和装备”的论文给校方留下了深刻印象。该文对历史上不同时代的战争进行了分析，深入探讨预测了下一次战争的特点及应采取的对策。校方认为，这篇文章论述全面、见解深刻，于是将它作为陆军军事学院的研究成果送往陆军参谋部供参考。这时，老牌政治家、巴顿的良师益友亨利·史汀生也回到了华盛顿，给胡佛①总统充当国务卿，巴顿还特意去拜访了他。史汀生有时也和夫人一起光临巴顿的“绿色草地”别墅，做礼节性的回访。

1932 年 7 月，巴顿以优异成绩从陆军军事学院毕业，又被分配到他的第二故乡迈尔堡，任骑兵团副团长。这时，他碰上了一件倒霉而棘手的事——“补助金大进军”。

所谓“补助金大进军”，是指 20 世纪 30 年代美国政府拖欠第一次世界大战的退伍军人的补助金而引起的各地退伍军人向首都华盛顿的进军。当时，1929 年开始的经济危机冲击了美国社会生活的各个角落，下层民众更是苦不堪言。1932 年夏天，大约 2 万名退伍军人陆续从各地涌入华盛顿，要求联邦政府立即支付战时补助金。这些退伍军人中有的就是巴顿的老部下，其中还有救过他一命的传令员乔·安吉。他们衣衫褴褛，食不果腹，只能住在被人抛弃的破旧房子里，有的干脆搭个棚子住在大街上，白天则聚集在国会山周围游行示威。

以胡佛总统为代表的统治阶层认为，这些人是革命分子，是颠覆分子，决心对他们以武力加以镇压。巴顿出于阶级本能，极端仇视“布尔什维克分子”，也参加了这次镇压行动。

---

① 胡佛：即赫伯特·克拉克·胡佛（1874—1964），美国第 31 任总统。同时还是一位著名工程师，年轻时曾作为美国“白领”被派往中国河北唐山的开滦煤矿“打工”。

7月28日，巴顿奉命率队出发。上午，当他骑在马上从埃利普斯河岸边向宾夕法尼亚大道眺望时，数以千计的老兵向他欢呼致敬。这些老兵无论如何也没有想到，正是这位他们崇拜的英雄成了屠杀他们的刽子手。16时，巴顿带领一支骑兵，手中挥着大刀，在游行的老兵队伍中横冲直撞，接连将数人砍倒在地。这次事件最终靠武力平息下来了，但它留下了难以弥合的创伤，使美国陆军的士气在此后数年里蒙上了一层阴影。

这件事对巴顿也是一次极大的震动——以武力镇压本国的退伍军人，而且其中不少还是自己的老部下，这在美国历史上是史无前例的。巴顿无法从本质上认清这一事件真相，事后他虽然接连写了6篇文章，对这次“最令人不快的服务形式”进行了深刻的反省，但他仍坚持认为镇压“暴乱”需要快速反应、无情打击，只是需要排除不必要的暴力，对“暴乱首领”和一般民众要区别对待。

平息暴乱后不久，巴顿晋升为中校。1935年年初，巴顿再度到夏威夷赴任。为了考验自己的胆量，他与一批业余船员（包括比阿特丽丝）一起驾驶着小游艇，从加利福尼亚向夏威夷驶去。他既当船长，又当航海员，一路上乘风破浪，把游艇安全地开到火奴鲁鲁。

此次巴顿在夏威夷担任的职务还是情报处长，他又回到了参谋军官的位置。而他一直认为，担任参谋军官对于军人来说，无异于走入了死胡同。

眼看自己在军界前途渺茫，巴顿的脾气变得越来越坏，常常过量饮酒，并加入了当地的所谓“放荡公司”，比阿特丽丝和孩子们对此都感到不可容忍，他的家庭生活开始出现了不和谐。在困惑之中，巴顿常常会认真地考虑退出军界或退休的问题。

他的不良情绪很快就在公开场合表现出来。在一次全岛马球冠军赛比赛中，他将自己的上司、时任夏威夷军区司令员的休·阿洛伊修斯·德拉姆将军给得罪了。

当时由迪林海姆率领的瓦胡岛队与巴顿率领的陆军队进行交锋。这一天天气炎热，大家的情绪都很激昂。比赛进行到最激烈的时候，迪林海姆的马不巧撞了一下巴顿的马，巴顿驱马迫使迪林海姆让开，并且愤怒地大声骂道："该死的沃尔特，你这个狗东西，我要一直把你追到大街上去。"他的骂声连看台上的人都听得一清二楚。

这时德拉姆将军正坐在观礼台前排的荣誉席上，听到了巴顿讲的脏话。这轮马球赛结束后，德拉姆站起来把巴顿叫到他跟前，当着显赫的贵宾之面，指着巴顿以冷冰冰的口气说："我取消你中校的资格，因为你在女士们面前说了不堪入耳的话，也侮辱了比赛对手。我要你立刻离开运动场。"

迪林海姆骑着马来到德拉姆将军面前，说他并没有听到巴顿说什么污言秽语的下流话。正在边线上等着下轮比赛的毛伊岛队队长弗兰克·鲍德温也喊道："我也从未听到乔治·巴顿说过什么下流话。"这就把德拉姆将军推到两难境地：如果一定要说巴顿说了下流话而将他赶出比赛，那好，这一年的比赛就到此为止了。如果比赛就此而结束了，德拉姆将军可能也是收不了场的。那么，现在唯一的选择就是重新叫回巴顿，恢复他的马球队队长的球场任职，使比赛能够继续进行下去。

球是打完了，但德拉姆将军的脸面也给丢尽了。巴顿已经能够感觉到，他的"军人生涯看来就很快接近尾声了"。"巴顿第一次开始严肃考虑他退出军界的问题"，"四处物色退隐之地"。

不过，德拉姆将军没有那么小肚鸡肠，并没有一脚就将巴顿踢出军营，其处理方式还是有些"艺术含量"的。

夏威夷军区前任司令威廉·史密斯少将在改任西点军校校长之前，就曾对巴顿作过恰如其分的评价——"此人在战时会成为无价之宝，但在平时却是一个捣乱分子"。巴顿把这个评价看作是对自己的极大赞扬。

52 岁中校荣遇"二战"

1935 年前后，美、日关系变得越来越微妙。这年秋天，根据德拉姆将军的指示，巴顿拟订了一份"确保内部安全与审查"的计划，以防止日、美战争爆发后日本侨民可能进行的颠覆活动。计划规定，一旦日本和美国发生战争，立即“逮捕和拘留一些黄种人（日本人）……因为他们有害于美国的利益”，“将他们作为人质”，而不是当作俘虏。他列举了应逮捕人的姓名与地址。这份非正式的文件，一方面反映了巴顿对日本人的野心存有疑虑，为夏威夷的防卫问题感到担忧；另一方面也反映了巴顿的种族偏见，在他看来，日本人永远是外族人，即使加入了美国国籍，也算不上是纯正的美国人。巴顿一贯是以蔑视和怀疑的眼光来看待不同种族的外来移民的。

同时，巴顿还抽空撰写了一些军事论文，其中一篇名为“美国在太平洋地区的防御”，文中论述了美国在太平洋的地位，并特别指出夏威夷岛的重要性。他认为，日本人对珍珠港发动袭击是极有可能发生的事，并预言这种袭击对美国来说将是灾难性的。但他的警告没有引起有关方面的重视，数年后，巴顿的担心变成了事实，美国为此蒙受了惨重的损失。

在夏威夷工作期间，巴顿经常奉命到各地为陆军买马，有时他也带上妻子和孩子们一起去。有一次外出买马，比阿特丽丝生病了，女儿艾伦留下来照看她，巴顿就和比阿特丽丝同父异母的姐姐的女儿一块去了。她叫珍·戈登，一生未婚。据说，他们之间还产生了一段鲜为人知的恋情。但这件事情似乎并没有影响到巴顿的家庭及他与妻子的和睦关系。

不过，巴顿历来是一个问题很多、容易惹麻烦的人。在军队内部的一场比赛中，巴顿从马上重重地摔了下来，大家都以为他受了重伤，但他好像什么事也没有发生过似的，跳上马又继续比赛。几天以后，他和家人一起外出划船，突然感到疼痛难忍。他叫道：“天啊，我怎么了?”根据医生的诊断，他被摔成了脑震荡。此后，即便是喝少量的酒，他也会十分痛苦。从此，他变得更易于伤感了，经常在背诵诗词时不知不觉地潸然泪下。

1937 年 6 月，巴顿在夏威夷任职期满，他开着游艇带着全家人返回加利福尼亚。此时，他已年近 52 周岁，在军队中干了 27 年，但仍然是一个中校，事业上举步维艰。他心里清楚，该是自己退休的时候了。

谁也没有料想到，当美国人高唱和平主义的颂歌、徜徉在平安无事的环境中时，亚洲和欧洲的形势却急转直下，东西方的法西斯强盗正在磨刀霍霍，决心挑起一场新的世界大战，将全世界置于他们的铁蹄之下。

在远东，早在 20 世纪 30 年代初，日本就已成为战争策源地。1931 年 9 月 18 日，盘踞在中国东北的日本关东军把精心策划的阴谋付诸行动——由铁道“守备队”炸毁沈阳柳条湖附近的南满铁路路轨，并嫁祸给中国军队，这就是“九一八”事变。之后，日军以此为借口，突然向驻守在沈阳北大营的中国军队发起进攻。由于东北军执行“不抵抗政策”，当晚日军便攻占北大营，次日便占领了整个沈阳城。随后，日军继续向辽宁、吉林和黑龙江的广大地区进攻，短短 4 个多月内，128 万平方千米、相当于日本国土面积 3.5 倍的中国东北全部沦陷，300 多万中国百姓成了亡国奴，1937 年 7 月 7 日，日军又一手制造“七七事变”。

在欧洲，1933 年 1 月，希特勒在德国掌权后，断然退出裁军会议，公开废止《凡尔赛和约》，大力开展仇外宣传，叫嚷要夺取“生存空间”。1935 年 10 月，意大利法西斯头子墨索里尼[①]在德国的支持和英、法的纵容下，发动了侵略埃塞俄比亚的战争。1936 年 3 月，德军进驻莱茵非军事区，进一步破坏了《凡尔赛和约》。同年 7 月，西班牙内战爆发后，德、意军队明目张胆地支持叛乱分子佛朗哥[②]。1937 年 11 月，德、意、日三国法西斯正式结成联盟，形成了“柏林—罗马—东京轴心”，法西斯联盟又称“轴心国”。

1938 年年初，巴顿奉命到赖利堡骑兵学校任教。几个月后，他的身体完全康复，精神又振作起来了。他开始研究世界战局，他以军人特有的嗅觉，敏锐地察觉到不久将爆发新的世界大战。

1938 年 7 月 1 日，按服役年限规定，巴顿被提升为上校，调到克拉克堡指挥第 5 骑兵团。“这个团位于得克萨斯州狭长区域的布拉克特维尔附近，前往那个骑兵阵地犹如梦游一般。因为凡是派到那里去的军官

---

① 墨索里尼：即贝尼托·墨索里尼（1883—1945），意大利国家法西斯党党魁、法西斯独裁者，第二次世界大战元凶之一，法西斯主义的创始人。

② 佛朗哥：即弗朗西斯科·佛朗哥（1892—1975），西班牙内战期间推翻民主共和国的民族主义军队领袖，西班牙国家元首、大元帅，西班牙首相，西班牙长枪党党魁。

都被认为是老朽之材，通常最后授予一个上校军衔，让他们在退休之前最后享受一次军人的快乐，算是一种与军队的告别姿态。”巴顿的前任罗伯特·理查森上校就是按照克拉克的传统直接从这个要塞退伍的。这种任命和“待遇”，对热爱战争的巴顿来说，真是“杀人不见血”。总之，巴顿的军旅生涯，已经可以掐着指头进行倒计时了。

但是，巴顿并不因此而放任自己，相反，他决心利用这个机会做最后一搏。毕竟克拉克堡的骑兵团是野战部队，与国民自卫队相比，离战争更近一点，而且这里还有着优越的自然条件，他又有机会享受户外生活的乐趣了。因此，一到克拉克堡，巴顿就大刀阔斧地进行军事改革，以一种全新的方式进行战备训练。

当时，西班牙内战已经达到高潮，德国法西斯的飞机、坦克及一系列新的战争手段在战争中显示了强大的威力，美国陆军部一些老资历的将军对此视而不见，巴顿则敏锐地做出了反应，他在克拉克堡加紧研究德国新一代将军的著作，并开始进行沙盘演习。他把从各种军事杂志上收集到的德军战例重现于沙盘上，以备战争之需。他清醒地认识到所谓“神圣骑兵”的时代已经一去不复返了，骑在马上打天下已经永远成为辉煌的历史了。

在与上层显赫人物交往的同时，巴顿一如既往地与在第一次世界大战中结识的乔治·马歇尔中校经常保持着联系。他认识到了马歇尔的价值，并预感到马歇尔会前途无量。他曾读过马歇尔的一篇文章，在这篇文章中，马歇尔给那些扬扬自得、头脑发昏的军官们敲响了警钟，这一点与巴顿不谋而合。巴顿对那些死板的参谋人员说：“不管那些老顽固对未来战争中骑兵的前途如何高谈阔论，我还是要对你们说，当战争来临时，美国军队是不会有几匹战马的。”他把骑兵团编成一组一组的机枪队，在训练中从头至尾全都步行前进，以便应对战争中可能出现的最严酷、最难以预料的情况。他想方设法从报纸杂志及电台中搜集德军的训练演习和作战情报，搜集德国坦克专家海因兹·古德里安和埃尔温·隆美尔有关新时代战争的论述，对他们的作战原则和思想十分留意，他还在沙盘上研究对德军作战的方法，为以后的战争做准备。

德国陆军大将　古德里安

巴顿在他的社交圈子中不乏知己，他的这些后来声名显赫、位高权重的朋友为帮巴顿实现自己的夙愿不遗余力，但巴顿豪爽的性格、火爆的脾气、尖锐的棱角，常常令他的一些上级难堪而心存不满。巴顿的严格管理、大胆要求，尤其是他的实战演习和全新的训练方法，也引起下属的反感，许多人称他是“战争狂人”“克拉克堡的疯子”，有人甚至破口大骂：“这个十足的傻瓜，难道他不明白他是在自取灭亡吗?”

他独有的那种斗士的粗犷行径，到处招仇惹怨。因此，他的上司们对巴顿的评价是“集天使与魔鬼于一身”。正如一位将军所说的：“我不是不喜欢他，我只是不喜欢那狗娘养的!”因此，“狗娘养的”也成为巴顿的口头禅，他不仅用这句话骂别人，也常称自己是“狗娘养的”。

正当巴顿在克拉克堡劲头十足地训练部队，准备迎接战争的挑战时，1938 年 11 月 27 日，一纸调令把他调到迈尔堡接替乔纳森・温赖特任要塞司令，这对他来说无异于晴天霹雳。此时国际局势急剧恶化，战争阴云密布，而他却要离开正规野战部队，被派到国民自卫队中去，这使他离战争又远了一点。温赖特上校在迈尔堡因社交花费过重而负债累累，巴顿这个百万富翁显然非常适合担任这个职务。巴顿认为这就是调动他的直接原因。他泪流满面，伤心地对妻子说："你的金钱毁了我的前程。"不过，巴顿无论如何也没有想到这次特殊调动的背后，却隐藏着乔治・马歇尔的良苦用心。

马歇尔是美国陆军中的一匹黑马，他于 1880 年 12 月 31 日出生于宾夕法尼亚州联邦城的一个商人家庭。1902 年，他以优异的成绩毕业于弗吉尼亚军事学院。1902—1903 年和 1913—1916 年，他两度赴美国殖民地菲律宾服役。他早年严于律己，好学不倦，显示出超群的才能。从 1924 年结束给潘兴做随从参谋的职务之后，他被派往中国，任驻中国天津的第 15 步兵团执行官。任职期满后，马歇尔被调往陆军军事学院担任教官。不久，他又接到了新的任命，担任佐治亚州本宁堡步兵学校副校长，在那里他度过了大萧条时期的 5 年时光。他和巴顿一样，渴望在任职期满后再担任一个比较合适的职务，经过一番努力，他争取到了斯克利文堡的营长一职。

不久，陆军参谋长道格拉斯・麦克阿瑟将军的一纸调令，使马歇尔的升迁梦完全破灭，他被派遣到伊利诺伊州担任国民警卫师少将，而国民警卫部队只是维护治安的地方部队。和巴顿一样，马歇尔没有因失意而松懈工作，而是把国民警卫师的管理工作做得有声有色。

美国参加第一次世界大战后，马歇尔迎来了新的机会。他任远征军第 1 步兵师作战处长，随队赴法作战，参与制订美军作训计划；后任美国第 1 集团军作战处长，参与制订了圣米耶尔战役和默兹－阿位贡战役作战计划，深得潘兴的赏识。战后 5 年中，他任潘兴的高级副官，结识了不少军政要员，后担任佐治亚州本宁堡步兵学校校长，培养出一大批优秀的军事骨干。1938 年，他被调到华盛顿担任陆军参谋部战争计划处处长，不久又接任恩比克将军的副参谋长职务。1939 年春，他上任代理陆军参谋长，登上了美国陆军首脑的宝座。

1939 年春，新任代理陆军参谋长马歇尔到华盛顿赴任时，欧洲和亚洲正狼烟四起、乌云密布——西班牙内战进入高潮，希特勒的军队开进奥地利，强占苏台德区；在远东，大半个中国遭到日本法西斯铁蹄的蹂躏，中国人民的抗日战争进入艰苦卓绝的阶段。美国报刊虽然对这些骇人听闻的事件做了大量报道，但并没有震醒昏昏欲睡的美国军政要员们。对此，美国政界和军界的有识之士深为担忧，马歇尔是其中最有警惕性的军界要员之一。

作为一个具有雄才大略和远见卓识的战略家，马歇尔清醒地认识到，法西斯德国威胁到全人类的生存，德、美之战将不可避免。同时，他也看到希特勒的战争机器已使作战模式发生了根本性的变化，而美国军队对这种新的战争模式还十分生疏，一大批老朽的将领把持着军队的领导权，顽固地反对改革和创新。所以，美军的当务之急是清理军官队伍，大胆任用新人、能人。马歇尔开始对军队进行全面彻底的改革筹划，其首要任务是清除老朽无能之辈，提拔年轻有为之士。在他遴选的第一批军官中，巴顿得到他格外的赏识。此时巴顿已年过半百，而马歇尔选拔的军官一般在 50 岁以下，但他对巴顿却另眼相看。

巴顿与马歇尔相识始于 20 年前。当时他们都是潘兴手下杰出的军官，两人因工作性质不同，平时接触并不多。后来，两人同在陆军参谋学院学习，交情也不深。但巴顿在第一次世界大战后期几个月的杰出表现，给马歇尔留下了深刻的印象，巴顿训练出来的坚强有力的坦克部队，使马歇尔产生了浓厚的兴趣。

马歇尔认为，美军迫切需要组建一支具有实战能力的坦克部队，实现部队的机械化。为了达到这一目的，美军首先需要一批能适应现代战争的人才。巴顿虽然已经 53 岁了，但他充满干劲、精力及创新精神，而且他那古怪、粗鲁、反复无常的表象下蕴含着渊博的学识和敏锐的思想，是一个不可多得的大将之才。马歇尔对中校参谋说了一句令人难以理解的话："我要把他（巴顿）调到离华盛顿近一点的地方，以备需要时招之即来。"于是，巴顿又回到了久违的迈尔堡。

迈尔堡仍然是一个"社交站"，是游猎、赛马、打马球和举行宴会的好地方。巴顿传统的社交生活没有太大的变化，他安顿下来以后立即投入工作，对部队进行高强度的训练。然而，迈尔堡不是克拉克堡，这里大多是公子兵，他们根本无法接受巴顿的做法，表面上虽然不敢反抗，背后里却叫苦连天。

巴顿没有理会周围人的看法，他那双浅蓝色的眼睛始终机警地注视着周围所发生的一切，蓄势待发……

巴顿到迈尔堡接任要塞司令刚满9个月，一场大战就在欧洲爆发了。

1939年9月1日，是整个欧洲文明被拖入灾难深渊的一天。这一天，德军以坦克和飞机组成核心力量，实施大纵深分割包围的“闪击战”，对波兰进行突然袭击。此次德军出动了60个步兵师，14个装甲、摩托化师，2000多架飞机，以及数千辆坦克和装甲车，加上6000多门火炮、迫击炮，很快占领了波兰的首都华沙。

德、波战争打响后，尽管英、法迫于舆论压力对德国宣战，但并没有给予波兰任何实质性援助。从1939年9月3日到次年春，拥兵百万之众的英、法联军静悄悄地待在工事里，与德军对峙，没有与德军进行一场真正有规模的战斗。难怪人们把这段战争称作“奇怪的战争”或“莫名其妙的战争”。

尽管英、法莫名其妙，希特勒却一点也不含糊。德军占领波兰，挥兵西向，于1940年4—5月占领了北欧和低地国家大片领土，在随后的5—6月，德国坦克集群如神兵天降，突然出现在阿登①山口，被法国视为固若金汤的“马其诺防线”不堪一击，法军被打得溃不成军，甘拜下风。

德军突破英、法联军防线之后，弃巴黎于不顾，由陆军将军古德里安率领其坦克集群，日夜兼程直扑海滩，企图将英、法联军主力一口吃掉。但就在德军饿虎扑食的关键时刻，希特勒莫名其妙地下令“停止攻击”，30余万驻法英军由此获得了一线生机，慌忙从敦刻尔克②撤回本土。

接下来，欧洲大陆在希特勒的导演下发生了一系列的悲剧，欧洲在他脚下呻吟，世界为之震颤。而飞机和坦克，正是希特勒征服欧洲的两

---

① 阿登：位于欧洲西北部的森林台地，范围包括比利时和卢森堡的一部分，以及法国的默兹河谷地。

② 敦刻尔克：法国东北部靠近比利时边境的港口城市，以“二战”中1940年发生在这里的敦刻尔克战役和英、法军队敦刻尔克大撤退而闻名。

大法宝。

希特勒在波兰边境燃起战火时，正是马歇尔宣誓就任美国陆军参谋长之时。

马歇尔已经对未来战争的特点研究很久了，他始终认为发展机械化部队是时代趋势。第一次世界大战后，美国装甲部队经历了曲折的发展历程。1920 年，《国防法案》将坦克兵并入步兵部队，这对新武器和新兵种的发展产生了消极的影响。不仅美国，当时世界主要强国普遍对坦克重视不够。

英国虽然是坦克的发明地，并于 1927 年在索尔兹伯里平原建立了一支“试验部队”，但坦克并没有得到持续发展。美国陆军部部长德怀特·戴维斯访问英国时，观看了这支装甲部队的训练表演，深受启发。根据他的指示，美国陆军参谋部奉命在米德堡组建了一支配备有坦克、飞机、战车、大炮和战马的装甲部队，但由于装备陈旧和经费奇缺，后来被裁编。

随后，陆军参谋长查尔斯·萨默罗尔下达指示，在弗吉尼亚州的尤斯蒂斯堡建立一支步兵、骑兵、炮兵和坦克混编的机械化部队，但其规模还不到一个营的编制，而且在 1931 年就被撤销了。直到 1933 年，丹尼尔·范沃里斯上校与其副手阿德纳·查菲中校奉命组建一个机械化的骑兵团进行试验，并使其独立于步兵。20 世纪 30 年代中后期，这支部队逐步发展为第 7 装甲旅，其任务是用于扩大战场和向敌纵深穿插实施侧后攻击。

巴顿虽然在骑兵部队任职，但他对装甲部队和机械化的前途一直十分关注并充满信心。同时，他也十分重视德国新的战争机器及其带来的全新作战模式，并满怀激情地研读英国的富勒和李德·哈特、德国的古德里安和隆美尔、法国戴高乐等人的著作，从中获得了一些现代战争理论知识。

德、波战争打响后，巴顿的好战心又激荡起来，似乎又回到了年轻时代。他请求陆军部给他分配一项接近战场的工作，但未能如愿。

就在此时，美国军队发生了重大变化。希特勒机械化部队在不到 40 天的时间内打败了世界一流强国法国，这促使马歇尔下决心重整军备。巴顿注定又要大显身手了。

第五章　装甲运动战之王

塑造装甲

对美国的装甲兵来说，1940 年 7 月 10 日是个划时代的日子：马歇尔大笔一挥，匆匆组建起一支拥有两个装甲师的装甲部队——美国陆军第 1 装甲军。这是美军第一支现代装甲部队，阿德纳 · 查菲将军担任军长，下辖两个师。第 1 装甲师设在诺克斯堡①，师长是布鲁斯 · 马格鲁德；第 2 装甲师设在本宁堡，师长为查尔斯 · 斯科特。

尽管组建匆忙，但美国的装甲部队以此为起点迅速发展，成为第二次世界大战中一支不可替代的强大突击力量。

马歇尔签署这项命令几天后，又做出了一项重大的人事安排：解除巴顿迈尔堡要塞司令的职务，将他调往第 2 装甲师，负责组建该师的一个装甲旅，并由他担任旅长。

马歇尔对巴顿的任命，让一些不了解巴顿的人感到莫名其妙，他们认为巴顿实际上是一个“现代装甲部队里的古代骑士”，是一个“骑兵至上主义者”。从某种意义上说，巴顿确实对骑兵的感情热烈而深沉，即使在后来坦克大战的硝烟之中，他还经常用英国元帅黑格的一句名言来表达自己对骑兵的深刻理解：“步兵和炮兵能够赢得战争的胜利，但是只有骑兵才会胜得有价值。”对骑兵的眷恋之情伴随了巴顿的一生。

---

① 诺克斯堡：美国肯塔基州的一个小镇，位于该州最大城市路易斯维尔市西南约 50 千米处，是美国装甲部队最重要的军事训练基地。

但是，巴顿在内心深处十分赞同马歇尔对部队进行机械化改革的主张，只是为了不得罪华盛顿那帮思想陈旧的当权者，他很少把这一思想表露出来。巴顿比谁都明白，骑兵的辉煌时代业已逝去，骑士们跃马挥戈、所向无敌的战斗场景已经不可能重演了。他热爱骑兵，是因为骑兵部队给人们留下了难忘的记忆和宝贵的传统——骑士精神，骑兵的荣誉将永垂青史；他对坦克的痴迷，则是因为它在现代战争中不可替代的作用。

对于马歇尔的任命，巴顿非常满意，并充满信心。几年后他回忆说，对于他而言，这次调动是一个“千载难逢”的机遇，使他的生活发生了根本性的变化。20 多年来，他始终坚持不懈地为坦克辩护，对坦克的前途充满信心和希望，如今这一梦想终于实现了，一切峰回路转，他终于得到了施展才华的机会，已经暗淡了的前程突然又充满了光明。因此，接到命令后，巴顿立即办理好移交手续，日夜兼程地赶往本宁堡。

本宁堡位于佐治亚州中部，是古时印第安人开辟的商埠，至今仍保留着当时的一些地名，同时也是一座喧闹的商城。这里的坦克部队没有骑兵部队紧张而凝重的气氛。巴顿初来乍到，对这里的一切都不太适应，幸好这里有坦克，巴顿一切都可以容忍。

巴顿告别坦克已经快 10 年了，但坦克对他来说一点也不陌生。不过，他手下的士兵太年轻，这些遵照新颁布的《国家强制征兵法令》入伍的小伙子多数是“战（第一次世界大战）后的一代”，他们怀着对歌舞升平、酒绿灯红的留恋，极不情愿地走入军营，这里的一切对他们来说既神秘又陌生。就连师长斯科特也觉得坦克十分新奇，望着现场排列整齐的坦克，他发现这些坦克跟装甲防护的美国护卫舰“宪法”号有许多相似之处，于是他为第 1 装甲师起了一个充满自信心和自豪感的别名，“美国铁甲军”。

巴顿上任后，立即以饱满的热情投入新的工作中，并以过去的实践经验来指导、训练士兵。回想 20 多年前在法国担任装甲旅旅长的时候，他的工作激情是多么高，事必躬亲，亲自过问军中的大部分工作，他几乎对每个细节都了如指掌。但如今摆在他面前的是一支由数百辆坦克、半履带式车辆、吉普车、摩托车和数千人组成的庞大的现代化部队，当年的管理方式和经验已经过时了，他越是事无巨细地亲自去抓，越是把一切搞得一塌糊涂。对此，有人背地里议论说："难道这就是那位很自负的巴顿吗?"有人甚至叹惜："唉，一个传奇式的人物就这样完了!"

面对挑战，巴顿感到既新奇又刺激，他暗想："让一切都从头开始吧!"他就像一台上满发条的机器，一刻不停地运转着，而且也不让下属们偷闲。他在全旅推行强化身体锻炼的计划，在训练场和课堂上向士兵们传授军事常识，教他们队列和射击，使他们掌握并精通手中的武器装备。更重要的是，他还想方设法启迪官兵们的智慧和集体主义精神，使他们明白个人对集体的作用和影响，从而把整支部队打造成一个有凝聚力的战斗群体。

就在集训的重要时期，军长阿德纳·查菲因患癌症而身体每况愈下，于是美国陆军部对装甲部队的领导层做了调整。1940 年 9 月，斯科特被调往诺克斯堡，接替查菲任第 1 装甲军军长。随即，巴顿出任第 2 装甲师代理师长，并晋升为陆军准将。时来运转的巴顿在给老友罗伯特·艾伦的信中颇为得意地写道："万事俱备，只欠一场热闹的战争了。"

当然，事情并不像巴顿说得那样简单，通向战场的道路上还存在数不清的困难和障碍。

首先，第 2 装甲师只有 1 个旅的兵力，必须按计划完成至少 2 个旅的建制。而现有的士兵不懂技术，也不是那么具有军人的形象和纪律。"在他们中间，有些人在同平民生活告别时，喝得昏昏沉沉，跌跌撞撞地走进征兵局，另外一些人的衣衫上还沾着女人的泪痕。他们闷闷不乐地行军，步伐零乱地爬上军车。"为此，巴顿以高效率的节奏昼夜工作，很快组建了 3 个旅，按计划完成了整编师的建制。

其次，巴顿的坦克太旧。几百辆超期服役的坦克很快就要报废了，外壳上的油漆早已剥落，内部器件损坏，徒有其形。

把这群"乌合之众"训练成真正的战斗部队，巴顿采取了三项措施。

第一，亲身示范，激励士兵。巴顿对自己是高标准、严要求，处处以身作则，并力图使全师的人都能经常看到他的身影，观察他的一举一动，以便让人们尊重他，并仿效他。他指导参谋们制订部队训练计划，策划和指挥各种军事演习。他还向全体官兵讲述了一个关于恺撒的故事，据说恺撒总是在冬季练兵，因此在春天的作战中不用费什么力气就能打胜仗。对此，巴顿说："这正是我们所追求的目的。我知道我们是会达到目的的。当我们成功之时，上帝可能会对我们的敌人发慈悲，因为他们需要怜悯。"他驱车四处视察，及时发现问题并解决问题，奖勤罚懒，官兵们对他的大声斥责很快就习以为常了。他所乘坐的坦克十分醒目，炮塔上印有红、白、蓝三色条纹，指挥号声十分嘹亮，官兵们在数英里之外便能觉察到他的到来，每当这时，官兵们便精神振奋，充满豪情。经过长期的磨炼和努力，巴顿已成为全军最杰出的演说家和战斗动员家，他经常满腔激情地向官兵们发表鼓舞人心的演说。

第二，施以严格的纪律和高强度的训练。巴顿对每一项工作都设定了很高的标准，严格要求每个单位和个人都要达标，并制定了相应的奖惩措施。为此，他经常耐心地向官兵们解释刻苦训练与打胜仗的关系，他经常说的一句话是："一品脱美国人的汗水，可以挽救美国人的一加仑鲜血。"那些懒散惯了的士兵和军官，背地里整日发牢骚："老头儿真顽固，真讨厌！"但没过多久，这些牢骚都消失了，取而代之的是无言的服从。人们私下的议论变为："你可别在老头儿面前出丑，他可不喜欢这个。"

第三，采取各种方式奖励成绩突出的官兵。巴顿常常以一个心理学家的探索眼光来观察每一个军人，激发他们的爱国热情和进取心，增强他们的荣誉感和对集体的自豪感，鼓舞他们做一名优秀的军人和坦克手，争取在未来的战斗中成为一名杀敌立功的勇士。他说："战争就是杀人的买卖，你不放他的血，他就会宰了你。要不划破对手的肚皮，要不就打穿他们的肠子。"他还说："你们想打胜仗吗？你们想活着看到胜利的那天吗？那么，训练吧，不要摆花架子，把刺刀插进敌人的胸膛。这个方法很简单，但它既可打胜仗，又可减少伤亡。"

通过观察，巴顿认为坦克兵的服装不太适合战斗的需要，既不实用又有碍观瞻。为了激发士兵的荣誉感，他动手为坦克兵设计了一套独特的制服——墨绿色的华达呢制服以掩饰油污，夹克衫上面点缀着一排白色扣子，裤子装有衬垫以缓冲坦克行驶时产生的颤动，裤腿的口袋里装有急救包、地图和弹夹，帽子则采用橄榄球手的轻塑料头盔。制服做好后，巴顿自己首先进行试穿。当他穿着这身“奇装异服”在老虎营出现时，一位坦克手失口惊呼：“瞧！绿色大黄蜂！”在外人看来，巴顿似乎是在扮演丑角，但“绿色大黄蜂”的名号很快就在军中传开了，巴顿和他的第 2 装甲师成为新闻的热点，去老虎营参观的高级军官络绎不绝，他们都想一睹“绿色大黄蜂”的风采。

巴顿不仅在第 2 坦克师名声响亮，在全军也有非常大的影响力。

在军长斯科特召开的一次军事会议上，巴顿表达了自己建设这支新部队的信心。他用振奋人心的语言阐明了他的部队的奋斗目标：一个装甲师需要“勇敢和机智”，才能在战斗中取得胜利，而自己所指挥的部队就是要朝着这个目标迈进，把每个人都训练成“陆军中他妈的顶呱呱的坦克手”。巴顿的话给与会者留下了深刻印象，在装甲部队中引起了巨大震动，新闻界也做了大量报道。不过，当报纸刊登巴顿的讲话时，“勇敢和机智”两个词变成了“热血与豪胆”，从此巴顿便获得了这个伴其终身的绰号。巴顿对于这个绰号并不是特别喜欢，但是认为可以接受，认为它基本上概括了自己的特点。很快，这个绰号便传遍了全国，连巴顿 5 岁的小外孙帕特・沃特斯在晚祷时也使用这个称呼，祈求上帝“保佑这个热血豪胆的老头儿”。

1940 年 12 月，为了检验装甲师的机动性、纪律性和训练水平，并扩大其影响，巴顿决定进行一次 400 英里的长途行军（即往返于佐治亚州的哥伦布和佛罗里达州的巴拉马城之间）。他让人找来一顶德军将领的钢盔戴在头上，诙谐地说：“我头上的这顶头盔，是刚从德国将军那里缴获来的。这足以说明，德军根本不是不可战胜的。我要戴着这个头盔，一直打到柏林去！”阅兵场上响起一片欢呼声，官兵们士气大振。

这次行军路途遥远，参加的车辆众多（包括坦克、半履带式战车等共 1000 多辆），还有数十架飞机参加行动，这在当时堪称一个大胆的举动。在巴顿的直接指挥下，装甲部队军容整齐，纪律严明，技艺娴熟，几天内便顺利地完成了全部行程。沿途他们受到了隆重而热烈的欢迎，成千上万的居民自发地涌到路旁，用惊奇羡慕的眼光目送这群威武可怕的战争机器“隆隆”驶过，甚至学校也放了假，让孩子们一睹美国装甲兵的风采。整个行军简直是一场精彩的演出。

这次行军不仅在军事训练上取得了巨大成功，也在舆论上为装甲部队做了最有效的宣传，使人们对巴顿不久前的预言确信无疑：“装甲部队是一种难以置信的毁灭性工具，它能以惊人的力量杀开一条血路，无情地冲击敌人。”与此同时，对巴顿的赞美之词也广泛流传起来，他甚至成了某些人崇拜的偶像。一位作家写道：“巴顿具有难以想象的神力，他能使陷入泥沼的坦克重新启动。”

短短的时间里，第 2 装甲师的面貌焕然一新。

1941 年春夏之交，陆军部宣布进行一系列大规模军事演习，以检验部队及其指挥官在实战条件下的表现。巴顿的第 2 装甲师奉命参加演习。

这场演习在田纳西州进行。演习当天下起了蒙蒙细雨，士兵们的衣服都被雨水淋湿了。巴顿亲自为装甲车辆组队，编排行进路线，然后登上自己的坦克车，向全体官兵发表演说：

在我看来，我们第 2 装甲师的所有官兵都具备高度的组织性、纪律性。在大事上守纪律的人，在小事上也守纪律。一个勇敢但不守纪律的莽夫与既勇敢又守纪律的人打仗，是注定要失败的……装甲部队是所有类型的部队中最有战斗力的。它经常连续执行任务，总是跑到一个地方用巧计战胜敌人，然后再到另外的地点作战……我们必须有一种坚忍不拔、勇往直前的决心。当我们打击敌人时，我们必须比敌人动作更快、更有力。在演习中我们不采用真枪实弹，这可能有些扫兴，但是你要把它当成真刀真枪……你们要尽力把我讲的这些事做好，发挥你们的想象力，把演习想象成战争。

为了鼓舞士气，巴顿的妻子还专门谱写了一首进行曲。

对巴顿来说，这场全军性的模拟近期欧洲大战的演习，具有双重意义。一方面，通过演习他可以检验部队的实战能力，发现问题，及时解决；另一方面，在刚刚结束的北非沙漠地带的战斗中，英军坦克部队遭到隆美尔指挥的德军的重创，200 辆坦克被击毁，这一惨败使舆论普遍对坦克的作用产生疑虑。巴顿决心通过这次演习来驳斥那些反坦克派的论点。

1941 年，巴顿在观看陆军工程兵架设浮桥

阅兵正式开始了。首先音乐奏起，礼炮轰鸣。接着，1300 辆战车编队行进，威风凛凛地通过了检阅台。演习的第一阶段，巴顿的第 2 装甲师向蓝色部队第 2 步兵师发起进攻。他们的队形变幻莫测，令人眼花缭乱，战术运用合理而新颖，使装甲部队突击性和快速机动的特

点得到了全面体现，巴顿本人的指挥能力和战术技巧也得以充分发挥，原计划两天的行动，他只用 9 个小时就顺利完成了。毋庸置疑，巴顿已完全掌握了“闪击战”的艺术，他的装甲师已经具备了与强大敌人抗衡的能力。

第一阶段演习结束后，巴顿和他的第 2 装甲师受到了舆论的高度赞扬。7 月份的《生活》杂志发表了关于巴顿部队情况的专题报道，杂志封面上还刊登了巴顿的大幅照片——他站在坦克的炮塔上，手里拿着望远镜，斜背在肩上的枪套里插着手枪，头戴钢盔，下巴上系着钢盔带，左手还戴着两个大戒指，脚蹬一双擦得锃亮的骑兵靴，一副从容不迫的样子。装甲师的官兵们都为自己长官的英雄气概感到自豪。

此时的巴顿也沉浸在快乐之中，言谈举止显得颇为自得。他富有，爱出风头，不敬仰上帝，然而他又为这三点感到羞耻，竭力想把它们从早期杂志上登的他的传记中抹去。他对很多人这样解释：“我认为靠祖先的遗产发财本身是无能的表现。”一位好心的朋友劝告他不要锋芒毕露，但被他拒绝了。实际上，巴顿并没有忘乎所以，他已经在为下一阶段的实战演练做准备了。他一再告诉部队官兵：“我们的目标是，无论是演习还是战争，我们都将是不可战胜的。”

演习第二阶段，巴顿转而与蓝色部队一起，对第 2 集团军实施进攻，目标是夺取施里夫波特城。当时天降暴雨，河水上涨，道路泥泞，巴顿以令人难以置信的方式解决了这些在常人看来难以解决的复杂问题。第 2 装甲师迂回 380 英里，直插施里夫波特市北郊，突破了第 2 集团军密集的反坦克防线。巴顿又一次胜利了。

紧接着，他们又进行了规模更大的北卡罗来纳州演习。在这场演习中，第 1 装甲军将配属给第 4 军，与第 1 集团军对阵。

第 1 集团军的指挥官德拉姆中将是“反坦克派”的重要人物之一，他拥有一批强大的反坦克部队，其中有装备反坦克炮的装甲车、飞机及 3 个齐装满员的反坦克营。有媒体在演习当日声称：“今天将考验对付坦克的办法……德拉姆发明了秘密的防御办法。”

演习中，斯科特统率第 1、第 2 装甲师，但他显得优柔寡断，缺乏控制力。而巴顿的第 2 装甲师则把目标集中在德拉姆身上，不费吹灰之力就击中了“蓝军”的要害部位，俘虏了“蓝军”司令德拉姆。尽管巴顿的做法引起了人们极大的不满和批评，但这也充分显示了坦克在快速运动中制胜的威力。第 2 装甲师的快速进攻和勇敢精神受到了热烈赞扬，巴顿的指挥和协调能力也受到了军方的充分肯定。

不久，巴顿再次获得晋升，接替斯科特担任第 1 装甲军军长。这既是对他指挥才能的肯定，也预示着他将在美国即将参加的战争中扮演一个重要的角色。

这一时期，巴顿的战术思想也日臻成熟，其特点是：既切实可行又简单明了。例如，进攻前保持炮火静默；进攻时充分发挥坦克的火力，用火力牵住敌人的鼻子，并且在运动中把敌人打得屁滚尿流；靠前指挥；夜间加油；快速但不是匆忙地前进；使用大集群的机动力量；等等。有些战术思想在今天看来已经平淡无奇，而在当时却似乎格外标新立异，这充分体现了巴顿要“干天下未干之大事，创人间未有之奇迹”的胸怀和气魄。

“火炬”计划，杀向欧洲

1941 年夏季，国际局势进一步恶化。6 月 22 日凌晨 4 时，希特勒撕毁《苏德互不侵犯条约》[1]，附庸国匈牙利、罗马尼亚、意大利、芬兰等出动 190 个师，其中包括 19 个坦克师、3700 辆坦克、4900 架飞机、4700 门火炮、193 艘舰艇，在北起波罗的海、南至黑海克里米亚半岛[2]的 2000 英里的战线上，向苏联突然发起大规模进攻，企图用“闪电战”在 3 个月内征服苏联。希特勒狂妄地叫嚣：“只要我们在门上踢一脚，整个破房子就会倒塌。”

---

① 《苏德互不侵犯条约》：1939 年 8 月 23 日苏联与纳粹德国在莫斯科签订的一份秘密协议。苏方代表为莫洛托夫，德方代表为里宾特洛甫。该条约划分了苏、德双方在东欧地区的势力范围。

② 克里米亚半岛：又称“克里木半岛”，位于欧洲东部、黑海北岸。

转眼，冬天来临了，清冷的空气没有使笼罩全球的沉闷气氛得到一丝缓解。

1941 年 12 月 7 日早晨，日本派出航空母舰 6 艘、战列舰 2 艘、重巡洋舰 2 艘、驱逐舰 11 艘、潜水艇 3 艘组成的突击部队，由另三支部队的 27 艘潜水艇为先遣队，以及拥有 423 架舰载飞机的庞大特遣舰队，袭击了美国在太平洋上的最大的海军基地珍珠港。7 时 55 分，从航空母舰上起飞的日本轰炸机，对集结在珍珠港海军基地的美国舰队进行了密集突击。美太平洋舰队的 3 艘战列舰、2 艘重巡洋舰、2 艘轻巡洋舰、1 艘油船葬身海底，5 艘战列舰和 2 艘驱逐舰遭受重创，270 多架飞机被击毁，4000 余人伤亡、失踪。珍珠港内火光冲天，满目疮痍，一派凄惨景象。

在珍珠港的熊熊大火还未完全熄灭之际，美国总统罗斯福向国会发

德国陆军元帅　隆美尔

表了战争咨文："1941 年 12 月 7 日——必须永远记住这个耻辱的日子!"美国终于成为参战国，加入了世界反法西斯阵营。

巴顿的血液也被战火烧得沸腾了。他认为，以他响当当的名声和第 1 装甲军在美国陆军中的地位，罗斯福很快就会召唤他，赋予他神圣的使命。

然而，战争的召唤还没有到来，巴顿的职位却发生了变化：他被调往加利福尼亚的因迪奥，负责创建一个沙漠训练中心。巴顿对此感到十分不安和困惑："难道是因为我老朽不中用了而不让我上战场吗?"

谁都没有料到，这次又是马歇尔的"别有用心"。此时，英军在北非的战事日益吃紧，"沙漠之狐"隆美尔的非洲军团在利比亚取得了巨大胜利，正在向埃及的英军步步紧逼，企图控制苏伊士运河，然后以中东作为桥头堡向欧亚大陆出击，对盟军实施迂回进攻。如果美军要支援英军阻止"沙漠之狐"在中东的行动，就必须为进行沙漠战做好艰苦细致的准备工作。

1941 年，日本轰炸珍珠港，美军的"亚利桑那"号战列舰

马歇尔认为，巴顿是承担这一使命的最好人选。尽管巴顿不知道这

些内幕，但这并不影响他以高昂的工作热情去完成这一新的任务。他希望给华盛顿的命运主宰者们造成一种印象——他对于这场战争是必不可少的。

1942 年 3 月，巴顿飞往里弗宾德，在因迪奥精心选择了一块沙漠作为演练区。这块沙漠位于加利福尼亚、内华达和亚利桑那三州的交界处，是一个长 180 英里、宽 90 英里、占地约 4 万平方千米的沙海，地形、气候均与北非酷似。

这里人迹罕至，只有土狼、老鼠和响尾蛇时而出没，生活条件十分简陋，没有电灯、暖器和热水，甚至连干净的被单也找不到。许多军官认为，这里不适宜大部队进行正规训练。但巴顿却认为这是一个理想的训练营地，他对受训部队进行了酷似实战、近乎残酷的训练。

巴顿命令官兵们每天天不亮就起床，首先完成 10 分钟的 1 英里跑和 2 个小时的急行军，然后便是一连串令人筋疲力尽的战术操练和实弹演习，甚至夜里也常有军事行动。当时正是沙漠里一年中最热的日子，白天平均气温高达 41℃，坦克里的平均温度则高达 46℃，受训人员每天只有最低的配给定量，每人每天只有一壶水。一天下来，受训官兵又热，又累，又饿，又渴，但巴顿还要军官再跑 500 米，自己则跑 600 米。官兵们对这种超负荷的训练叫苦不迭，牢骚满腹。巴顿总是亲临现场把握每一个环节，对官兵进行鼓励、责骂或赞扬，向他们解释为什么要进行这么艰苦的训练。他常大声向士兵们吼叫：“我是一个很坏的混蛋。我要让他们尝试一分钟的地狱生活，然后我又为他们痛哭！”

这一切，士兵们看在眼里，记在心上，无不为他的模范行动所折服，并对他表示格外的敬重，可谓唯命是从，从不讨价还价。

1942 年 7 月，战争形势对反法西斯同盟国十分不利。在太平洋战区，日本人发动了大规模攻势，先后占领了菲律宾、马来亚、新加坡等地，大有继续南侵澳大利亚之势。在苏、德战场，德军向斯大林格勒[①]

---

① 伏尔加格勒：俄罗斯城市名，1925—1961 年名为斯大林格勒，旧名察里津，位于伏尔加河畔，受伏尔加河的滋润，风景秀丽，气候宜人，物产丰富，历来被称为俄罗斯的“南部粮仓”。

（现为伏尔加格勒）南翼地区实施重点进攻，给苏联造成了巨大压力。在北非，隆美尔的非洲军团继攻占北非托卜鲁克[①]后进抵阿拉曼防线，距开罗仅 50 英里。在战局吃紧、危机四伏之际，反法西斯同盟国内部围绕开辟第二战场的问题产生了激烈的争论。

最早提出开辟第二战场的是斯大林。1941 年 7 月 18 日，斯大林发急电给英国首相丘吉尔，要求英国尽快在北非或法国北部沿海开辟第二战场，以解燃眉之急。但苏联的请求遭到了拒绝，其原因除了英国确实没有足够的力量实施登陆作战外，还有就是丘吉尔对苏联能否抵挡住法西斯军队的强大攻势持怀疑态度。

英国主张在 1942 年春天进攻北非，并提出了一个名为“体育家”的行动计划。1942 年 1 月，英、美两国首脑原则上通过，但由于英军在利比亚惨败，该计划不了了之。

后来，美国又制定了一个代号为“围歼”的作战方案，计划在 1943 年春以英国为基地，直接对西欧发动进攻；同时还提出了一个名为“大锤”的作战计划，定于 1942 年 8 月在法国北部实施登陆，发动有限攻势。但这两个计划由于种种原因都成了泡影。

在经过很多争争吵吵、讨价还价之后，美国陆军参谋长马歇尔和英国陆军参谋长布鲁克[②]终于达成了一致意见，于 1942 年 7 月 24 日共同商定推出一个名为“火炬”的作战计划，即在 10 月 30 日以前，在北非发动一次进攻，委任艾森豪威尔将军为此次行动的盟军总司令。

此时，“火炬”计划还仅仅是一个意向，缺乏实质性的具体内容。当务之急是，由谁来担当渡海作战的美军特遣部队的指挥官呢？

此时，巴顿正把全部精力都倾注在训练工作上，但他并没有忘记千里之外战火燃烧的欧洲大陆。他经常给一些军政要人写信，告诉他们自己的近况，叮嘱他们：如果有作战的美差，千万不要忘了他。他坦率地

---

① 托卜鲁克：位于利比亚的东北部。

② 艾伦·弗朗西斯·布鲁克（1883—1963）：英国陆军元帅，参加过第一次世界大战，第二次世界大战期间在法国担任英国第 2 远征军司令，1940 年负责掩护敦刻尔克大撤退，后出任英军总参谋长。他最大功绩就是协调了英、美盟军的战略。

承认，他希望参战而不是担负训练任务。他在写给上司麦克奈尔将军的一封信中说：“我要用鲜血来证明用汗水学到的东西。”

一切如他所愿，1942 年 7 月 30 日上午 10 时 45 分，美国陆军参谋长的电话从华盛顿打到了加利福尼亚州因迪奥的沙漠训练中心。当然，电话不是马歇尔本人打的，而是由其属下作战计划处设立的智囊团成员之一约翰・埃德温・赫尔上校传达命令：“将军要你尽快离开训练中心，到华盛顿来见他。”

能够得到上头的召见，这是一个好兆头。果然，马歇尔召见巴顿的用意，是要巴顿率领一支美国特遣部队，投入正在大西洋彼岸打得不可开交的第二次世界大战，支援同盟国的战斗。如果成行，这将是美国有史以来组织的最大的一次海外远征，而巴顿也将成为率领美国军队参加第二次世界大战的第一位美国将军。这将是作为军人的巴顿“所能设想的最高荣誉”。这个任务的代号就叫“火炬”计划。

作为同盟国军总司令，艾森豪威尔也同时想到了巴顿。他后来在回忆录中写道：“为这样的部队挑选指挥官时，我立即想起了我的一位老朋友——小乔治・巴顿少将，他不仅是坦克专家，还是个出色的部队指挥官……我坚信他的作战热情，坚信他会成为作战部队的得力领导人。”艾森豪威尔不仅认为巴顿有能力承担这一特殊使命，而且他相信巴顿一定会高兴地接受这一任命。因为在此之前，艾森豪威尔曾试探性地问过巴顿：“你愿意放弃手中的部队，率领一个师参加战斗吗?”他一面说着，一面观察巴顿的表情。他知道巴顿对他的坦克军是非常钟爱的。巴顿愣了一下，但马上回答说：“艾克（艾森豪威尔），如果能让我参加战斗，我甘愿当一名少尉。”

7 月 30 日下午，巴顿匆匆赶赴华盛顿。这天晚上，马歇尔向巴顿透露了一点消息，但“火炬”计划的方案仍然十分模糊，所有的一切还非常粗糙。马歇尔对巴顿说：“你去陆军军事学院报到，赫尔上校会让你看详细的计划并给你介绍。”

于是，巴顿急忙赶到陆军军事学院，阅读他们已拟订出来的计划，听取赫尔的介绍，接着便给马歇尔打电话，他说：“我刚才看到的计划是荒唐可笑的。那么大一场战役，却给那么少一点点人，参谋长也太小气了。”巴顿说他“需要数量大得多的人员和舰只去执行这项任务”。马歇尔想刺激他一下，略带讥讽地说：“你说这计划小气了，你接受不了这任务？那么，你就回到因迪奥去，这次带兵打仗的事就不用你操心了。”巴顿听了，心里阵阵发凉，后悔自己不该如此草率地说话。

回到训练中心后，巴顿冥思苦想了两天两夜，到 8 月 2 日，他主动给马歇尔打电话恳求道：“乔治，对不起，在此期间我想了很多，我得出结论，我也许能用你那些笨蛋参谋人员所愿意给我的兵力去完成任务。”这是马歇尔预料中的事情，他答复说：“既然认了错又能按参谋部的计划执行，那么你就回到陆军军事学院去吧。”马歇尔下达这个命令以后，还附加了一句：“这就是对付巴顿的办法。”不过，这句话没有作为命令发出。

1942 年 8 月 3 日，巴顿在华盛顿宪法路军需大楼的第三层安置了自己的办公室，开始制定“火炬”计划的行动方案。办公室里有一个非常精干的班子，由几名年轻的军官和秘书组成，其中包括巴顿的参谋长盖伊上校和作战处长肯特·兰伯特上校。当天晚上，巴顿就拟订了一份计划，该计划提议在卡萨布兰卡①登陆，时间初步定于 1942 年 10 月 7 日。

8 月 8 日，巴顿风尘仆仆地飞往伦敦，向盟军总司令艾森豪威尔汇报工作，商讨“火炬”计划的具体细节。巴顿此行还有一个不愿告人的目的，那就是确立他本人在这次军事行动中的作用。

此时，艾森豪威尔正在伦敦与英方磋商实施“火炬”计划的有关事宜。英国走马灯式地不断更换他们参与“火炬”计划的将领，令美国十分不安，美国人不得不怀疑其是否有诚意。

8 月 9 日晚上，艾森豪威尔正在吃晚餐，突然接到了巴顿的电话。

“乔治！”艾森豪威尔兴奋地叫道，“老兄，听到你的声音我真高兴！马上到我这儿来，咱们好好干几杯！”巴顿兴冲冲地赶到艾森豪威尔的住处，两人一边喝酒，一边讨论有关“火炬”计划的许多关键问

① 卡萨布兰卡：摩洛哥的最大城市和主要港口、商业金融中心，位于摩洛哥西部。

1942 年，巴顿少将与艾森豪威尔将军在商量登陆法属摩洛哥卡萨布兰卡的计划

题，如登陆部队的作战素质、登陆地点的地形特征、登陆时的气候，以及法国军队的动向等。巴顿的到来，使艾森豪威尔近来焦躁烦乱的心绪得到了缓解，驱散了他不少的烦恼和厌倦。

临别时，巴顿对艾森豪威尔说："我或许在许多细节上是愚蠢的，但我能够在一个星期内使任何部队士气高昂。"回到旅馆后，巴顿在日记中写道："我们俩都感到这个计划不妥，而且多半是出于政治考虑。然而，我们必须奉命执行，不成功便成仁。"

几天后，艾森豪威尔任命马克·韦恩·克拉克[①]将军担任副总司令，作为自己的副手负责"火炬"计划的审定工作。这使巴顿感到十

① 马克·韦恩·克拉克（1896—1984）：美国陆军上将，第二次世界大战期间担任美国第 5 集团军司令；朝鲜战争时期任"联合国军"指挥官。1953 年代表"联合国军"与朝鲜人民军和中国人民志愿军在板门店签署停战协定。

分意外，他本来认为，不论是从能力、资历还是私人关系上看，自己都是最适合的人选。他十分忌妒艾森豪威尔与克拉克亲密无间的关系。

克拉克生于1896年，是比巴顿晚8年的西点军校毕业生，在巴顿眼里不过是个小字辈，但如今已同巴顿一样晋升为少将了。“黄口小儿，岂能担此大任?”巴顿心中愤愤不平，他不仅对克拉克的能力表示怀疑，也对艾森豪威尔的选才用将之道感到失望。

不过，由于一心求战，巴顿没有时间去忌妒别人，只有用更扎实的工作证明自己。他在伦敦前后活动了10天，除了参与审查和完善“火炬”计划之外，还用了大量时间和精力去说服动员对这一计划尚存疑虑的各方人士。

他首先致力于说服驻英国的美国军事人员。第一位是他旧时骑兵部队的朋友小卢西恩·金·特拉斯科特①准将，现任英国蒙巴顿勋爵的敌后突击队司令部美军代表。他们是8月10日午后散步时遇见的。巴顿发现这位朋友有一些悲观情绪，于是对他做了许多解释，并说，“火炬”计划“也许不是一次大显身手的最好机会，但总比无所作为要强。就我本人而言，我决心奉陪到底”。在所有驻英的美国军事人员中，美国海军代表对该计划的抵触情绪最为突出。他们认为，“火炬”计划是一次盲目而危险的军事冒险计划，没有什么成功的希望，尤其是海军司令哈罗德·斯塔克海军上将和弗兰克·托马斯海军上校，他们在艾森豪威尔召集的一次会议上列举了一大堆不利条件，如海军没有航空母舰、缺乏远程海运的舰艇、在海上会遭到德国海军潜艇的袭击等。针对这种悲观论调，巴顿据理力争、慷慨陈词，他说：“与其日复一日徒劳地等待良机，不如寻找有利时机拼死一搏。敌人是凶恶的，但他们绝不会比我们更强大!”会议结束的时候，艾森豪威尔作了总结性发言，他坚定地表示：“‘火炬’计划是美国总统和英国首相下达的命令，不论我们

---

① 小卢西恩·金·特拉斯科特（1895—1965）：美国陆军上将，第二次世界大战时期任美国第5集团军司令，参加了北非登陆的“火炬”计划，登陆西西里、萨莱诺、安齐奥等战役。

喜欢不喜欢，也不管有多少障碍，该计划必须实施。即使一艘护航舰都没有，我的命令也是要求部队进入非洲。不管有无军舰，我都要去实施这次战役，哪怕我得一个人划着小艇去，我也义无反顾！”

巴顿还走访了伦敦的“关键部门”，为“火炬”计划四处游说。正如传记作家拉迪斯拉斯·法拉戈所指出的：“要是没有巴顿的富有感染力的热情和乐观主义，没有他在访问期间提出的许多建设性的建议，尤其要是没有他对这件事情的赤胆忠心，那么，‘火炬’计划（大家一致认为它的成功机会微乎其微）就会被束之高阁。”

在老朋友特拉斯科特的协助下，巴顿在克拉里奇旅馆安排了一次宴会，蒙巴顿勋爵和他的一行高级将领应邀前来聚会，其中有他的参谋长约瑟夫·海登将军、皇家空军上校巴兹尔·威利茨和埃德蒙·内维尔上校。在酒宴上，巴顿把精心准备的演讲词表述得精彩感人，博得了客人们的完全赞同。

8月下旬，巴顿离开伦敦时，阻碍“火炬”计划的重重迷雾已经被驱散了，该计划的重要问题也基本得以落实。临行前，艾森豪威尔委托巴顿转交给马歇尔一封信，他在信中对巴顿那“近似疯狂的”工作态度给予了高度评价，并表示有巴顿参与实施“火炬”计划，他本人感到十分荣幸。

英、美双方把“火炬”计划的登陆地点选定在北非法属阿尔及利亚及摩洛哥，但在登陆的具体地点上，双方又产生了意见分歧。英方主张部队应全部在地中海沿岸登陆，迅速抢占突尼斯①，否则，如果突尼斯被轴心国军队占领，就会使“火炬”计划受挫；而美方则坚持，除了在地中海沿岸登陆外，还应在摩洛哥的大西洋沿岸卡萨布兰卡一带登陆。美方的主张主要基于两点考虑：其一，卡萨布兰卡位于通往奥兰、阿尔及尔并直达突尼斯的铁路线的终点，这条铁路虽然陈旧不堪、运输量有限，但一旦德军截断了直布罗陀海峡运输线，它将成为盟军的又一

① 突尼斯：位于非洲大陆最北端，北部和东部面临地中海，隔突尼斯海峡与意大利的西西里岛相望，扼地中海东西航运的要冲。

生命线，既能保障战争补给，又能保留一条畅通的退路；其二，在卡萨布兰卡登陆将会稳定摩洛哥部落民族的情绪，防止贝当政府利用他们反对盟军，也能阻止西班牙以此为借口参战。当然，美方人员也看到，大西洋汹涌的波涛将会给登陆行动造成巨大困难，但他们坚信英勇的海军部队能够完成这一任务。

几经磋商后，英、美统一意见，决定兵分三路：巴顿率领全部由美军组成的西线特遣部队，直接从美国本土出发，横渡大西洋，在摩洛哥的卡萨布兰卡地区登陆；中线特遣部队是美国第 2 军，由劳埃德·弗雷登道尔少将指挥，进攻奥兰；东线部队主要由英军组成，由美军第 34 师师长查尔斯·赖德少将指挥，进攻阿尔及尔，之后再将指挥权移交给英国第 1 集团军司令肯尼思·安德森将军。同时英、美两军议定，“火炬”计划开始的具体时间由 10 月 7 日推迟到 11 月 8 日。

巴顿率领的西线特遣部队的任务是：登陆后攻占卡萨布兰卡港及其附近的飞机场，与中线进攻奥兰的部队相配合，建立和保持两线之间的通信联络，建立起足以控制整个摩洛哥的力量。关键时刻，巴顿遇到了一个不大不小的麻烦，差点使他失去了出征北非的机会。

这主要还是因为巴顿“相当古怪的个性和有时反复无常的行为”为自己树敌不少，因此，当“巴顿将要指挥美军第一支出海作战的部队”的消息传开后，有些人干脆骂娘，说巴顿连指挥一支美军小分队都不能胜任，更不必说在一支联盟军队中担任重要指挥角色了。

这是一次规模空前的海外远征，近 4 万兵力将由 36 艘运输舰、货船和油船载运，在 68 艘军舰的护航下，从弗吉尼亚州的诺福克港出发横渡大西洋，远航 3000 英里，一直开到法属摩洛哥的大西洋海滨，路途遥远而艰险。

负责这次护航任务的海军少将亨利·休伊特①首先对此次行动持怀疑态度，并深表忧虑。这位 55 岁的将军 1906 年毕业于安纳波利斯海军

---

① 亨利·休伊特（1887—1972）：美国海军上将。第二次世界大战中任美军大西洋舰队两栖作战部队司令，参加了北非登陆战役、意大利西西里岛和萨莱诺的两栖登陆战、龙骑兵行动等。

学院，在第一次世界大战中因作战勇敢而荣获海军十字勋章。他继承了美国海军的传统作风，业务精通，作风严谨，而且平和谦让，办事公道，颇有长者之风，是组织指挥这支护航舰队的最理想人选。

休伊特对这项任务感到极其艰难是有他的道理的。他不仅要对这次军事行动的全部海运负责，还要考虑他的舰队和登陆部队的安全问题。而巴顿则一贯蔑视困难，并低估了海军为完成支援任务所面临的困难。而且两个人的作风、秉性也相去甚远，巴顿不拘小节，粗暴无礼，动不动就想发火；而休伊特则温文尔雅，举止庄重，一副儒将风采。所以，巴顿与休伊特的第一次会晤最后以激烈的争吵结束。巴顿一开始就对休伊特的绅士派头十分反感，甚至表现出深深的忌妒和敌意。而休伊特手下的参谋人员不断插话，喋喋不休地大讲远征中的不利因素，更增添了巴顿的怒气，他认为这简直是失败主义论调。因此，他很快便失去了控制，心中的怒火像火山爆发一样喷发出来，用十分尖刻恶毒的语言劈头盖脸地大骂一通，弄得休伊特及其部下目瞪口呆，不知所措。

事后，休伊特一状告到海军上将欧内斯特·金①那里，坚决要求撤换巴顿。事情又闹到了马歇尔那里，金上将正式要求将巴顿调离特遣部队，说这样脾气暴躁的人不能胜任这样的任务。

马歇尔却认为挑这副重担者非巴顿莫属，但他也离不开休伊特。于是，他亲自出面给休伊特做工作，并告诉他如何对付巴顿的坏毛病。他说，应该把巴顿的脾气当作战争职业病来看待，并担保巴顿的脾气不仅不会危害军事行动，反而“会有助于战役的胜利，无论如何，对‘火炬’计划来说，巴顿是不可缺少的人物”。马歇尔费了许多口舌，最终将事态平息下来。

正所谓“不打不相识”，后来巴顿和休伊特以军人的胸襟相互理解后，竟成了志同道合的好朋友。

---

① 欧内斯特·金（1878—1956）：美国海军五星上将，第二次世界大战中担任美国海军总司令，在海军中被尊称为“全能的上帝”。

与海军协同行动的问题解决后，巴顿回到自己在华盛顿军需大楼中的办公室，开始进一步策划这次神秘的战役。为便于深入思考问题，他用一层薄板把自己与其他工作人员隔开。时值初秋，天气仍很闷热，巴顿独自在小隔间里挥汗如雨地工作着，时而冥思苦想，时而自言自语，时而奋笔疾书，无论外间工作人员的讨论和争吵多么激烈，都没有影响他全神贯注地思考战术的每一个细节。同时，他还要克服由于情报资料严重不足和上级意图时常变化所带来的巨大困难，同时找到相应的对策和解决办法。

到 9 月下旬，作战方案基本上确定下来，这时剩下的时间已经不多了，巴顿利用短暂的时间对渡海部队进行集训，日夜进行登陆演习。

出征之前，巴顿还办了几件私事。

他驱车来到西点军校，与儿子话别，检查了儿子的成绩册，鼓励他要好好学习，多给妈妈写信。

随后，他拜访了陆军部部长史汀生和参谋长马歇尔。

10 月 20 日，巴顿在休伊特的陪同下觐见了罗斯福总统，受到了亲切接待，并聆受罗斯福的最后指示。罗斯福郑重地说：“我们的政策就是要打败轴心国，维护法国对海外领地的管辖。我们要把纳粹分子赶出该地区，确保这些殖民地继续受法国的管辖。”巴顿素来对战争的政治内涵不太理解，也不感兴趣，他说：“阁下，我只想对你说，我决心在海滩上不成功便成仁。”

10 月 21 日，巴顿专程去看望了潘兴，与这位令人敬仰的老上级告别。临别时，潘兴紧握着他的手，轻声说：“再见，乔治！上帝保佑你，维护你，赐予你胜利。”

北非征战

出征之前，巴顿表面上总是一副信心十足、充满热情的样子，一刻不停地忙碌着，给人的印象似乎是成竹在胸。其实他的心情是极为复杂的。他知道，此次远征充满了难以预料的风险，一切都充满变数。因此，他立下遗嘱，并写信叮嘱妻子，只有“确定我真的死了”才能拆看。在给内弟弗雷德里克·爱尔的信中，他坦陈了自己的内心世界，信中写道：

我现在要去执行的使命是世界历史上任何军队都未曾担负过的决死任务。我们要迎击并打败占绝对优势的敌人，这全凭我们的运气。但是，我坚信我会成功。如果我没有成功……在我56岁时，能有幸率众参加一场决死的战斗，我可以安详地离去了。

巴顿拜托他多多关照自己的妻子和孩子，万一自己遭遇不测，请他经常给予他们帮助。

比阿特丽丝是了解并支持丈夫的。30年来，“她献身于他的事业，控制他的脾气，安慰他受伤的感情，为他提供外交的手腕和敏锐的眼光”。如今就要告别了，巴顿抓紧每一分钟陪着她，两人默默地一起吃饭，一起散步，一起在花园里浇水锄草，一起在长夜里数星星。

1942年10月23日，比阿特丽丝陪同巴顿飞往诺福克港。24日，当晚霞映红海面时，巴顿登上了休伊特的“奥古斯塔”号旗舰，特遣舰队起锚出发。

整支舰队共由102艘船舰组成，其中包括29艘运输船，载运着2.4万名西线特遣部队官兵及其装备给养。主力军舰有巡洋舰“奥古斯塔”号、“克利夫兰”号、“布鲁克”号，战列舰“得克萨斯”号、“纽约”号，以及刚刚投入现役的“马萨诸塞”号。海军航空兵的战斗机和轰炸机一队队地从舰艇上空掠过，发出震耳欲聋的轰鸣声，它们为舰队护航，又像是在助阵扬威。

休伊特不愧是美国海军中的佼佼者，准备工作做得完美无缺。海军情报机构曾发现航道上有德军的潜艇在活动，在舰队出发前夕，他已派出船只做诱饵，把敌人的潜艇引走了。巴顿用钦佩的口吻在日记中写道：“真是了不起，它秩序井然，行动准确，效率极高。”特遣舰队10多天的航行，一帆风顺，途中没有出现任何敌情。

巴顿虽然充满自信，但他对此次行动的结果仍无法估计，因为不确定的因素太多了。他率领的部队将要在摩洛哥长达 240 英里的海岸上的三个要害地点登陆——南面的萨菲、北面的利奥特港和中间的费达拉。他要尽快把这个保护国拿下来，尽可能做到不流血，如有必要，就用武力征服。

当时，法国在摩洛哥驻有 10 万军队，都是训练有素的老兵，还有一部分性格刚强的柏柏尔族①士兵，他们一向是为了打仗而打仗，从来不问为什么。而巴顿的部队只有 4 个师，没有战斗经验，只是经过短期的训练而已，其中还有 400 名是临时补充进来的，缺乏最基本的军事训练。航行途中，巴顿向全体官兵发布了一个简短的作战命令："要采取开足马力战略，这就是在行动路线和方法上，一经决定便坚持到底。但是在战术上不能开足马力，应该攻其弱点，牵住他们的鼻子，狠踢他们的裤裆。"

但最令人担心的还是天气，在到达目的地的前三天，海上刮起了西北风，而且越来越猛烈。11 月 6 日，即登陆前 48 小时，华盛顿和伦敦的气象部门传来了令人不安的消息——"摩洛哥沿海有大风，海浪高达 15 英尺"。

"糟糕，该死的老天爷!"巴顿禁不住仰天长叹，骂骂咧咧。他知道，这种天气根本不可能实施登陆，因为即使少数人登陆成功，重武器和装备也不可能运上海滩。休伊特却平静得多，他对巴顿好言相劝道：据他的气象专家报告，天气将会很快转好。

远在伦敦的艾森豪威尔也为天气变坏而忧心忡忡，他指示计划人员再制定几种"应急方案"，让巴顿的部队在万不得已的情况下改变登陆地点。但巴顿在电报中坚定地表示，不管 11 月 8 日的天气如何，他都将按原计划行动。他提议万一摩洛哥海岸的气候恶劣，可从海上向卡萨布兰卡进行炮击，"争取在无抵抗的条件下进入该港"，建议海军至少用一艘战列舰猛轰港口，以支援准备登陆的地面部队，尽快夺取一个

---

① 柏柏尔族：非洲西北部的一个说闪含语系柏柏尔语族的民族。

据点。

摩洛哥原是法国殖民地，第二次世界大战开始后，法国向德国投降，摩洛哥接受了法、德双重的“和平”统治。

1942 年 11 月 7 日傍晚时分，摩洛哥民众从无线电广播里收听到一句不断重复的暗语：“罗伯特来了！罗伯特来了！……”这是英国广播公司对被轴心国占领的国家的广播中经常穿插的一种简短的讯号，通过这种密语方式，告知这些国家的地下反纳粹武装实施预定计划，准备迎接参与行动的作战部队。

摩洛哥地下武装成员纷纷猜测，代号为“罗伯特”的人是谁?

这个“罗伯特”，指的就是巴顿。他面临的任务简单明了而又机动灵活，而他的情绪仍处于亢奋之中。

巴顿对自己的法语水平非常自负，而且他又是法国的好朋友，因而对向即将进入的这个国家的老百姓进行新闻发布极感兴趣。他热心地看着一张传单，这是一张薄纸，正面印着星条旗，反面印着艾森豪威尔的复制签名，传单内容简洁，标题是粗体黑字印刷的“北非的法兰西人”。

接着，巴顿开始读开头的几行：“一支伟大的美国军队踏上了你们的国土，他们忠实于美国政府和人民对法国及法属北非的悠久的传统友谊。”

巴顿刚刚看完开头的几句话，就大发雷霆。“布莱克!”他大声吼道，“这该死的传单是什么毛病?”

“毛病，长官?”机要参谋布莱克显得有点惊慌失措。

“是毛病，该死的!”巴顿暴躁地厉声叫道，“国内一些该死的笨蛋忘记在这法文字母上加重音符号了。看，这里!”他把传单举到布莱克的鼻子下边，“Fidele 这个字中间的 e 上的闭音符丢了，l’amitie 这个字的 e 字母上的开音符号也没有了!”

临战前夕，这份倒霉的传单看起来成了决定命运的关键。如果有人忘记把巴顿在萨菲登陆时所需的中型坦克带来，他也不会像现在这样恼火。

他转身冲着倒霉的布莱克说：“不要光站在那里，他妈的，去干点事!”

“是，长官!”布莱克局促不安地说。

“别尽说是、是。去叫几个人来，让他们干活！让他们把音符加上，要不就不许发这些传单。你们难道要我在法国人的土地上用这种狗屁不通的名片来自我介绍吗？他妈的!”

布莱克马上找到巴顿的秘书乔·罗斯维奇中士，让他到军士舱去执行第一项“战斗任务”，即在那份该死的传单上加上音符。巴顿的参谋长霍巴特·盖伊上校也把自己的秘书德尔蒙特中士找来帮助罗斯维奇。

7 小时后（8 日凌晨时分），部队即将开始强攻登陆，而罗斯维奇和德尔蒙特还在修改音符。“该死的，”德尔蒙特说道，他已眼睛发花，手指也抽筋了，“如果我们在摩洛哥的胜利要靠这些讨厌的音符，咱们最好还是收兵回家吧!”

“唉，混蛋!”罗斯维奇也耸耸肩膀说道，“这老头儿就是他妈的吹毛求疵!”

11 月 8 日凌晨 4 时，休伊特的庞大舰队渐渐靠近海岸线，卡萨布兰卡的轮廓透过夜幕已然隐约可见，城中灯火阑珊，一片宁静。巴顿缓缓地走上旗台，向他的全体部下发布了书面命令：

士兵们：

我们正在前往西北非海岸登陆的途中。我们将受到祝贺，因为我们是被选入参加这次壮举的最合格的美国陆军。我们的任务有三项：第一，抢占滩头阵地；第二，占领卡萨布兰卡；第三，进攻德国人，不管他们在哪儿，都要摧毁他们。全世界的眼睛都在注视着我们……上帝与我们同在……胜利一定属于我们。

巴顿在末尾简单署名“G. S. 巴顿”，没有注明他的职务和军衔。

就在这个时候，英国广播公司又播出了那句“罗伯特来了”的密语。

战斗的时刻终于来到了！巴顿感到全身的血液似乎都在沸腾，冥冥之中他又奇怪地想到了“命运”这个词。他在日记中写道：“我几乎情不自禁地想到，我的全部生活都指向这一时刻。我估计，这项使命完成后，我将走向命运阶梯的下一步。虽然我本人过于雄心勃勃，但我此时所要做的一切不过是尽到我的全部责任。”

巴顿的进攻目标——法属摩洛哥，位于非洲西北端，面积约45.9万平方千米，其东面和东南面与阿尔及利亚接壤，南面与西属撒哈拉为邻，西临大西洋，北隔直布罗陀海峡与西班牙相望，是从地中海进入大西洋的门户，战略位置十分重要。美国原本指望得到驻摩洛哥友好法军的配合，即使不能兵不血刃地登陆成功，至少也把登陆作战的损失减少到最低限度。当时，美国驻摩洛哥代表罗伯特·墨菲与同情盟国的法军将领保持着密切联系，并把驻守卡萨布兰卡的法军司令贝图阿尔将军作为重点争取的对象，希望他率法军作为内应，配合美军登陆，但这一计划从一开始便落空了。

贝图阿尔是一位智勇双全的军人，性格刚烈，民族正义感很强，1940年春曾在挪威英勇抗击德军的侵略。他痛恨法西斯德国蹂躏自己的祖国，对贝当傀儡政府极为不满。墨菲与他商定在美军登陆时采取配合行动。不幸的是，贝图阿尔对美军登陆的具体时间一无所知，直到11月7日夜才得知美军将在翌日凌晨登陆，因此，他在午夜之后抵达拉巴特[①]，武力控制了此地，静候巴顿的到来。与此同时，他又派副官德维达蒙上尉带了一封措词有礼的信给法驻节长官诺盖总督，要求他与美军合作。这位亲纳粹的驻节长官却犹豫不决。11月8日凌晨4时28分，当指挥法国海军的弗朗索瓦·米什利埃海军上将报告海岸部队遭到美军射击时，诺盖下定决心抵抗到底。他很快与卡萨布兰卡守军司令米什利埃将军一起，调遣军队粉碎了贝图阿尔的行动。事情发展到这个地步，美军只能完全依靠自己的力量强行登陆了。

美特遣部队兵分三路，分别从萨菲、穆罕默迪亚和费达拉登陆。

萨菲是位于卡萨布兰卡以南约15英里的一个小镇，这里有一座法国人为出口当地产品而建造的人工深水港，由道伍少校率400人扼守，用130毫米的岸防炮控制着入港处。这时，他们已接到米什利埃加强戒

---

① 拉巴特：摩洛哥首都，位于摩洛哥西北的布雷格雷格河口，濒临大西洋，与非斯、马拉喀什、梅克内斯同为摩洛哥四大皇城。

备的命令。巴顿之所以选择在这里登陆，是为了在这里部署一支部队，以阻挡来自马拉喀什[①]的法军对登陆行动的干涉，同时利用这里的港口把美军的中型坦克从军舰上卸到岸上。

凌晨4时38分，由欧内斯特·哈蒙少将率第2装甲师在萨菲实施登陆。在美军舰艇猛烈炮火的掩护下，登陆行动非常顺利，海军方面只有2人伤亡，陆军攻击部队中10人阵亡、75人受伤。至拂晓时，港口、港口设施及该城市区已完全被美军控制。到上午9时，第2装甲师的坦克全部卸上岸，登陆行动圆满完成。

而在穆罕默迪亚指挥登陆的小卢西恩·特拉斯科特准将的运气就没那么好了。穆罕默迪亚位于卡萨布兰卡以北约50英里，靠近利奥特港机场，这是摩洛哥唯一一个筑有混凝土跑道的机场，控制了它便可以掌握卡萨布兰卡地区的制空权。

特拉斯科特本以为自己遭遇到的抵抗会是最少的，没想到事与愿违，他们遭到了外籍军团摩洛哥土著步兵第1团和第7团的顽强阻击，以及法国海军地面部队75毫米口径火炮的猛烈攻击。

因登陆时天色还很暗，特拉斯科特命全部船只熄灯，隐蔽前进。由于机场西南面是一块高地，北面、东面和西北面被塞布河[②]环绕，地形十分复杂，易守难攻，法军飞机乘机进行低空扫射，给登陆部队造成了很大困难，不少人被击毙，还有部分人员被俘。为了避免登陆失败，特拉斯科特一面下令手下的士兵强攻，一面向巴顿求援。

此时，巴顿亲自率领第3师担任主攻方向的任务，登陆点是卡萨布兰卡以北15英里的费达拉，这里的港口是摩洛哥在大西洋沿岸唯一设备良好的港口。第3师的任务是在费达拉港附近登陆并建立滩头阵地，然后向南进攻卡萨布兰卡。这是“火炬”计划的重点所在，为此第3师集中了9万多人的兵力，而法军在这里的兵力部署也十分严密，众多

---

① 马拉喀什：城市名，位于摩洛哥西南部，坐落在贯穿摩洛哥的阿特拉斯山脚下，有“南方的珍珠”之称。

② 塞布河：摩洛哥北部河流。源出中阿特拉斯山北坡，流向西北，在盖尼特拉附近注入大西洋。

的岸炮和野炮扼守着海滩地带，对巴顿预选的四个滩头构成了火力封锁。法军地面部队有数千人，海面上还有一支较大的海军舰队助阵，形势对美军十分不利。

11 月 8 日凌晨 4 时 20 分，巴顿下达了登陆命令，登陆部队立即从运输船登上登陆艇，向海滩进发，很快就踏上了海滩。一切似乎都很顺利，但直到部队在海岸站稳脚跟才发现，由于海潮的作用，登陆艇偏离了原定登陆点 1 万多码，一些身负装备的士兵被大浪卷入海中淹死了，20 多艘登陆艇在中途沉没。由于登陆时各个编队之间失去了联系，登陆后海滩上的情况十分混乱，很快就暴露了目标。法军乘美军立足未稳之机，突然发起攻击，以重机枪和大炮表示“热烈欢迎”。

而且，早在凌晨 3 时 55 分，法国海军中校德金就从“威尔克斯”号驱逐舰上用信号灯发出“美国佬来了”的信号，岸上的法军早有准备。美军第 3 师登陆开始后，法军“威尔克斯”号引导着 6 艘舰船进抵进攻发起线，准备对付美军的舰船。

面对这种危险的局面，巴顿命令各部队或者前进，或者死守，绝不许后退一步。

黎明时分，各部队逐渐恢复了秩序，开始按原定计划行动。靠近海岸的美军舰艇用大炮对法军进行了猛烈轰击，很快就把法军炮兵压制住了。随即，第 2 步兵团第 1 营攻占了费达拉港。上午 7 时 30 分，第 15 步兵团一部占领了切尔魁的敌岸炮阵地。美军的舰载飞机也开始行动，一批批飞临卡萨布兰卡上空，完全掌握了这一地区的制空权。

巴顿吩咐他的黑人勤务兵米克斯中士到登陆艇上，把他悬在吊架上的一支象牙柄的柯尔特自动手枪①拿下来。他刚把手枪插入枪套挂在自己的皮带上，早已准备好的 7 艘法国军舰疯了似的冲了出来，向美国军舰和登陆舰发起了猛烈的攻击。顿时，海面上硝烟弥漫，枪炮声连成一片，弹片呼啸着四处飞落，海水为之沸腾。休伊特下令，

① 柯尔特自动手枪：俗称“点 45”，该枪在美国军队服役 70 多年，它作为代表性武器，直到 1986 年被伯莱塔 92F 式 9 毫米手枪取代。

“奥古斯塔”号立即掉头，加速前进，对法舰进行拦截。

“奥古斯塔”号加速到 20 节并开了火，可惜的是，它的第一轮炮火就震碎了装有巴顿行装的登陆艇，除了他的手枪外，其他东西全报废了。巴顿无法登陆，只好以旁观者的身份目睹了这场海上遭遇战，无数炮弹携着风声从他耳畔飞过，鱼雷在水下劈开一条水路，从舰尾掠过，枪炮声响成一片，在舰体四周炮弹落水处溅起几丈高的浪花，四周浓烟滚滚。

海雾很大，法军善于雾战，美军舰艇只能一边拼命开炮一边兜大圈子或绕大弯，以防敌舰靠近。双方的激烈对射持续了约 5 个小时，直至中午，海战才以美军的胜利宣告结束。13 时 20 分，巴顿及其随从人员终于被送上登陆艇，开往费达拉海岸。

由于岸上通信工具普遍发生故障，巴顿既得不到萨菲的消息，也不知道穆罕默迪亚的消息。他把副官斯蒂勒叫来，一起巡视了滩头阵地。西线特遣部队中唯一的英国军官，蒙巴顿将军的联络官亨里克斯少校向巴顿汇报说：“登陆部队表现十分勇敢，主力部队也已登陆。但是，伤员的抢救、武器装备的供给、通信设施和指挥中心的设立等工作进展迟缓，所有人都在忙于挖掘散兵壕。”而且，由于海水不断上涨，风浪也越来越大，许多登陆艇被击毁沉没。

此时法军的飞机还在不断地轰炸、扫射，岸炮发射的炮弹四下开花，来不及运走的伤员散乱地躺在地上呻吟。更为严重的问题是，火炮和重型装备大部分没有运上岸，弹药和食品的供给十分困难。巴顿满面怒容，当即命令登陆艇停止行动，全部转至费达拉港口登陆。

日落时分，所有登陆部队都到达了预定地点。同时，从萨菲传来了好消息，哈蒙将军率领的第 2 坦克师已建立了纵深达 5000 码的滩头阵地，坦克部队也部署完毕。穆罕默迪亚的情况也开始好转，但巴顿仍未能与在直布罗陀的艾森豪威尔的司令部取得联络，也得不到奥兰和阿尔及尔的消息。

第二天黎明，巴顿早早来到海滩，发现不少船只搁浅了，无法动弹；滩头阵地上船只不断驶来，但卸完货后却无人将船推开。海滩勤务队长杰米森紧张地来到巴顿面前，显得十分疲倦。巴顿冲着他吼叫道："该死的，杰米森，我不想评论谁是谁非，但是刚才我看到，你的一只船搁浅后，水手们就把船抛弃了。如果你干不了这个工作，妈的，我就另找一个海滩勤务队长，或许再找另一支海军部队！"

巴顿一边指挥，一边亲自推船。他不停地喊："到这边来，该死的！""快，都过来干活！"海水和汗水湿透了他的衣裤，敌机在头顶呼啸盘旋，他都全然不顾。尽管很多人都不喜欢听到巴顿的叫骂声，但巴顿的到来像是给费达拉海岸的官兵们打了一针兴奋剂，使他们恢复了勇气和理智。官兵们持续奋战了十几个小时，登陆任务基本完成。

巴顿对此十分满意，当他亲自察看了登陆情况后，又把杰米森找来，叫着他的绰号说："红毛，刚才我对你太粗暴了，忘掉这件事吧。其实，我把你找来是想告诉你我对你工作的看法，我认为是你挽救了这该死的整个战役。"后来，巴顿在回忆这段往事时写道："人们认为军队指挥员不应去干这种事情，但我的理论是，一位军事指挥官应该去做完成任务所必须做的事情，其任务的百分之八十在于激发士兵们的士气。"他感到，在整个摩洛哥战役中，这是唯一值得提起的一段插曲，唯一可以用来证明他的"亲自干预有一定的价值"的事情。

11 月 10 日，艾森豪威尔终于与巴顿恢复了通信联系，他立即发来一份措辞强硬的电报：

亲爱的乔治……唯一的硬核桃就在你的手里。阿尔及尔两天前就成为囊中之物，奥兰也是同样。迅速砸开硬核桃，请问你还需要什么？

重压之下，巴顿经仔细思考后毅然决定，利用空中轰炸和海上炮击，迫使卡萨布兰卡的驻军投降。

在与海军协调之后，巴顿把进攻时间定在 11 月 11 日上午 7 时 30 分。他强调说："我要避免拂晓前发生任何差错。"

于是，特遣部队第 3 师在缺乏重武器装备的情况下，向卡萨布兰卡发动了小规模攻势，推进了 4 英里。哈蒙将军从萨菲来电告知，法国人上午发动了猛烈空袭，但法军明显缺乏作战热情，哈蒙建议派一支小部队阻击法军，其余部队沿海岸公路向卡萨布兰卡全速推进。同时，特拉斯科特也从穆罕默迪亚传来消息，他的坦克部队与法军发生了登陆以来的第一次坦克战，美军坦克的优势得以充分显示，法军的火力无法穿透美军坦克的装甲，相反，美军成功击毁了 4 辆法军坦克。

11 月 11 日凌晨 3 时 30 分，两名法国军官前来谈判双方停火事宜。巴顿对他们说："告诉你们的米什利埃将军，如果他不愿意彻底自我毁灭的话，就立即投降，因为我将发起进攻，一旦开战——我就不会再劝降了。"

不过，诺盖和米什利埃丝毫没有投降的迹象，一场争夺卡萨布兰卡的大战看来一触即发。

6 时 25 分，诺斯塔德上校带领 P－40 飞机[①]群飞向卡萨布兰卡，寻找自己的轰炸目标。在防波堤外，休伊特的海军舰队也已抬起炮口，待命发射。从舰上起飞的飞机飞临城市上空，进行着单调而令人不安的盘旋。

与美军对峙了 74 个小时的法军，见势不妙，终于决定投降了。巴顿长长地嘘了一口气，轻声说道："感谢上帝!"他成了摩洛哥王国的征服者。

---

① P－40 战斗机：美国寇蒂斯公司在战前设计的 P－36"鹰"的基础上改进研发的战斗机，该机将发动机由"双黄蜂"星型发动机改为涡轮增压的"阿里逊"V－1710 直列发动机。

第六章　得意忘形险受难

摩洛哥新主人

在法军宣布投降的同一天，巴顿命令第3师迅速进抵卡萨布兰卡东南郊，随时准备进城。

午夜，巴顿返回“奥古斯诺”号旗舰，就海军的配合工作与休伊特进行了磋商，决定将运输舰靠近海岸深水港实行舰对岸运输，以便卸载重装备，同时将自己的参谋人员送到费达拉，建立司令部。

在一切安排完毕后，巴顿给妻子写了一封信，他在信中说：

这真是千钧一发，因为轰炸机已经飞抵目标上空，战舰已做好发射准备，我已命令部队开进城去，如有人抵抗就打。这段时间是我有生以来最难熬的。

他还在当天的日记中写道，战斗结束是送给他57岁生日的“一个绝好的生日礼物”。

当天，巴顿签署了一项命令，对部队的表现给予高度评价，他称赞道：“官兵们，在海军的援助下，你们取得了辉煌的胜利，并在停战纪念日之际又增添了一次停战。这一行动也将载入史册。我祝贺你们所取得的胜利，并完全相信我们能继续取得胜利。”同时，他告诫官兵们：“不要因欢庆眼前的胜利而放松，要在今后光荣的战斗中争取更大的荣誉。”

在卡萨布兰卡战役中，美国海、陆军参战人员仅约 3 万人，在最激烈的一场海战和登陆后的几小时战斗中，死 530 人、伤 637 人、失踪 122 人。法军损失数字不详，但应该比美军多得多。

从整个战斗过程来看，刚刚参战的美军（包括指挥官和士兵）缺乏实战经验，加上形势变化不定、情报不准确及通信失灵等原因，加大了美军作战的困难，整个战役显得没有什么章法。

美军之所以能最后取胜，除了法军内部反战情绪强烈等因素外，主要应归功于巴顿及其下属指挥官安德森将军、哈蒙将军和特拉斯科特将军的胆略和主动，他们临危不乱，在孤立无援的困境中各自为战，完全依靠自己的力量和战术，机动灵活地指挥部队，圆满地完成了预定的战斗任务。通过这次战役，他们经历了现代战争的洗礼，获得了不少作战经验，对于日后的大战具有深远意义。

卡萨布兰卡之役的胜利，对“火炬”计划而言并不具有决定性意义，仅是拉开了第二战场的序幕。不过，在摩洛哥的美、法双方却坐下来开始谈判，想要握手言欢了。

1942 年 11 月 11 日上午 10 时，美、法双方高级指挥官在费达拉的米拉玛饭店召开“和平会议”。

美、法代表第一次会见的过程有点戏剧性。

法军驻卡萨布兰卡最高司令官米什利埃海军上将如约而至。作为一名败军之将，他面带苦笑，神色稍显不安，十分拘谨。而美军的休伊特将军一向具有绅士风度，他一脸和善，并主动向对方伸出右手。当两只手握在一起的时候，米什利埃才觉得真有点“和平”气氛了。

然而，法国在这里的最高驻节长官、摩洛哥总督诺盖将军没有按时到来。于是，休伊特邀请大家到他的“奥古斯诺”号上去做客，他们一边共进午餐，一边继续等待诺盖。午餐十分丰盛，在宽松、融洽的谈笑中，巴顿与休伊特、米什利埃频频干杯。

14 时，酒足饭饱之后，他们又驱车前往费拉达。

此时，在刚刚激战过的海滩上，后勤人员正忙于挖掘沙坑以掩埋双方阵亡官兵的尸首。巴顿看到的不再是充满硝烟和鲜血的战场，而是一个“集好莱坞和《圣经》于一身的城市”，作为战胜者，他心情大好，无法言喻。

下午3时，诺盖的黑色大轿车在一队摩托车护送下，来到米拉玛饭店门口，巴顿事先安排的仪仗队奏乐表示欢迎。

按照巴顿的要求，诺盖作为主要代表商谈停战事宜。巴顿首先称赞了法军作战十分勇敢，并对他们的明智选择表示祝贺，因为他认为“当一个人已经落水的时候，再去踢他是没有用处的”。休伊特也对诺盖说：“我有我的命令，我尽我的职责。你有你的命令，你尽你的职责。”他甚至还就奉命炮击法国军舰表示了歉意。

诺盖等人拘谨的身体都放轻松了，美方头面人物的谦恭姿态使他们的无奈沮丧之情一扫而光，谈判很快转入正题。

巴顿预先从华盛顿带来两个停战协定的副本，他让随军翻译官威尔伯上校向法国人宣读。第一个副本是设想法国人仅进行了轻微的抵抗，所以条件比较宽容，但鉴于法国人的抵抗十分顽强，故不予考虑；第二个副本是预计法国人进行了顽抗直至被彻底击败，因此主要条件是：收缴法国人的武器，并将军队解散。

威尔伯读完后，会场的气氛骤然紧张起来。米什利埃在一张小条上写下“不能接受”，然后递给身边的诺盖。诺盖面色阴沉，目光冷峻，垂头沉思了一会儿，冷冰冰地甩出一张王牌：“请允许我指出，如果按这些和谈条件执行的话，法国对摩洛哥的保护权力就不复存在了。”他进一步解释说，解散法军必将导致法律和秩序的废弃，并在阿拉伯人、犹太人和柏柏尔人中间带来混乱与不安，而且还会使西属摩洛哥边境及盟军在北非的交通线处于无防守状态。他最后指出：“我们法国人在这里象征着安宁和稳定，可是你们美国人刚刚来到这个极其复杂的地方，幼稚无知，只能带来混乱乃至无政府状态。”

诺盖不愧是一位经验丰富、沉稳老辣的外交家，他这段尖刻的威胁使巴顿有些措手不及，是该笑脸相迎还是横眉冷对，还需要思忖掂量。巴顿缺乏把握形势的政治经验和对摩洛哥实际情况的确切了解，现在考虑的仍然是军事问题。目前他所率领的部队远离美国本土4000英里，尚未在岸上站稳脚跟，人员和物资都急需补充，与 10 多万粮草充足的法军相比，区区不到 4 万兵力的美军力量是相当有限的，而且今后还要继续在非洲与纳粹作战。所以，当务之急不是要把法国人撵出摩洛哥，而是要得到他们的支持与合作。巴顿在 11 月 19 日给艾森豪威尔的信中说：“我们既没有足够的人员对抗诺盖集团，也没独自控制摩洛哥的能力，即使把任务交给我们也是枉然。”

巴顿表面上强悍粗犷，威风凛凛，但他的心肠却特别软弱，总是同情失败者，而法国人目前正处在这一位置上。况且，巴顿热爱法国，他年轻时曾在法国学习过，十分崇拜法国文化。于是，他以军人特有的敏锐和果断迅速做出决定——维持现状。

决心已定，巴顿整了整军装庄重地站起来，从威尔伯手中要过那份条约草案，眼光锐利地掠过在座的众人，然后把草案慢慢撕成碎片。他用低沉的语调说：“先生们，我们都是优秀的军人，我坚信，军人说的话和亲笔签名一样有效。干我们这一行的，一向都信守诺言。我建议，在上级机关确定最后条件之前，双方迅速交换战俘，并把伤病员和阵亡人员尸体带走。法军可以保留武器，但双方不得相互使用武力。你们要尽力维护好摩洛哥的治安和秩序，包括守卫通过塔扎峡谷的铁路桥和铁路。”

僵局随着巴顿的讲话很快打破了，法国人紧张的神经逐渐松弛下来，诺盖脸上也露出了笑容，表示完全接受这一条件。

不料，巴顿又“节外生枝”，故弄玄虚地说：“先生们，现在一切事情都已解决了，但我们还应履行一个令人不快的仪式。”诺盖与所有法国人听了，不禁大惊失色，心头一紧！

“就是这个仪式——我们大家共饮一杯香槟。”美、法高层军官的和平谈判最终以干杯而结束。

这真是一次奇特的谈判！不过几个小时的时间，刀兵相见的双方便成了朋友，他们还相约改日一起去拜会摩洛哥国王。

11 月 12 日，巴顿再次来到“奥古斯诺”号旗舰。当他与该舰正式告别时，水手们自发地在甲板上列队欢送，气氛热烈而真挚，对于非海军部队的指挥官来说，能得到这种礼遇还是很难得的。

这一天，在大洋彼岸的美国，西线特遣部队在北非登陆大功告成的消息成了头条新闻，巴顿也因此成为妇孺皆知的英雄人物。

与荣誉伴随而来的是骄奢，巴顿沉浸在胜利的喜悦之中，他把这一胜利部分地归功于他忠实的部队，并为他们感到骄傲和自豪。通过这场并非完全由自身力量而赢得的胜利，巴顿成了摩洛哥的主宰。正当他得意忘形的时候，发生了一个令他感到不快和失望的插曲，那就是“火炬”计划的执行者——盟军最高司令部并没有重用他，而与他同为少将军衔的马克·克拉克却被晋升为中将，以表彰其在制订“火炬”计划及与达尔朗秘密谈判中所建立的功绩。

巴顿出征前，曾拜会过陆军部部长史汀生。史汀生向他透露消息说，美国陆军近期将组建一个新的司令部，并扩充为第 5 集团军。巴顿对这个职位十分感兴趣，史汀生也认为他是一个合适的人选，让他指挥第 5 集团军正与他的资历相当。不过，要想取得这一职位，必须首先获得中将军衔。这次巴顿未能得到晋升，无疑离这个职位还有一段距离，为此他都有些嫉妒马克·克拉克的好运气了。他给妻子写信说：

我要出人头地，而只有战斗才能给予我这一点。我有一个使命……什么也阻止不了我。等待是令人难忍的，我现在太渺小了。我无所事事，似乎会永远如此。

不过，巴顿对克拉克的晋升仍然表现出了气度，他主动向克拉克表示祝贺，并在给克拉克的电文中写道：“请接受我对您的晋升及对您在这次行动中的杰出贡献表示真诚的祝贺。”

荣誉感和嫉妒之心往往会使人产生上进的力量，这促使巴顿想方设法争取更大的战绩，取得更大的荣誉，也促使他更加严格地要求自己的军队保持威严的军容、严明的纪律和旺盛的斗志。他把军容风纪的重要性提到了这样一个高度：一个士兵军服上缺少一个纽扣，就好像卡萨布兰卡港口的一艘货船遭到德国潜艇鱼雷的袭击一样严重。

11 月 16 日，巴顿与诺盖等人一起去拜访摩洛哥国王。

在动身去拉巴特时，哈蒙将军的第2师派出了一支由侦察车和坦克组成的卫队，一路上威风凛凛，十分气派。半路上，巴顿忽然觉得这样过于张扬，会让人觉得自己在耍威风，于是又命令卫队撤回去了。

在去总督府的路上，巴顿的心情非常好，对这座城市的观察也特别细致。他在日记中写道：

过了费达拉，眼前是一马平川，是我所见过的最适于坦克作战的地形，有许多可用作步兵据点的石砌农宅散布其间。不过，面对105毫米的坦克炮，那样的据点不堪一击。

这儿的乡村大体上与夏威夷的科特沿海类似，树种差不多，海是同样的湛蓝。沿途见到一群群的牛羊，说不清是什么品种。所有的公路和铁路桥梁均由一种摩洛哥人称作“古恩斯”（至少音译是这样）的非正规武装把守，他们穿着黑白条纹相间的浴袍，裹着也许曾经是白色的头巾，手持古老的步枪和刺刀。

到达总督府后，我们受到摩洛哥一个骑兵营的迎接，但他们当中只有军官骑着马。迎接我们的还有总督卫队，他们都是摩洛哥人，穿着白色的军装，扎着红色的皮武装带。扎在腹部的横腰带上挂着手枪和子弹盒。这两支警卫部队都很雄壮威武，每支卫队都有自己的军乐队，其乐器主要有法国号、鼓，一把大铜伞，四周拴着铜铃，一边奏乐一边不停地旋转，发出丁零丁零的响声。

特别让巴顿印象深刻的是，总督府的“一幢非常漂亮的大理石的房子，采用阿尔汉布拉宫殿①样式”。

与隆重的欢迎仪式相比，他们的会谈仅仅进行了不到20分钟，然后他们便驱车前去拜见摩洛哥国王。

摩洛哥国王的宫殿自然比总督府更加奢华，那地毯就是连贵族出身

① 阿尔汉布拉宫殿：14世纪在西班牙格拉哥纳达附近建造的摩尔族宫殿，因其样式独特而闻名。

的巴顿都从来没有见过，极为厚实而美丽。欢迎仪式自然也不逊于总督府。

会谈中，巴顿向国王表示，自己唯一的愿望就是和他的人民及法国人民团结在一起，反对共同的敌人，同时还赞美了他美丽的国土、遵纪守法的臣民和漂亮的城市。

随后，巴顿开始履行他的总督职务，在卡萨布兰卡开始对重要的码头、公路和铁路进行修复。同时，他让自己的部队进驻卡萨布兰卡和拉巴特之间的一片软木森林中，改善后勤供给系统，对刚刚加入美军的新兵进行了强化训练。不到两个星期，美军就开始训练法国人使用现代化的作战武器了。

11 月 22 日，巴顿以盛大的阅兵仪式庆祝摩洛哥国王登基 15 周年，他与摩洛哥上层贵族亲切交谈，并以坚定而确切的口吻使他们放心。他说，摩洛哥的政局会一直维持现状，美、法、摩将共同对抗轴心国。之后，巴顿与诺盖、摩洛哥首相等当地要人共进午餐。

12 月 8 日，巴顿与诺盖等人共进午餐，并与摩洛哥首相单独进行会谈。这位 92 岁高龄的垂暮老臣流露出对国家前途的担心。巴顿向他保证说，自己从小就熟悉摩洛哥各种特殊问题，自己将与国王陛下和驻节长官阁下磋商，确保摩洛哥国内的和平安定。

12 月 19 日，巴顿饶有兴致地参加了在拉巴特举行的盛大的羊节，并在王宫受到摩洛哥国王超乎寻常的礼遇。仪仗队是由身穿红袍、脚扎白色绑腿的高大的塞内加尔人组成的。

1943 年 1 月 12 日，巴顿再次对国王进行礼节性拜访，在王宫受到了热烈欢迎和盛情款待。

1943 年 2 月 1 日，巴顿同马拉喀什的高级军政官员一起打野猪，皆尽兴而归。

各方频繁的往来，使巴顿的司令部几乎变成了一个社交场所，灯红酒绿，装饰豪华。他把办公室迁到卡萨布兰卡闹市区的壳牌石油公司大楼里，这里的条件即使比起美国最高级的办公大楼也毫不逊色。同时，他又把私人住所从米拉玛饭店搬到卡萨布兰卡郊区专供达官贵人居住的一座优雅的别墅里。他乘坐一辆大型帕卡德轿车，配有一切表明他的军衔和职位的显著标志，还有一种专用喇叭。这种高音喇叭一响，几英里之外的人们就知道巴顿要来了。

巴顿在这个“一半是好莱坞一半是《圣经》”的花花世界里，享受着一生中从未有过的铺张奢华、纸醉金迷的生活。很多人都不明白，为什么巴顿会一时英雄气短。传记作家法拉戈也认为巴顿的这段生活令人无法理解，他写道：“在巴顿的戎马一生中，这是一段奇怪的、几乎不可捉摸的插曲。该做的事堆积如山，时间又这么少，而一生渴望战斗的巴顿却似乎满足于他的首次而不全面的胜利所带来的荣誉。”

几乎每天都有许多法国人和当地的社会名流前来拜访，而巴顿似乎对加入当地的上流社会也十分感兴趣，他经常对法国人进行回访，出入于摩洛哥宫廷，参加各种仪式、豪华宴会、舞会及游猎，津津有味地品尝法国大餐、阿拉伯菜肴、当地野味，享受着各种欢娱和快乐。

作为美军在摩洛哥的最高代表，巴顿至少在表面上处处受到礼遇和尊敬。他与法国人、土著统治者保持着良好的关系，而这些人也在随时随地讨巴顿的欢心。特别是诺盖，他对巴顿的阿谀奉承有时表现得相当夸张和肉麻。巴顿写道：“诺盖将军给人总的印象是，他最急于进行各种方式的合作。他原则上同意所有以我的名义提出的建议，事实上，他同意得太快了。”

而实际上，诺盖是一个顽固的亲纳粹分子，他老谋深算，表面上对巴顿百依百顺，处处为盟军利益着想，暗地里却培植自己的势力，疯狂迫害进步分子和亲盟军的反纳粹分子，就连发动政变迎接美军的贝阿图尔也差点被他处死。不过，巴顿并没有识破诺盖的险恶用心，他是个纯粹的军人，仍继续重用诺盖，让自己完全生活在一个似乎与世隔绝的国度里。

很快，摩洛哥所发生的一切被英国特工人员报告给了他们的首相丘吉尔。丘吉尔为此深感不安，两次致函罗斯福总统，希望他认真过问此事。关于摩洛哥的传闻一时满城风雨，巴顿的形象和声望急剧下跌。驻摩洛哥的彭德副领事描述道：“巴顿迈着大步，手枪拨得嗄啦嗄啦响，任意地滥发脾气，还自我欣赏。”英、美等国的各方人士也把谴责的矛头直接指向了巴顿，甚至若干年后还有人称这段时间是巴顿人生中“不光彩的一页”。

此时，明智的罗斯福总统引用了一句东正教格言，打消了各方人士心中的疑虑：“我的孩子，在最危险的时刻，你可以和魔鬼同行，直至你走过桥去。”巴顿是与魔鬼打交道的人，只是巴顿是真心，而“魔鬼”是假意。

临危受命挽狂澜

尽管英国政界要人的干预和舆论界的抨击使巴顿的声望受到很大影响，也给他未来的事业带来种种不利，但美国军界中许多熟悉巴顿的人对此却持不同看法。比如史汀生、马歇尔、艾森豪威尔等人就认为，巴顿是不可多得的一员猛将，在未来艰苦的岁月里，还有许多重大战斗在等待着他，不能因为他政治上的不成熟而终结他的军事生涯。而且这些军界要员一直觉得，稳住摩洛哥的政局对战争的全局是利大于弊的。他们把这些看法汇报给了罗斯福，罗斯福表示理解。

由此看来，巴顿是幸运的。不过，虽说有友人相助，但他仍感觉到事态这样发展下去对自己不利，而且他也开始对在摩洛哥长时间地无所事事感到有些厌倦了，他在私下里大声抱怨：“我对于待在这里已经烦透了。”他甚至认为艾森豪威尔和克拉克缺乏勇气，才能平庸，他们的指挥“十分愚蠢”“工作一团糟”，他们的命令常常“自相矛盾”。他还曾经在私下里大骂：“这两个漂亮的家伙对战争和士兵全都一无所知，他们全是亲英分子！”

此后，他开始暗中收集有关前线作战的第一手资料。他曾经访问过突尼斯前线，做了实地调查，了解到战场上存在的许多问题，比如运输补给工作跟不上、机场太少、在盟军中作战的法军缺少现代化装备、战术呆板、协同不力，以及盟军坦克部队中存在的大量问题，等等。回到摩洛哥后，他对这些问题做了透彻的分析，并研究了加以解决的办法。

尽管只是纸上谈兵，但至少让他感到生活稍微充实了一点。

1942—1943 年，正是第二次世界大战最激烈、最关键的时期，世界上几乎没有第二个像摩洛哥这样歌舞升平的国家或地区了。此时斯大林格勒之战正在残酷地进行；在的黎波里塔尼亚[①]，英国的哈罗德·亚历山大[②]和蒙哥马利正与隆美尔酣战不息；大西洋的战火继续熊熊燃烧，两大对立集团的海军几乎每天都在交战；在突尼斯，美军正和空运来阻止盟军前进的德军和意大利军队的增援部队作战。巴顿自然也了解到一些战事情报，但他一直没有等到上司的指示，一直被闲置在摩洛哥。

1943 年 1 月下旬，美、英两国首脑罗斯福和丘吉尔及其主要军事顾问在卡萨布兰卡召开重要会议（苏联的斯大林因斯大林格勒战役进入关键阶段，无法与会）。经过反复磋商，罗斯福与丘吉尔在会上确定了 1943 年的作战方针。会议具体内容包括了解战地情况，规划开辟第二战场的布局。会议做出了一系列重大决定：双方同意下一步进攻意大利的西西里岛[③]，而不是法国；规定了两国在地中海战区和太平洋战区配置人力、物力资源的比例；恢复了两国于 1942 年 6 月开始的关于研制原子弹的绝密会议；进一步确定艾森豪威尔作为盟军总司令的权限。会议结束时，罗斯福在记者招待会上提出了著名的“无条件投降”原则。

作为摩洛哥总督，巴顿虽然没有资格直接参会，但他一直积极地忙于会务，他的各项服务周密而细致，使与会者十分满意，一再夸奖主人的工作“十分出色”。

会议期间，巴顿还别出心裁地安排了几次海滩旅游，以缓和两国首

---

① 的黎波里塔尼亚：亦称“泰拉布鲁斯”，指利比亚西北部地区，约占全国总面积的 20%。

② 哈罗德·亚历山大（1891—1969）：英国元帅，第二次世界大战期间历任师长、军长、中东战区总司令、北非战区盟军最高副司令兼第 18 集团军群司令、地中海战区盟军最高副司令兼第 15 集团军群司令和地中海战区盟军最高司令，因指挥突尼斯战役获胜而被封为“突尼斯的亚历山大勋爵”。

③ 西西里岛：属于意大利西西里大区管辖，是地中海最大的岛屿。

1943年1月24日，在摩洛哥卡萨布兰卡会议后，美国总统罗斯福（左二）、英国首相丘吉尔（右一）与法国的戴高乐将军（右二）和吉罗将军（左一）合影

脑及随行人员紧张的生活。丘吉尔对这几次旅游十分感兴趣，并对此印象深刻。他后来在回忆录中写道："我们在岩崖和海滩上做了几次愉快的散步。惊涛拍岸，卷起大片白云状的泡沫，使人难以相信竟会有人能从海面登上滩头。那里没有一天是风平浪静的，高达15英尺的巨浪以山呼海啸之势冲击着巨大的岩崖，难怪有那么多的登陆艇和小艇连同艇上人员被弄翻了呢！"这段话充分说明，巴顿的部队不久前在这里的登陆战役打得是多么艰难。

在与首脑们共餐的宴席上，罗斯福和马歇尔都对巴顿十分真诚友好，他们称赞巴顿的部队英勇善战、军纪严明，并对他的热情接待表示感谢。巴顿乘机向他们表达了参战的愿望。

会后，根据会议精神，盟军司令部做出决定：征服突尼斯后，美、英联军将进攻西西里，双方各出一半兵力。即由正在的黎波里塔尼亚与德军隆美尔周旋的英国亚历山大和蒙哥马利腾出手来，组成一个由亚历山大指挥的集团军群，其中包括蒙哥马利的第 8 集团军和一支由美国军队组建的新军团（将被命为第 7 集团军）参加欧洲战争。这个计划的代号为“赫斯基”。丘吉尔认为西西里岛是“柔软的下腹部”，继突尼斯战役之后，再对这个地方实行突破最容易成功。美军方面还决定，由巴顿指挥参战的美军新军团。

英国陆军元帅　蒙哥马利

就这样，巴顿在摩洛哥度过了 4 个月的逍遥时光后，终于可以结束与魔鬼打交道的日子，奔向广阔的欧洲战场去一展宏图了。他异常兴奋，暗下决心，要步古代雅典人、迦太基人、罗马人和拜占庭人的后尘，踏着伟大统帅尼西亚斯[①]、汉尼拔、西庇阿[②]等人的战斗足迹前进，取得名垂青史的功勋和荣誉。他在拉巴特连夜改编西线特遣部队（后称第1装甲军），并动员参谋人员开始为“赫斯基”战役拟订计划。当然，他也十分了解将要面对的困难，但他坚信：“我将吉星高照，谁也不能阻挡我前进的步伐！”

就在巴顿刚刚开始整编部队的时候，突尼斯战场传来了坏消息：隆美尔统率的德军来到了突尼斯，美军弗雷登道尔的第2军遭到了隆美尔非洲军团的沉重打击，损失惨重。

隆美尔是德军高级指挥官中最令人恐惧的后起之秀。他生于1891年，职业军人出身，完整地参加了第一次世界大战，荣获过普鲁士军队的最高勋章，战后曾担任希特勒私人卫队队长。第二次世界大战爆发后，他亲自参加并指挥了许多重大战役，入侵西欧，转战北非，为纳粹德国立下了汗马功劳。他对战斗具有特殊的敏感性，骁勇顽强，足智多谋，逆境中韧劲十足，战术变化多端，神秘莫测，常常令对手捉摸不定而不得不小心翼翼。德军在北非沙漠大规模的运动战屡战屡胜充分体现了他的战术风格，因此他享有“沙漠之狐”的盛誉。

当盟国首脑还在会议桌上商谈的时候，隆美尔便已预测到盟军的战略意图，抢先以重拳给了立足未稳的盟军致命一击。

突尼斯战役是由英军的肯尼思·安德森少将承担的，他指挥英国第1集团军，包括美国劳埃德·弗雷登道尔少将的第2军，于1942年11月15日进入到突尼斯塔巴尔卡。11月28日，美国第2军的第1装甲师抵达杰代伊达郊区，要攻击的战略目标几乎已经在望。不料，这时隆美尔也率领他的“非洲军团”来到了突尼斯，隆美尔视察战局后，认为所有战机都在西边。

德军在1943年1月30日发动第一次突击，作战地点在法伊德。隆

---

① 尼西亚斯（约前470－前413）：一译尼客阿斯，古代雅典的政治人物和将军。在叙拉古包围战中曾任雅典军的司令官。

② 西庇阿：又译斯奇皮欧。古罗马名门贵族，在罗马共和国时期以军功显赫著称的有大西庇阿和小西庇阿。

美尔认为加夫萨[①]的盟国守军防守薄弱，他可以从法伊德山口进行迂回，在薄弱处实施重点突破。在法伊德山口与德军奋勇战斗的是弗雷登道尔的第 2 集团军，由于兵力部署过于分散，被德军一击而破。

德军第二次突击发生于 2 月 14 日，主要作战地点是凯塞林山口。艾森豪威尔的情报专家莫克勒·费里曼准将提供情报说，隆美尔正在集结兵力，他们将经过北面猛袭皮雄。于是，盟军把兵力重点部署在皮雄，而对加夫萨疏于防范，结果德军大举向加夫萨进攻并直指凯塞林山口，打得盟军措手不及，将盟军从东多塞尔山口赶到西多塞尔山口，沉重打击了奥兰德·沃德的第 1 装甲师，然后再重创斯比塔山口等地的盟军。

此次战役中，仅美军就伤亡 3000 多人，被俘 3700 人，损失坦克 200 辆，巴顿的女婿约翰·沃特斯也成了德军的俘虏。这是美军在北非战场上遭到的第一次惨败，舆论哗然，许多人对美军的作战能力公开表示怀疑。盟军地面部队司令、英国的亚历山大将军认为，美军的战斗素质很差，难以胜任大规模的战斗。他向艾森豪威尔建议说："请派出美军最优秀的军官，取代弗雷登道尔将军。"

1943 年 2 月底，巴顿派遣哈蒙少将带领第 2 装甲师前往突尼斯，支援第 1 装甲师，重新夺回了凯塞林山口。在返回摩洛哥途中，哈蒙专程到艾森豪威尔那里去汇报情况。他怀疑弗雷登道尔能否对付得了德国人的第二次打击。他说："这是隆美尔呀，而且是最新的豹式坦克，可怜的弗雷登道尔远不是他的对手。"最后，他力主派巴顿去突尼斯，否则第 2 军可能真的会土崩瓦解。

艾森豪威尔有点犹豫不决，他在回忆录中写道："我无意降弗雷登道尔的职，或者把凯塞林战役最初的失败归咎于他。我对他也是这样说的。其他几个人，包括我自己在内，对我们这次的挫折都负有责任。"为此，艾森豪威尔亲自飞往特贝萨，实地了解情况，广泛征询意见，最后得出结论：情况相当糟糕，那里军纪涣散、士气低落，撤换弗雷登道尔已是势在必行。不过，美军方面并没有责怪这位失利的将军，只是决

---

① 加夫萨：突尼斯中西部城市，加夫萨省省府，是沿海通内陆的重要商站，著名的旅游城市。

1942 年，突尼斯，巴顿站在 M2 中型坦克旁

定立即把他撤换，因为隆美尔太狡猾，德军太强大。

之后，艾森豪威尔决定让巴顿前往突尼斯，以挽救可能在德军再次攻击之下而瓦解的第 2 军。

3 月 4 日，外出指挥演习的巴顿突然接到一份加急电报，这是由盟军总司令部参谋长沃尔特·史密斯少将发出的。电文命令巴顿务必在 3 月 5 日下午之前乘飞机到阿尔及尔的迈松·布兰奇机场报到。当晚 10 时，史密斯打电话给巴顿，要他“准备执行较长期的野战任务”，并要他将进攻西西里的任务暂时移交给副手杰弗里·凯斯将军。对巴顿来说，这又是一个天赐良机。他很清楚正是艾森豪威尔在掌握着他的命运，用他自己的话说，艾森豪威尔是他的“命运之神”。

3月5日，巴顿带着他的临时参谋长休·加菲将军和情报处长奥斯卡·科克上校准时赶到指定地点。艾森豪威尔、史密斯少将和布彻海军中校也从特贝萨前线飞返，并于当天下午在迈松·布兰奇机场召开紧急军事会议。

艾森豪威尔简短地向巴顿作了交代，明确他的任务：接管第2军，整顿士气。同时他强调：“这个军作为一支美国部队，将直接从亚历山大将军指挥的第18集团军群那里接受命令。你的第一大任务，将是支援英军第8集团军通过马雷斯防线，要尽可能地牵制德军兵力，要夺取加夫萨作为蒙哥马利部队的前方补给基地。”

想到马上就要和隆美尔这样的强劲对手作战，巴顿感到异常兴奋。当天下午，巴顿飞往君士坦丁堡[①]到亚历山大将军的第18集团军群司令部报到。亚历山大对巴顿充满了好感：“他是一个活泼的汉子，两边胯下都佩有一把柄上镶有珍珠的手枪。他不像许多美国人那样显得友好和温和，他显得咄咄逼人，一提到‘德国鬼子’，他就显得那样激动和冲动，有时怒不可遏，有时声泪俱下。”

巴顿对他的新上司亚历山大也十分尊重。令他感到遗憾的是，自己的部队不能作为主力，而是给蒙哥马利当配角，心中稍有不悦。

巴顿在君士坦丁堡接受了两周后支援蒙哥马利的第8集团军进攻马雷斯防线的任务。为避免重蹈凯塞林山口战役的覆辙，加上亚历山大仍对美军的作战能力持怀疑态度，蒙哥马利对巴顿部队的行动做了周密部署：从西多塞尔推进到东多塞尔，夺取通向加贝斯[②]道路上的咽喉加夫萨，占领梅克纳西。总之，巴顿的任务仅仅是威胁海岸平原上轴心国部队的侧翼，推进到多塞尔而已。

3月6日，巴顿带领他的参谋长加菲、副官詹森和斯蒂勒、情报处长奥斯卡·科克上校、作战处长肯特·兰伯特上校，以及勤务兵乔治·

---

① 君士坦丁堡：阿尔及利亚东北部城市，以君士坦丁王命名，君士坦丁省首府。

② 加贝斯：突尼斯港市，位于地中海加贝斯湾西岸。

米克斯，乘着一队侦察车和架着机枪的半履带车，急速地驶向设在库伊夫山的第 2 军司令部。

他头戴镶着两颗星的擦得锃亮的钢盔，下颌露在钢盔带外面，就像一个战车驾驶员一样站在装甲车上。车队呼啸着开进那个满是土屋的破烂村庄，高高的天线在车顶不停地晃荡着，喇叭的尖叫声把受惊的阿拉伯人从泥泞的街道上吓走了，就连那些当兵的，为了避免泥水溅到身上，也急忙躲进旁边人家的门里。

就在巴顿赴任的这一天，隆美尔发动了梅德宁战役。他的第 10、第 15 装甲师连续四次向蒙哥马利的第 8 集团军发起猛烈攻击，但均遭挫折，丧失了 52 辆坦克和大量人员、装备。遭此打击后，隆美尔深深感到轴心国部队留在非洲将再无建树，甚至“等于自寻死路”，但希特勒坚决反对德军撤离非洲。隆美尔一气之下，于 3 月 9 日借口养病返回欧洲去了。

巴顿为此大失所望，认为自己也同隆美尔一样遭到了一次“重大挫折”。他曾对一位朋友说：“我花了多年时间磨炼自己，准备对付这个家伙，他的书我不知读了多少遍，我研究了他的每一个战役，自认为对他了如指掌。我的平生愿望就是希望能够与他面对面厮杀。”隆美尔的病退使巴顿的这一梦想破灭了，也使他对此次战役的热情大大减弱。

巴顿到任后，发现第 2 军的情况比他想象的还要糟糕。由于受重创的阴影还在心头萦绕，官兵们纪律涣散、士气低落，而亚历山大的军事行动预定在 3 月 15 日。时间紧迫，巴顿必须争分夺秒地整顿部队。他认为，“一位军队指挥员应该去做完成任务所必须做的一切事情，他应以百分之八十的精力激发其部属的士气”。为此，他采取了所谓的“高压电休克疗法”，雷厉风行地制定了一个又一个不近人情的规定。

巴顿首先从严格作息时间做起，并以身作则。到任后的第二天早上 7 点，他按作息规定准时到食堂就餐，发现只有他的参谋长加菲来了。他当即命令厨师马上开饭，半小时后停止，并警告说：“从明天起，全体人员准时吃饭，半小时之内完毕。”此举迅速杜绝了参谋人员上班迟到的现象。

1943 年，北非突尼斯战役中被盟军击毁的纳粹德国战机

接着，巴顿发布了强制性的着装令，制定了最严格的军容风纪条例，规定每个军人必须时刻戴钢盔、系领带，无论是军官、士兵，还是炊事员、医生、护士，也不论是在室内还是室外，甚至上厕所都必须这样做。

少数人对此不以为然，迟迟不愿照做。巴顿勃然大怒，他亲自出马，四下搜寻那些不戴钢盔的官兵，将他们排成队示众，对他们训话："我对任何一个不立刻好好执行我命令的兔崽子都不会容忍。我给你们最后一个选择机会——要么罚款 25 美元，要么送军事法庭。我告诉你们，被送军事法庭可是要记入档案的。"伴随着巴顿严厉的咒骂，这些违纪人员乖乖地接受罚款，但内心暗暗对这位新来的司令官咒骂不已。

为了整顿军纪，巴顿还发布了一条命令：必须在头盔上标明军衔。然而有一位资深的老上校却拒绝执行，他的理由是：作为一名军官，我要经常到战斗第一线去，如果头盔上标明了军衔，岂不是成了敌人射击的主要靶子了吗？如果我因此而死了，怎么能为军队继续服务？他的想法也使许多军官不标明军衔。巴顿闻言一笑，说："上校，请跟我上车，去前线看看。”到了前线，士兵们立刻认出车上的巴顿将军，向他起立敬礼。老上校这时才发现，巴顿将军的头盔、双肩和衣领包括他乘坐的吉普车上都标有两星标志。他对士兵们的敬礼欢呼致意之后，对老上校说：“士兵需要军官的领导，但是你如果不佩戴军衔，他们就无法发现你的存在，你又怎么能起到领导的作用呢？再有你提到佩戴军衔也会引起敌方的攻击，身为一名指挥官，站在队伍面前指挥，即使战死也应在所不辞。我们必须让士兵知道谁是他们的指挥官，不是吗？”老上校听后惭愧不已，心悦诚服地说：“将军说得对，我一定照办！”

巴顿对自己的做法颇为得意，他对人半开玩笑地说：“当你要动一个人腰包的时候，他的反应最快。”但在第 2 军采访的随军记者却十分不满，他们评论道，这些做法是“不民主和非美国的方法”。

巴顿一意孤行地按照自己的方法治军，他乘坐吉普车不停地颠簸于各营区之间去发表鼓舞人心的演说，向士兵们灌输对德国鬼子的仇恨和对美国尊严的崇拜。他的话中夹杂着不三不四的粗语，但在士兵们听来却是那么亲切可信，那么响亮动听。他跑遍了四个师的每一个营，督促军官，鞭策士兵，同时也检查执行军容风纪的情况。他的检查极为彻底，甚至连厕所也不放过，因为上厕所的人最容易忘记戴钢盔。

有一次，巴顿将军在巡视军营阵地时，发现一位战士在放哨时没有按规定站姿站立，而是倚靠在墙上，无精打采。于是，巴顿将军便走过去对他说：“老兄，你就保持这个姿势吧，若德国人看到了肯定不敢轻举妄动，以为你这是故意表现出来的疲劳、涣散，在诱敌深入呢。”这位士兵听了顿时严肃起来，站出了标准军姿。面对没按照规定站好的士兵，巴顿并没有严厉斥责，而是故意曲解，用幽默的语言，在轻松愉快中，让士兵认识到自己的错误。巴顿的话语看似没有一句批评，实际上却将批评蕴含在调侃之中，既不伤人颜面，又能促人反省，是一种管理艺术。

为了激发士兵们主动进攻的勇气，他最喜欢用一句军事用语：“最坚固的铁甲和最稳固的防守是不断的进攻。”他对挖战壕的做法嗤之以鼻。他还有过一次恶作剧，令官兵们大跌眼镜。

一天，巴顿巡视到特里·艾伦师长的辖区，发现该部队因防空需要挖了许多又长又深的狭窄堑壕，他对此很不满，并对艾伦十分蔑视。他一边大步走着，一边阴阳怪气地大喊："特里，哪一个掩体是你的?"当艾伦把自己的掩体指给巴顿看时，巴顿几步跨过去，掀开门帘就往里撒尿，撒完后又嘲弄地对艾伦说："你现在去享用它吧!"巴顿的这一兵痞举动使在场的人无不为之惊愕。

巴顿的奇招犹如民间治病偏方，仅一周时间就治好了第2军的顽疾。官兵们由开始怕他、恨他，逐渐变为尊敬他、爱他，称他为"顶呱呱的鼓气人"。部队有了铁的纪律和秩序，精神面貌大为改观，进入了巴顿所说的"战斗竞技状态"。

此间，巴顿对自己的助手奥马尔·纳尔逊·布莱德雷将军在第2军中暧昧不明的身份表示了强烈的不满，并直接向艾森豪威尔提出了意见。

美国陆军五星上将　布莱德雷

布莱德雷毕业于西点军校，曾任步兵学校校长，长期从事教育训练工作，精通军事，沉着稳健，被公认为是美国军界一员不可多得的儒将。1943 年 2 月，他被派赴北非担任盟军总司令艾森豪威尔的助手，但没有明确的实际职务。后来，艾森豪威尔指派他暂时到第 2 军任高级联络官。巴顿虽然很佩服和欣赏布莱德雷，但他“不能容忍让任何他妈的间谍在我的司令部周围转来转去”，于是向艾森豪威尔郑重提出，要么让布莱德雷留下来担任副军长，否则就把他调往别处。从此，美国历史上出现了三人掌军的佳话：艾森豪威尔组织协调，布莱德雷是思想机器，巴顿是执行者和斗士。极佳的团队组合使他们统率的部队在第二次世界大战中密切配合，屡战屡胜。

亚历山大后来在其自传中写道：

两人的军人气质形成了鲜明的对照：一个对按兵不动很不耐烦，另一个却不愿轻易全力投入积极行动，除非他明确看到了行动的目的。有一次我访问美军司令部，听到了他们两人颇有特色的交谈，令人深思。

巴顿：“为什么我们老是坐着无所事事？妈的，我们总得做点事情！”

布莱德雷：“耐心等一等，乔治！你认为我们应做什么呢？”

巴顿：“随便什么都行，只要不是坐着屁股不动！”

两位都是优秀的军人，巴顿是一个推进器，随时准备冒险，而布莱德雷正如我所描述的，更为谨慎。巴顿应该生活在拿破仑战争时代——他会成为拿破仑手下一位杰出的元帅。

3 月 14 日，巴顿接到第 18 集团军修改进攻时间的命令，本来进攻时间是 3 月 15 日，亚历山大为使它更接近第 8 集团军的预定进攻时间，便推迟到 3 月 17 日。同时，亚历山大一再提醒巴顿：敌人可能对他的侧面发动反攻，在任何情况下都不要越过东多塞尔山口，行动要稳妥一点，切莫走得太远。巴顿对英军的保护主义和唯我独尊十分反感，但为了不让自己的火暴脾气影响两军的关系，同时为了在这次战斗中一雪前耻，证明美军的实力，他把许多不满尽量忍了下来。

3 月 16 日晚，巴顿将司令部的参谋人员集合到自己的办公室，十分激动地做了简短的战前动员：“诸位，我们明天就要开始进攻，这是对我们荣誉的又一次考验，我们不成功便成仁!”参谋们对巴顿这种近乎表演的空洞的动员兴趣并不大，他们更关心的是他究竟如何指挥战斗取得胜利。

这一次，巴顿准备通过侧翼的佯攻来帮助蒙哥马利突破马雷斯防线。

3 月 17 日，即在蒙哥马利发动攻势的前三天，第 2 军按预定计划向敌人发起进攻。主攻部队兵分两路：一路由特里・艾伦将军率第 1 步兵师进攻加夫萨，如进展顺利，还可攻占盖塔尔，而后为蒙哥马利建立一个燃料库；另一路由奥兰多・沃德率第 1 装甲师通过凯塞林山口，进攻盖塔尔东北的斯塔欣—德塞内德，如条件许可，再向梅克纳西推进。其他部队作为预备队，随时准备增援。

战役开始时，亚历山大和艾森豪威尔来到第 2 军指挥所督战。巴顿则亲临前线指挥，随同第 1 步兵师一起向加夫萨推进。第一天的进展十分顺利，艾伦的第 1 步兵师在滂沱大雨中行进了 45 英里，占领了加夫萨。3 月 18 日，该师第 1 突击营强攻盖塔尔，敌军迅速溃退。沃德的第 1 装甲师也夺取了斯塔欣—德塞内德，并做好了向梅克纳西展开攻击的准备。

第 2 军首战告捷的消息被美国新闻界大加渲染，巴顿再次名声大噪，成为了不起的英雄。

在主战场，3 月 20 日，蒙哥马利指挥的第 8 集团军第 30 军在海岸附近发起正面进攻。尽管进攻前的炮火轰击有近半小时，但由于地形复杂，轰击毫无作用。蒙哥马利当机立断，把左翼的佯攻变成主攻。他命令新西兰军和第 10 军发动强大攻势，用空军强大的火力予以支援，几乎动用了所有的中远程攻击武器。蒙哥马利把这一行动称为“超级炸药”。

因“超级炸药”行动至少需要 5 个小时的时间，蒙哥马利向亚历山大建议，让巴顿的部队向海边进攻，以切断敌军从加贝斯到斯法克斯的重要通道。这正是巴顿最初设想的攻击目标。但亚历山大已有前车之鉴，不愿让美军承担更大的风险和重任。他派人给巴顿送来一份《未来作战指示提纲》（下文简称《提纲》），作了四点指示：第一，坚守加夫萨；第二，拿下并守住梅克纳西以东的高地；第三，派出一支轻型装甲部队去袭击迈祖纳机场，摧毁那里的设施后即返回；第四，主力部队不得越过加夫萨—梅克纳西—法伊德—丰杜克一线。这样一来，巴顿打算突破敌方防线直打到海边从后方包抄德军“非洲军团”的设想就破灭了。

根据《提纲》的要求，沃德的第1装甲师攻占了塞内车站，3月22日，又占领了梅克纳西。这时，东多塞尔山口近在咫尺，只要沃德乘势发动一次攻击，就可以一举夺下山口。但是，沃德对第1装甲师的信心不足，未能当机立断，最终贻误战机。

入夜前，巴顿命令艾伦将军率领第1步兵师沿加夫萨—加贝斯公路向前推进，并攻占北侧的高地。3月23日早晨6时，他们与德军第10装甲师约50辆坦克相遇。该师曾经在凯塞林山口战役中重创美军，大出风头，这次又想故伎重施；而第2军正想寻机报仇，挽回面子，正所谓冤家路窄，一场激战在所难免。

在上午的战斗中，德军发动的第一次进攻被打退了。战斗结束时，据巴顿统计，美军损失155毫米和105毫米火炮各6门，半履带式反坦克炮24门，M－10反坦克炮7门。而德军的损失更大，仅被摧毁的坦克就有30辆。16时45分，德军再次发动猛攻，步兵在前，坦克居后。他们到达美军阵地300码以内时被美军炮火和空军轰炸所阻止，美军进行了顽强抵抗，寸土不让，表现得十分英勇。最后，德军第10装甲师无功而返。巴顿对这次战斗十分满意，他自豪地说：“硝烟一散，我没有看见一个美国士兵放弃阵地后退一步。”

与此同时，梅克纳西以东地区的战况却颇为不利，第1装甲师的进展很缓慢。3月23日晚，巴顿从第1步兵师前线返回后发现，沃德的坦克陷入岩石遍布的荒漠地带，进退两难。巴顿顿时火冒三丈，大骂沃德是个“胆小鬼”“猪猡”，命令他必须在明天上午率部进攻。

3月24日，第1装甲师的进攻又遇到了麻烦，连续几天的大雨使地面变成了泥沼，坦克和卡车寸步难行，进展十分缓慢。尽管巴顿叫骂声不断，但仍不能加快部队的进军速度。沃德心中憋着一肚子气，命令部队强行攻击前进，当天进抵斯塔欣—德塞内德，因而进展很有限。

在战场上，不论对人对己，巴顿的要求都相当严格甚至近乎苛刻。他认为，到目前为止，他所取得的战果并不太理想。其实，此时此刻，巴顿已将轴心国精锐的第 10 装甲师和 1 个意大利师吸引到北线来，大大减轻了蒙哥马利攻克马雷斯防线的阻力，完成了亚历山大交给他的牵制德军力量的任务。亚历山大对巴顿的成绩表示满意，他认为，巴顿的当务之急仍是盯住德军第 10 装甲师，使其无法增援马雷斯防线。据此，他于 3 月 26 日向巴顿下达了新的指示：暂停向梅克纳西的进攻，以第 1、第 9 步兵师和第 1 装甲师从盖塔尔向加贝斯进攻；以第 34 师夺取东多塞尔山口附近的丰杜克，为英军第 6 装甲师进入海岸平原开辟道路。

巴顿对这一命令不太认同：一是亚历山大下达的命令过于详细，束缚了前线指挥官的手脚，有违于军事指挥原则；二是他认为德军的第 10 装甲师已是强弩之末，再从盖塔尔向加贝斯进攻对英军第 6 装甲师的帮助极小，不如直接进攻海岸的帮助有力。但他还是坚决执行了亚历山大的命令。

3 月 28 日，第 2 军发动了盖塔尔战役。德军第 10 装甲师及其辅助部队此时已经山穷水尽了，但他们十分清楚：退让就意味着轴心国北非战线的全面崩溃，所以他们困兽犹斗，以做最后一搏的架势与美军激战，战况十分惨烈。巴顿也很清楚，紧紧拖住这头受伤的狮子就能打垮它，这不仅是一次战役的胜败问题，更关系到美军的荣誉。

因此，巴顿以艾伦的第 1 师为左翼，埃迪的第 9 师为右翼，力求在德军阵地中打开一个缺口，以便为沃德的第 1 装甲师投入攻击打开通道。经过两天的激战，双方伤亡都十分惨重，美军的进攻只取得极小的进展，所幸已经为英军赢得了不少时间。

3 月 30 日，巴顿命令部队暂停进攻，进行休整。而后，巴顿从第 1 装甲师中抽调精锐，组成由本森指挥的特遣部队，再次发动猛攻，企图打通加贝斯公路，但再次受挫。

就在这进退两难的节骨眼上，巴顿与英国空军少将阿瑟·科宁汉发生了一场争吵。事情的起因和经过是这样的。

几天来，巴顿不仅遭到德军的地面拼死抵抗，还不断遭到德军的空中袭击。4 月 1 日，德军轰炸机空袭了第 2 军司令部，巴顿的一位年轻副官延森不幸遇难。巴顿既悲痛又愤怒，他在当天的战况报告中尖锐地指出："整个上午，攻击部队不断遭到空袭，由于我们的部队没有空中掩护，德国空军便肆无忌惮地横冲直撞。" 4 月 2 日，科宁汉进行了反击。他写了一份针锋相对的报告，指责巴顿"谎报军情"，并讥讽地说，希望第 2 军不要再做"丢脸的事，把陆上的失败归咎于空中"。他还宣称："第 2 军根本没有资格参加现代战争。"

这下可激怒了巴顿，他像一头愤怒的狮子，向阿尔及尔的盟军司令部提出强烈抗议。英国空军上将阿瑟·特德[①]等人不得不出面劝阻和调解，科宁汉首先做出姿态，亲自登门道歉，巴顿才勉强接受。事后，巴顿经过反思，认为自己也应该拿出谦逊的姿态待人，于是，他致信科宁汉，对其"宽宏大量"致以谢意，并表示为了战争中的合作自己会"尽量以良好的心态去对待英国朋友"。

不过，巴顿对空军的抱怨不无道理，一些空军指挥官也深有体会。4 月 3 日，英国空军中将特鲁·斯帕茨等人来看望巴顿，以消弭双方的误解。双方在房间里正谈得起劲，突然遭到 4 架敌机的空袭，房间被严重破坏，大部分天花板坠落，大门被挤得死死的，无法打开，幸运的是无人伤亡。事后，斯帕茨十分抱歉地问巴顿："你如何处置这件事？"巴顿的回答既粗鲁又不失幽默感："该死的，我一点也不知道，但如果我找到了这些狗娘养的驾驶员，我要发给他们每人一枚勋章。"这恐怕是改变态度后的巴顿最值得赞赏的言行了。

4 月 6 日，巴顿接到命令，要他"不惜一切代价"夺取 396 高地。

---

① 阿瑟·特德（1890—1967）：英国皇家空军元帅。第一次世界大战时随英国远征军赴法国作战。第二次世界大战中曾任中东皇家空军司令、北非战区空军司令、地中海战区空军司令和盟国远征军最高司令部最高副司令。

4 月 7 日早晨 7 时 45 分，第 18 集团军群的联络官马丁上校带着亚历山大的参谋长麦克里里将军的一封信，来到巴顿的司令部。信中写道：“亚历山大将军相信，尽我们最大力量援助英国第 8 集团军的重要时刻已经到来，我们必须将装甲部队推进到盖塔尔一带，必须有承受伤亡的准备。为了向前推进，我们必须做出一切努力。”巴顿虽然不喜欢亚历山大那种牺牲美军为英军取胜铺路的做法，但为了顾全大局，他无条件地接受了命令。

战斗越来越激烈，部队的伤亡不断增多，士气也开始有所下降。巴顿认为，检验一个指挥官领导艺术的时刻到了。于是，他把艾森豪威尔要他注意个人安全的嘱咐置之脑后，亲自到前线指挥作战。他用各种方式鼓舞部队的士气，敦促指挥官们亲临前沿，与士兵们一起战斗，把德军第 10 装甲师从盖塔尔逼向加贝斯。

同时，巴顿命令本森指挥的特遣队向海岸方向发动猛攻。战斗十分残酷，双方伤亡人数不断增加。巴顿不断督促本森的特遣队向前冲，要求他们直至“打到海边”。这时，特遣队被德军的地雷区阻住去路。这支特遣队当时只有一个坦克营、一个反坦克营和一个装甲步兵连。巴顿不听部下劝阻，毅然驾驶他的指挥车在前面开路，穿过雷区，特遣队得以继续前进。不久，本森的特遣队便与蒙哥马利的第 6 装甲师会合了。

在整个战斗期间，巴顿对部队的要求比平时更严格，特别是对主力部队和指挥官，他一再强调：“如果哪个指挥官不能履行职责，立即撤换，决不姑息。”然而，一旦真的需要处置某人，他往往又表现得优柔寡断、心慈手软。对第 1 装甲师指挥官沃德的处理就是一例。在本次战役中，沃德由于缺乏自信，过于拘谨，多次贻误战机，受到巴顿的批评甚至责骂。但是，当有人建议撤换沃德时，巴顿却犹豫了，他认为，无论怎么说，沃德还是一位有才干的指挥官，几次失误不能完全归咎于他指挥不力，运气不佳也是一个原因，他已经在向最好的方面努力了。所以，巴顿迟迟不肯撤换沃德，希望沃德通过实际表现改变自己的形象。但曾遭到德军重创的第 1 装甲师的状态始终未能达到最佳程度，自 3 月

17 日投入战斗以来，已经伤亡 1500 人。直到最后亚历山大出面干预，要求巴顿解除沃德的职务，巴顿还是不愿意当这个恶人，于是把这事推给副手布莱德雷处理。

盖塔尔战役经过 22 天的血战，美军取得了最终的胜利。它迫使德军又将其精锐第 2 装甲师调离马雷斯防线，从而大大帮助了蒙哥马利对阿卡里特河阵地展开正面突击。

巴顿下了一道总嘉奖令，满怀激情地表彰了第 2 军将士的战斗精神和辉煌战绩："在无比坎坷的山地中经过 22 天激战之后，你们赢得了盖塔尔战役的胜利。你们每个人都在自己的战斗岗位上出色地尽到了职责。不但在死神时刻威胁着的前线，而且在其他一切地方，你们都表现英勇、顽强不屈……由于你们的努力和上帝的保佑，美军光荣的历史又增添了新的光彩。"

很快，北非主战场的决战时刻到了。整个突尼斯战役已经胜利在望，德国"非洲军团"即将走向末路。

就在这时，亚历山大的一道命令，再次引起了他与巴顿的分歧。

从 4 月 10 日起，轴心国部队被迫退守突尼斯北部海岸约 100 英里的弧形地带，盟军决定对其实施最后的打击。亚历山大想把美军第 2 军从第 18 集团军群的旗下调到英军安德森将军的第 1 集团军。这一计划严重刺伤了巴顿的自尊心，他认为，这无疑是取消了美国军队独立作战的资格，并试图抹掉第 2 军在这次战役中的所有荣誉。为此，他写信给亚历山大说："问题既不在于指挥，也不涉及通信，而是威望问题。在盟军协同作战的决定性时刻，美军决不能扮演一个小角色。美国人民都在企盼美军在联合作战中肩负更重要的使命，发挥更大的作用，这对于他们的信心、士气都是至关重要的。"之后，他又专程跑到盟军总司令部，向亚历山大和艾森豪威尔提出强烈抗议，抗议产生了一些作用。他还在日记中表达了不满情绪："艾克比英国人还英国人，任他们摆布。"由于巴顿的坚持，加上其他方面的原因，亚历山大终于放弃了自己的想法。

巴顿为美军争得了一份应得的荣誉，可惜的是，他还是在为他人做嫁衣。4 月 14 日，艾森豪威尔出乎意料地来到盖塔尔，对巴顿说："乔治，我觉得现在该让布莱德雷接替你了，你可以回到摩洛哥继续去搞‘赫斯基’战役了。”

巴顿大吃一惊，同时也十分失望。不过，4 月 16 日接到马歇尔的电话后，他的心情又雨过天晴了。马歇尔对他说：“你已经圆满地完成了任务，证明了我们对你的信任。”巴顿认为马歇尔的话正是对自己的最高奖赏，他再次看到“命运之神”正在向自己微笑。

第七章　雄师直取西西里

荣升第 7 集团军司令

自从进入 1943 年，第二次世界大战中轴心国和同盟国双方的力量对比有了明显的变化。在东线战场，斯大林格勒保卫战于 2 月初结束，在长达 200 天的战斗中，苏联红军消灭了轴心国军队约 150 万人，摧毁敌人约 3500 辆坦克、12 000 门大炮和 3000 架飞机。这一胜利使东线局势发生了逆转，苏军夺取了战略主动权，开始由防守转入反攻。在北非战场，美、英军队联手发动强大攻势，取得了突尼斯战役的胜利，盟军开始对北非的残敌进行清剿，俘获德、意官兵 25 万人。美国总统罗斯福、英国首相丘吉尔见大反攻的时机已经到来，决定把盟军下一步战略进攻的目标转向意大利。

在此背景下，巴顿奉命出任美国第 7 集团军司令一职，作为实施“赫斯基”计划的美军指挥官。

“赫斯基”计划酝酿已久，早在 1943 年 1 月卡萨布兰卡英、美首脑会议就决定：北非战役结束后立刻进攻西西里，行动代号为“赫斯基”。1 月 23 日，盟军联合参谋部任命艾森豪威尔为“赫斯基”作战行动的总司令，亚历山大为副司令，负责统率英第 8 集团军、美第 7 集团军组成的陆军部队；英国海军上将坎宁安为海军部队指挥官；英国空军上将特德为空军部队指挥官。盟军联合参谋部规定这次行动的目标：一是迫使意大利退出战争；二是巩固地中海运输线的安全；三是按照斯大林的要求，分散德国对苏联前线的压力；四是为未来在欧洲实施“围歼”计划准备和锻炼队伍。但计划的具体行动方案一直悬而未决。

1943 年 2 月，盟军联合参谋部进一步明确任务，计划实施方案由艾森豪威尔亲自负责，他的计划小组遂转至北非，其代号为“141 小组”。

该计划小组的直接负责人是英国陆军少将查尔斯·亨利·盖尔德纳将军，他曾在皇家骑兵队服役，战争中曾率第 6 装甲师参战，很有实战经验，并因 1941 年在埃及制订作战计划而闻名。在盖尔德纳的领导下，计划小组夜以继日地工作，先后拟订了七个方案，但都没有通过。直到 4 月中旬，计划小组吸收各方面的建议，终于拟订出了“赫斯基 8 号”计划。这个计划非常具有可行性，得到了盟军司令部的有关高级将领——艾森豪威尔、坎宁安、特德等人的充分认可。

西西里岛是地中海面积最大、人口最稠密的岛，面积 2.57 万平方千米，当时的人口有 370 万人。该岛属意大利的一个自治区，首府为巴勒莫①。西西里与意大利本土隔着狭窄的墨西拿海峡，距突尼斯约 100 英里，岛正南不远处为马耳他岛。境内多山地和丘陵，平均海拔 400 米，东北部的埃特纳火山②海拔 1 万多英尺，是全岛的最高点，登临峰顶，全岛一览无余。海岸山崖陡峭，地势十分险峻，唯一的宽阔谷地是东部的卡塔尼亚平原，土地肥沃。

由于西西里岛的战略地位十分重要，历史上该岛经常发生战争。这里曾经居住过希腊人、古罗马人、拜占庭人、阿拉伯人、诺曼人、施瓦本人、西班牙人等，在无数次重大战斗中，造就出了一批批杰出的军事统帅。

突尼斯失陷后，意大利等于失去了其西南部的重要屏障，对意大利来说，西西里岛的战略意义显得更为突出了。希特勒和墨索里尼都看到了这一点，因而迅速调兵遣将，加强了岛上的守军力量。

在西西里岛，德意部队共约 30 万人，由意大利第 6 集团军司令阿

---

① 巴勒莫：又译帕勒摩，是位于西西里岛西北部的意大利港城。

② 埃特纳火山：意大利西西里岛东岸的一座活火山，海拔 3200 米以上，是欧洲海拔最高的活火山。

尔弗雷德·古佐尼[①]将军统一指挥。其中，意军有 4 个野战师和 6 个海岸防御师，可装备很差，战斗力也较弱，他们只有 350 架飞机，分散在 12 个中小型机场。德军有两个装甲师，一个是罗兹指挥的第 15 装甲师；另一个是赫尔曼·戈林指挥的装甲师，拥有 100 辆中型和重型坦克，还有 60 门大炮。两个师共约 3 万人，装备精良，富有作战经验，有较强的战斗力。

“赫斯基 8 号”计划认为，西西里岛平原极少，山地多而险峻，易守难攻，因此，盟军在进攻时至少要夺取两个主要港口，以便给在纵深地区作战的部队提供物资补给。计划规定，由蒙哥马利的第 8 集团军（代号为“545 特遣部队”，对外佯称第 12 集团军）攻占东面的锡拉库扎[②]，由巴顿的第 7 集团军（代号为“343 特遣队”，其所属第 2 军称“快速部队”）攻占西北的巴勒莫。其理由是，锡拉库扎不仅有良好的港口设施，而且自古以来就是战略要冲，古代雅典大将埃尔西比亚德斯在希腊伯罗奔尼撒战争中就说过：“如果锡拉库扎失陷，整个西西里就会失陷，紧跟着意大利也会失陷。”此海港虽然比较小，但具备各种扩建条件，占领后可以迅速扩建。而巴勒莫虽没有明显的战略价值，但它是西西里的首府，具有悠久的历史，带有传奇色彩，夺取它肯定会在全世界产生轰动，政治意义比较大。

更重要的是，这两个港口都处在盟军轰炸机飞行半径之内，而且敌人防守薄弱，比较容易得手。盟军一旦得手，就可以东西对进，夹击墨西拿。

4 月 16 日，巴顿离开突尼斯前线飞抵阿尔及尔，首先看到的就是这个计划，他对这一计划表示十分欣赏。

“赫斯基 8 号”计划的核心就是盟军首先攻占西西里。

4 月 26 日，巴顿把司令部迁至阿尔及利亚的沿海城市莫斯塔加内姆。他雄心勃勃，准备大干一场，可是，就在他的计划实施方案即将完

---

① 阿尔弗雷德·古佐尼：生卒年不详，意大利将军。参加过第一次世界大战，第二次世界大战中先后指挥过意大利第 4、第 6 军团。

② 锡拉库扎：位于意大利西西里岛上的一座沿海古城，为锡拉库扎省的省会。

成时，艾森豪威尔打来电话，告诉巴顿，“赫斯基 8 号”计划已被蒙哥马利推翻，并让巴顿立即到司令部来见他。

巴顿急匆匆赶到艾森豪威尔的办公室。艾森豪威尔告诉他，蒙哥马利推翻这个计划的理由是：如果按照这个计划行动，必将造成盟军力量的分散使用，此时，如果敌人后备力量发动猛烈的反攻，盟军将遭受灭顶之灾。据此，蒙哥马利提出了修改方案，即美军的登陆地点不是在巴勒莫，而是在距英军登陆点不远的杰拉湾，美军将从杰拉湾两侧登陆，“如此部署兵力比较集中，更利于双方的协调配合，以便粉碎敌人可能发动的反攻”。

巴顿过去对蒙哥马利挺敬佩，曾在日记中写道，他身材“短小、机警，同时又自负得惊人，他似乎是我在这场战争中所遇到的最优秀的军人”。但当他看到蒙哥马利正得到他梦寐以求的荣誉和恭维时，他固有的对英国人的憎恨便涌了出来。因为他知道，蒙哥马利反对“赫斯基 8 号”计划的真正原因并不在战术问题上，而在所谓的“荣誉”上。

蒙哥马利是一个个性很强的军人，他性格古怪，傲慢自负，心胸有些褊狭，总是不遗余力地追逐荣誉。他知道，巴勒莫是一块“亮晶晶的宝石”，如果巴顿攻下了巴勒莫，必然声名大振，有可能使他的战绩受到影响。因此，他不愿眼睁睁看着第 7 集团军夺取这个引人注目的目标，他要让巴顿始终做他的配角。

在这种心态的支配下，蒙哥马利对“赫斯基 8 号”计划提出的修改意见是不公平且站不住脚的。从战略意义上讲，他把美军置于非常困难的境地。美军登陆的滩头十分暴露，并且有沙洲障碍，大大增加了登陆的风险。而且美军只有一个小港可供依托，后勤补给难度相当大。若想登陆成功，美军只能把希望寄托在国内刚生产的一种新型水陆两栖舟车上。更重要的是，蒙哥马利的第 8 集团军所要夺取的都是著名的城市：锡拉库扎、卡塔尼亚、墨西拿，而美军只能攻占杰拉、利卡塔等无名小镇。

亚历山大也一眼就看穿了其中的奥秘，他在西西里战役报告中写道：“风险没有平均分担，差不多全部风险都落在第 7 集团军头上，而且美军的任务出力大，得名小，我和我的参谋们都觉得，这种分摊任务的做法可能会引起某些不满的情绪，这是可以理解的。”

蒙哥马利的作战方案还遭到总司令部其他几位将军的反对，甚至英国海军上将坎宁安、空军上将特德等人也表示了不满。坎宁安指出：“蒙哥马利的这一计划会把美国人送入狼口，并且由于没有港口作为依托，他们的作战行动会受到危害。”遗憾的是，为了顾全大局，经过几次会议的争吵商讨，亚历山大、艾森豪威尔等决策者最终还是违心地支持了蒙哥马利的方案。

5月3日，蒙哥马利修改的计划得以通过，盟军司令部决定按照他的方案行动。巴顿对盟军司令部的决定十分气愤，他怒火中烧，大骂艾森豪威尔是美国人民的“叛徒”，他对参谋人员说：“这就是你们的总司令不做美国人而要做盟国人使你们得到的东西。”

5月中旬，盟军司令部最终确定了西西里战役的具体实施计划，主要内容如下：第一，进攻日期定于7月10日，首先由英国第1空降师和美国第82空降师实施空降；第二，英国第8集团军在西西里岛东面30英里宽的正面登陆，邓普西指挥第13军在锡拉库扎南面登陆，利斯指挥第30军在帕基诺半岛西侧同时登陆，以确保迅速占领当地的机场；第三，美国第7集团军在南部40英里宽的地面上登陆作战，由艾伦指挥的第1师居中，在杰拉登陆，左翼为特拉斯科特的第3师，在利卡塔登陆，右翼为米德尔顿指挥的第45师，在斯考格利蒂登陆。此外，巴顿的预备队还有第2装甲师及第9师一部。

英国海军上将坎宁安负责制订和执行海战方面的计划。该计划规定：东线海军特混部队由英国海军中将伯特伦·拉姆齐指挥，包括795艘舰船和715艘登陆艇，其使命是从埃及、突尼斯护送英军赴西西里登陆作战；西线海军特混部队由美国海军中将休伊特指挥，包括580艘舰船和124艘登陆艇，其使命是将美军部队从阿尔及尔、奥兰等地运往西西里登陆作战。

空军上将特德在地中海战区拥有1.5万架飞机，而德意空军在此地区的作战飞机只有4000架，盟军空军占据绝对的优势。即便如此，特德还是制订了周密的作战计划，以确保战斗时对陆军部队的有力支援和保护。

此次战役，英军投入总兵力 25 万人，美军投入总兵力 22.8 万人。

巴顿对此感到气愤而厌恶，他觉得这场战争似乎是在为大英帝国的利益而战，美国人的尊严被完全抛弃了。他在日记中破口大骂：“这些该死的英国佬和受他们愚弄的所谓的美国人，我敢打赌，在这件事上，艾克肯定什么也不会管的。我倒宁愿受一个阿拉伯人的领导，我认为阿拉伯人也不过如此。”令巴顿感到不可容忍的是艾森豪威尔对英国人唯唯诺诺的态度，但他没有公然表示抗拒，而是怀着满腔怒火接受了这一事实。他太渴望参加战斗了，特别是这样一场大规模战役更是他梦寐以求的，他不愿因对战略问题的争吵而失去这次良机。他还清楚地记得，由于和海军的一场争吵，差点使他失去了北非登陆作战的指挥权。而且他知道，自己今后的征战还必须得到艾森豪威尔的支持，他不愿意让人觉得他是在与艾森豪威尔作对。

不过，亚历山大在向巴顿下达这项新命令的时候，还是怀着忐忑不安的心情，担心巴顿会有什么过火的言行。最后，他小心翼翼地问道：“乔治，你也可以和我谈谈，你对为你的第 7 集团军订的新计划同意吗?”

巴顿强压怒火，神态严肃，站起来敬了个礼，只说了一句：“将军，我不搞计划——我只服从命令。”

5 月下旬，美国陆军参谋长马歇尔从华盛顿飞到阿尔及尔，与丘吉尔、艾森豪威尔及英国陆军参谋长布鲁克等人，讨论了西西里战役后进攻意大利本土的问题。而后，他专程去看望了自己的爱将巴顿。巴顿陪同马歇尔视察了自己的部队，观看了水陆两栖作战训练。马歇尔对部队严明的纪律和井然有序的战备工作十分满意，临走时，他满意地拍着巴顿的肩膀，说道：“伙计，我没看错人，你是好样的。祝你好运!”马歇尔的来访使巴顿深受感动和鼓舞。

此次登陆作战，巴顿最担心的是第 45 师，因为他的首批登陆部队大都经受过战火的考验，只有第 45 师是个例外。该师官兵刚刚离开美国本土，虽说被公认为美国最训练有素的一支部队，但他们仅仅搞过一次两栖登陆演习，未参加过任何实战。

作为一个才能非凡的演说家，巴顿善于使用激烈的语句在五分钟内煽动起官兵的情绪，使他们斗志昂扬地去战斗。他对官兵们讲道："战争是人类最壮观的竞赛，在竞赛中，人可以为所欲为。在战斗中，强者胜，弱者亡。"

根据盟军司令部的作战计划，攻占班泰雷利亚是盟军在西西里登陆作战的第一步。

6 月初，盟国空军出动数千架次的飞机，连续六昼夜不间断地实施轰炸，将 9000 多吨炸弹倾泻在西西里岛东部狭小的班泰雷利亚一带。这一方式十分奏效，德意守军被迫于 6 月 11 日投降，盟军共俘敌 1.1 万人。

攻占班泰雷利亚后，盟军军威大振，又迅速投入下一阶段的准备工作，重点是海、空军将按计划配合陆军登陆作战。

在此期间，为了转移敌人视线，确保西西里登陆行动达到突击效果，英军实施了一项代号为"肉馅"的诱骗行动。英国情报机构故意将一具假扮成"英国军官"的尸体投到靠近西班牙的水域，尸体被海浪冲上西班牙海滩后被纳粹间谍发现，他们在尸体上发现了一些文件副本，其中还有一封私人信件，是英军参谋部副参谋长阿奇博尔德·奈中将寄给亚历山大的。信中称盟军即将进攻希腊和撒丁岛①，对西西里岛则采取佯攻。盟军希望这个精心策划的骗局能使轴心国把防守的重心转向别处。

纳粹特务虽然狡猾，但这个天衣无缝的骗局还是让他们上当了。经过分析后，狂妄自大的希特勒也对这个情报信以为真，他命令德军劲旅第 1 装甲师从法国开赴希腊，以支援那里的驻守部队。同时，德新编第 90 装甲步兵师也紧急撤离西西里岛，去了撒丁岛。

---

① 撒丁岛：又译萨丁岛，位于意大利半岛海岸以西 200 公里处，西地中海诸岛中面积仅次于西西里岛的第二大岛。

其实，意大利罗马海军参谋部对盟军的“赫斯基”计划已有所察觉，估计攻击的地点是西西里岛。6 月下旬，意大利和德国的飞机发现了盟军几艘护航运输舰只，并立即向上级报告，但德军做出的反应只是让意大利驻军加强戒备。

美军内部也在保守这个机密。巴顿手下的一位参谋军官为了解部队的士气，换了一身士兵的军服在士兵中间生活了几天。这位参谋发现，令士兵们烦恼不安的主要原因是不知道将在何处登陆。在西西里登陆前的一天夜里，这位参谋躺在铺上听到两个步兵在窗外聊天，其中一个说：“喂，轮到我们军上陆时，我可以断定，我们将听到海军陆战队已经登陆的消息。”另一个士兵说：“他妈的，我不在乎这场该死的战争，但我真希望他们能告诉我一些有关这场战争的情况，谁有一张法国地图?”可见，士兵们还不知道要打西西里岛。

7 月 2—4 日，盟军空军连续三天对西西里全岛的机场进行了猛烈的轰炸，完全掌握了制空权。7 月 5 日，巴顿司令部的人员秘密乘坐休伊特的旗舰“蒙罗维亚”号前往西西里岛，8 万多待命已久的士兵则分别由三支海军分舰队负责运送，它们的代号分别是“菩萨”“角币”“分币”。

主力部队于 7 月 8 日傍晚集结完毕，没有发生任何意外，当天的天气也非常好。但 7 月 9 日早晨，当大军集结在马耳他南面准备向滩头进发时，突然刮起了大风。这是北风之神，传说希腊的北风来自阿尔卑斯山，直扑地中海，可能引起海啸。当天下午，海风达到了最大强度。巴顿十分焦急，休伊特向巴顿建议电告艾森豪威尔和坎宁安，请求推迟登陆时间。此时，巴顿想起了“火炬”行动时的气象学家斯蒂尔海军少校，他立即派人把斯蒂尔请来。

“我说，避邪专家，这一次你有何高见?”巴顿问道。

斯蒂尔胸有成竹地说：“将军，这是从法国南部海岸刮来的北风，风势猛，来得快。我敢担保，到 22 时风就会平息下来。到进攻之时，天气就会好的。”

“好，这次全看你的了!”巴顿略显激动地说。

果然，到19时左右，风势开始缓和；至午夜，海面上逐渐恢复了平静。

午夜时分，出发时间到了。巴顿像往常一样，在甲板上向全体随行人员发表了3分钟简短而激励人心的讲话：“诸位，现在的时间是1943年7月9日午夜12时过1分，也就是7月10日零时1分。我荣幸地奉命指挥美国第7集团军，它是午夜投入战斗、天亮前接受战斗洗礼的历史上第一个集团军……你们要为被挑选参加这次行动而感到骄傲，因为你们被授予了进攻和摧毁敌人的权力，你们手中掌握着美国陆军的光荣和世界的未来。注意，你们值得获得这种伟大的信任。”

随后，休伊特命令他的海军仪仗队向巴顿正步走来，他们举着海军赠送给巴顿的一份珍贵礼物——一面美国第7集团军的新军旗。巴顿激动万分，眼睛里闪烁着激动与自豪的光芒。

在舰载部队出发之前，英、美空军部队实施了第二次世界大战中的第一次大规模空降。这天夜间，英国第1空降师、美国第82空降师分别在岛上实施了空降，但不太成功。英军投放的134架滑翔机中有47架坠入大海，其余大部分偏离了方向，只有10架抵达了目的地。美国伞兵的情况也很不妙，只有少部分人抵达了目的地，大部分散落到了西西里岛的东南部，他们相互间失去了联系，要集结起来有很大困难。

与此同时，西西里的轴心国军总指挥官阿尔弗雷多·古佐尼将军宣布进入警戒状态，并命令西西里西部的机动部队以最快的速度向东调动，因为他判断盟军不会在西部登陆。

凡事有弊必有利，恶劣的天气虽然给盟军的行动带来了巨大的困难，但同时也使敌军丧失了警惕。尽管意军岸防部队受命处于戒备状态，小心翼翼地警戒着海岸线，但7月9日的狂风巨浪让他们暂时松了一口气，认为自己可以痛痛快快地睡一觉了。他们没想到，巴顿偏偏在这个时候来了，一场大规模的登陆战役即将打响。

血战西西里，势如破竹

1943 年 7 月 10 日凌晨 2 时 45 分，盟军在西西里的登陆行动开始了。美军第 3 师突击队首先登陆，任务是抢占利卡塔附近的海滩。他们用 4 个多小时占领了利卡塔及 8 英里长的海岸线，并迅速向内地推进。

同时，艾伦的第 1 师在杰拉湾方向登陆。第 1 师同样由特遣突击队员组成特种部队率先登陆，当他们接近海岸时，突然遭到敌人岸防炮火的猛烈轰击。这时，美军驱逐舰“舒布里克”号和巡洋舰“萨凡纳”号立即以强大火力反击，很快，敌人的岸防炮就变成了哑巴。特遣队员登陆后，马上向杰拉城发起猛攻，用近 6 个小时的时间控制了皮亚诺、卢波的重要交通枢纽。

米德尔顿的第 45 师也相继在预定地点实施登陆，因风浪太大，登陆时间推迟了几个小时。尽管缺乏实战经验的第 45 师在登陆后陷入混乱，但也向内地推进了 5 英里，并持续前进。

与此同时，英军方面传来消息：蒙哥马利部队的登陆行动十分顺利，没有遇到顽强抵抗就占领了锡拉库扎，但在进抵奥古斯塔时被迫停了下来。

在前期的战役中，盟军遇到的抵抗相对较弱，尤其是意大利军队的防御十分脆弱，他们陷入一片混乱之中，未能进行有效抵抗。对此，亚历山大写道：“那些防守海岸的意军简直不值一提，几乎一枪未发就瓦解了。而那些野战师遇到盟军就像迎风扬糠般四下逃命，大规模投降是常有的事。”

初战告捷，不过是整个西西里岛战役的序曲。

巴顿在旗舰上分析各部队的登陆情况，清醒地意识到美军的当务之急是把坦克和火炮卸运上岸，否则，如果第二天敌人的装甲部队发动全面进攻，后果将不堪设想。于是，巴顿在 7 月 10 日下午立即改变计划，命令加菲的第 2 装甲师和第 18 团于次日清晨登陆，并迅速做好战斗准备。7 月 11 日上午 6 时 30 分，火炮和坦克等重武器开始陆续被运上海滩。

1943 年，巴顿将军指挥的盟军在西西里岛涉水登陆

7 月 11 日上午 9 时，巴顿带着盖伊上校、斯蒂勃上尉及一些士兵离开休伊特的“蒙罗维亚”号旗舰，于上午 9 时 30 分抵达杰拉海滩。巴顿脚蹬一双擦得锃亮的长筒皮靴，身穿紧身马裤和高级毛料上衣，佩戴着三条勋表，扎着领带，脖子上挂着一副大号望远镜和一块地图板，腰上挎着一支柄上镶着珍珠的手枪，嘴里还叼着一支大雪茄，从头到脚俨然一副豪绅的派头。由于汽艇不能直接上岸，巴顿便在中途下水行走。

巴顿站在沙滩上，看到被反步兵地雷摧毁的 2 辆“都克乌”（水陆两栖卡车）和 7 部开上了海滩的小型登陆艇。就在这时，敌军向他们开炮了，“轰”的一声，一发炮弹在离巴顿背后 20 多码的水中爆炸了。巴顿抖了抖溅到身上的海水，若无其事地对身边的盖伊上校说：“没关系，有前面的城镇给我们遮蔽，德国杂种是打不着我们的。”他抓住自己的手腕，用半分钟的时间数了数自己的脉搏——没有加快，说明自己的情绪正常。接着，他命令侦察车卸除渡水设备，之后径直前往距东南沿岸大约 3 英里的第 1 师司令部。

快要进入杰拉城时，巴顿发现左边有一面军旗，一向敏锐的他决定先去特遣队司令 W. O. 达比上校那里。因为他判断，如果他们朝前开，就会碰到一个意军的坦克战斗群。

原来，敌军总指挥官阿尔弗雷多 · 古佐尼已经下达命令，天一亮就对杰拉城发起反击，并由戈林装甲师和利沃诺师分别从东北、西北两个方向对美军进行夹击。

巴顿一行人躲开意军坦克后，立即赶往特遣队指挥所。此时，杰拉城正受到来自东北和西北方向的德意军队的攻击，幸好达比有一门从德军中队缴获的 77 毫米火炮，还有第 26 步兵团第 3 营 K 连、两个别动队营、一个 4.2 英寸化学迫击炮连及第 39 工兵团的一个营，他们对敌人的进攻进行了全力阻击。

就在巴顿到达达比指挥所的时候，意军的坦克“隆隆”地向杰拉开来了。由于美军的重武器还没有运到，手中的轻武器无法抵挡，士兵们被逼到街道两旁的楼房里隐蔽起来。意军的坦克从特遣队的右边切断了他们与第 1 师的联系，他们现在已逼近到离城 1000 码远的地方。敌军的两架旋风式轰炸机正朝城里扔炸弹，两次击中了指挥所所在的那幢建筑物，并在马路对面那幢房子的房顶上砸了一个洞。但除了居民外，没有人被击中。这时，巴顿不顾部下的劝阻，冒着密集的炮火冲到特遣队员们的身边，一边指挥战斗，一边激励他们的战斗热情，他扯开嗓门喊道：“杀死上帝诅咒的每一个狗杂种!”

从敌军的防守反击来看，他们有不少漏洞。意大利 66 岁的总指挥阿尔弗雷多 · 古佐尼是一员沙场老将，在盟军强兵压境之际，他迅速做出反应，认为杰拉城方面的美军是最严重的威胁。因此，天还没亮，他便命令守在尼斯切米和卡尔塔吉罗的第 15 装甲团、一个摩托化步兵师和阿西埃塔步兵师东进，向杰拉登陆的盟军发起反击，想趁盟军立足未稳将其赶下海去。同时，他又催促德军戈林装甲师与意军协同作战，以阻遏盟军主要突击方向的进攻。但德军行动比较缓慢，原因是他们还没有弄清盟军的主要突击方向，凯塞林①元帅通过无线电指示戈林的指挥官康拉特少将，等弄清美军的行动意图之后再组织反击。这给了美军特遣队一个非常难得的机会。

达比在这几条道路上部署了由 3 辆半履带车组成的几个小巡逻队。这些半履带车本来不是用于作战的，而是用于运载工兵装备的，但它们很管用，使完全没有机动火炮的意军感到惶恐不安。达比亲自用一架轻型机枪透过射击孔去对付一辆 50 码开外的坦克。当他发现几百发子弹都打不透坦克装甲时，赶紧冒着 3 辆坦克的炮火冲到海滩上弄了一门 37 毫米机关炮。他用斧子劈开炮弹箱，抱了一捆炮弹后急忙冲回山上，刚一就位就看见一辆坦克从前面不到 100 码的地方向他逼来。达比的第一发炮弹未能挡住坦克，第二发才把它打瘫了。他往坦克盖上扔了枚燃烧弹，把龟缩不出的敌兵烤了出来。意军的第一次冲锋被打下去了。

7 月 11 日下午，戈林的装甲师赶到杰拉城附近，战斗更加激烈了。

美军第 1 师及其特遣队只能顽强攻击推进。敌军的利沃诺师和戈林装甲师向杰拉城猛烈攻击，盟军第 18 步兵团的防线被康拉特左战斗群的 40 辆坦克突破；在尼斯切米公路上，第 16 步兵团似乎也被打散，团长詹姆斯・泰勒发出命令：“每个人都要坚守自己的战斗岗位！无论出现什么情况，决不准后退。避开坦克，不准放过任何敌人！团炮连正在增援途中。”在敌人的坦克威胁第 16 步兵团的危急关头，第 1 步兵师副师长罗斯福联络到了炮兵连连长，指示他把几门火炮拖到敌人对面的一座小山头上，迎头痛击敌军坦克。他们一口气击毁了戈林的 5 辆坦克。德军的其他坦克见状，退了回去。

巴顿仍和特遣队在一起，他通过无线电与海军和空军取得了联系，要求休伊特用舰炮迅速向德军轰击，并要求空军给予空中支援，同时请休伊特催促炮兵部队火速增援第 1 师。

---

① 凯塞林：即阿尔贝特・凯塞林（1885—1960），德国空军元帅，参加过第一次世界大战，第二次世界大战期间指挥德军参与了对波兰、法国的入侵，以及不列颠战役和巴巴罗萨行动，是纳粹德国最具指挥能力的将领之一，盟军称他为“微笑的阿尔贝特”。

很快，戈林协同意军再次向第 1 师发动强大攻势，一度摧毁了美军在滩头的前哨，冲到接近沙丘地带。关键时刻，美国海军的炮火再度发挥了巨大威力，使敌军的几次攻势严重受挫。

巴顿要求派坦克支援达比的突击队。他和第 1 步兵师副师长罗斯福会晤后，驱车去艾伦的指挥所，在途中正好碰到艾伦。此时，艾伦早已疲惫不堪，双眼布满血丝。

巴顿问道："你有把握打赢敌人吗?"

"我希望如此，不过我们需要反坦克武器，还需要坦克。"艾伦回答道。

巴顿意识到，现在最重要的是将重武器运上岸。他登上一辆侦察车前往第 2 装甲师师部，想找加菲将军商议。

特遣队那边，就在意军发起第三次进攻的时候，美军第 3 师的一位军官带着 10 辆坦克到达了。他们是从利卡塔登陆的第 2 装甲师 A 战斗群，沿着滨海公路赶到杰拉来的。不一会儿，B 战斗群的几辆坦克也到达了。他们一起向敌军反击。敌军的利沃诺师受到重创，残余的敌人退出了杰拉城。

直到 16 时，第 1 师那边的战斗还在进行，但敌人的攻势明显减弱。戈林装甲师得知西北利沃诺师败退的消息后，被迫撤退。艾伦第 1 师主力部队虽然没有在白天到达预定目的地——蓬蒂·奥立佛机场，但巴顿还是长长地松了一口气：危机已经过去了，杰拉城的滩头阵地总算守住了，城内的敌人已撤退，美军有了立足之地。

傍晚，第 7 集团军的机动预备队都上了岸，海军的舰艇也各就各位，做好了随时进行炮火支援的准备。19 时，巴顿回到"蒙罗维亚"号旗舰，尽管他已经在战场上指挥了整整 9 个小时，浑身都被汗水和海水湿透，筋疲力尽，但异乎寻常地兴奋。他对休伊特的海军舰队表示了衷心的感谢，把登陆行动的成功归功于海军炮火的有力支援。同时他也没有抹杀自己的功劳，认为这一成功是"应得的回报"，很有点自鸣得意。他在日记中写道：

西西里岛战役中的美军第5集团军司令克拉克（左）与第7集团军司令巴顿

今天是西西里岛战役的第一天，我认为我赢回了我所付出的代价。上帝肯定观察了我。我的做法是正确的，干得很出色。

的确，无论是作为指挥官还是战斗员，他都表现得十分优秀，他鼓舞了士气，扭转了危险的局面，为赢得整个战役的胜利奠定了基础。

然而，接下来巴顿却遇到了令人头痛的麻烦。就在这天夜间，空降兵第504团按预定计划在西西里岛实施第二次空降，结果也遭到了惨败。空降是在23时30分开始的，144架C－47运输机装载着2008名伞兵飞临漆黑的海滩上空，不幸的是，由于地面部队缺乏与空军协同作战的经验，一名美军炮手误以为是敌机而开了火。转瞬间，岸上和舰上的火炮纷纷开火，将天空映得通红。惨剧就这样发生了，飞机相撞，伞兵跳伞落海，着陆的士兵散布在方圆60英里的区域，找不到方向，总计有 23 架飞机坠毁，伤亡、失踪共 386 人。巴顿懊恼极了，他伤心得泪流满面。这一误会是美国空军史上悲惨的一页。

7 月 12 日，巴顿的第 7 集团军继续稳步推进，在接下来的三天陆续攻占了科米索、比斯卡和蓬蒂·奥立佛三个机场，滩头阵地的最后目标也已占领。第 45 师占领了西西里岛的军事重镇、古佐尼的司令部所在地恩纳，这原本是蒙哥马利第 8 集团军预定攻占的目标，结果被进展快速的美军抢先一步占领了。

巴顿对上司解释说："自从 10 日拂晓成功地进行首次登陆以来，我们继续向前推进，比原定时间提前了几天。其原因是一旦我们把敌人轰走，就没让他们停下来，可以说是穷追不舍……"

正当巴顿准备对康拉特那隆隆而来的 100 多辆坦克予以痛击时，蒙哥马利又来"捣乱"了。

本来巴顿的行动会更快一些，但他受到了亚历山大的严格限制，亚历山大强调：巴顿的主要任务是保护蒙哥马利的左翼。蒙哥马利的第 8 集团军在开战的第一天基本没遇到什么抵抗，进展十分顺利，占领了两座港口城市，建立起巩固的补给基地。不过，由于蒙哥马利没有根据战场形势的变化做出相应的反应，而是按部就班，加上行动迟缓，因而很快就遇到了麻烦。轴心国军队趁英军停滞不前，集结重兵，把蒙哥马利作为主要攻击目标，将戈林装甲师、第 1 空降师和两个精锐的意大利装甲师调到埃特纳山西南，从卡塔尼亚至恩纳组成了一道截击蒙哥马利的坚固防线。

蒙哥马利发现通往墨西拿的沿海公路靠近埃特纳山东侧的路段被封锁后，决定从山的另一侧突破。否则，他不但不能实现他所鼓吹的"快速"前进的战略，甚至对敌人的防线也无计可施。因此，他选择了左翼的 117 号公路作为英军的快速通道。根据计划，这条公路是供美军使用的，而且布莱德雷的第 2 军第 45 师距 117 号公路已不足 1000 码了。

于是，蒙哥马利向亚历山大提出，美军必须撤离 117 号公路，把路让给英国第 8 集团军。亚历山大同意了这一要求，并于 7 月 14 日将这一决定亲自通知巴顿。可以想象，美军在得知这一消息时情绪是多么

英国元帅　哈罗德 · 亚历山大

愤怒，这一做法明确地表达了英国军方对美军作战能力的怀疑和轻蔑态度：将美军排斥在主要作战行动之外，使美军完全失去夺取墨西拿的机会，仅限于掩护英军的后方和侧翼，这对美军简直是一种奇耻大辱。

巴顿对此当然也十分恼火，但他极为冷静地接受了这一既成事实。他点燃一支大雪茄，冷静地分析和思考。他认为，执行这一命令，有利于帮助蒙哥马利摆脱困境，对战役全局是必要的；而且，这也许是一个新的机遇，放弃北行的公路，可以把主攻方向转向西线，实现攻占巴勒莫的愿望，取得更大的战果。

根据亚历山大的命令，美国第 2 军第 45 师被迫后撤，转到第 1 师的后面——等于从内陆又退回到海边滩头，这纯属浪费时间。

就在同一天，希特勒做出决定：增援西西里岛，阻滞盟军的攻势，守住圣 · 斯特凡诺—埃特纳火山—卡塔尼亚一线。他调集了第 1 伞兵师、第 29 装甲团火速增援西西里岛，目的在于“阻滞敌军的进展并把敌军阻止在埃特纳山西侧使其前进不得”。德军占据有利地形构筑了坚固的工事，顽强地据守着防线。

如此一来，蒙哥马利的第13军在卡塔尼亚受阻，第30军在阿拉诺地区徘徊不前，而且部队开始染上疟疾。他的第8集团军不得不转攻为守，以等待北非援军的到来。传记作家H. 埃塞姆对此评论道：“得出如下结论是正常的，即在此关键时刻巴顿的战术是正确的，而亚历山大则是错误的，如果他现在委以巴顿而不是蒙哥马利夺取重要的公路网的重任，那么西西里岛战役可以缩短几周。”

事实正是如此，英军进攻严重受阻使整个战局发生了戏剧性的变化，直到这时，亚历山大才开始把希望寄托在巴顿的身上。由于美方的强烈反应和巴顿的再三请求，为缓和气氛，7月16日，亚历山大给巴顿发出一项新的指令，准许巴顿夺取阿格里琴托和恩佩多克莱港。他还允诺，如果巴顿用有限的力量做到了这一点，可考虑让美国人承担更多的任务。这正中巴顿下怀。实际上，特拉斯科特的第3师已经拿下了恩佩多克莱港。至于阿格里琴托，第二天只需短暂的战斗就能到手。

东路美军的作用开始由助攻转变为主攻，巴顿认为，既然“可以承担更多的任务”，那么攻击的下一个目标应该是巴勒莫。7月17日，巴顿亲自飞往北非亚历山大的司令部，他决心说服亚历山大，以改变整个战役的进程。他坚定地对亚历山大说：“将军，鉴于形势的发展，我请求你修改命令：第7集团军迅速向西北和北面挺进，攻占巴勒莫，并割裂敌军。”此时亚历山大对战局已经有了全面了解，认识到蒙哥马利的修订计划是错误的，因此，他很有礼貌地同意了巴顿的请求，希望巴顿能够使盟军夺回主动权。

束缚美军手脚的枷锁终于打开了，巴顿立即进行战斗部署。他把第3师、第82空降师和第2装甲师组成一个暂编军，由凯斯将军指挥，开始对巴勒莫进行决定性打击。同时，布莱德雷的第2军部第45师在西侧向北推进，切断海岸公路，与蒙哥马利的左翼部队保持同步，如有可能，再挥军折向东面攻打墨西拿。

7月19日，巴顿下令快速挺进，五天内拿下巴勒莫，暂编军立即

美国陆军少将　杰弗里·凯斯

以惊人的速度向前推进。

7月20日，巴顿又从暂编军中组织了一支“X特遣队”，用于攻占卡斯特尔维特拉诺，并把第2装甲师调上来参加决战。

7月21日，达比指挥的特遣队占领了卡斯特尔维特拉诺。

7月22日，美军抵达西西里岛首府巴勒莫城下，敌军在巴勒莫西南方的山区进行了最后的顽抗。美军闪电般的攻击使巴勒莫守军惊慌失措，根本无法组织有效抵抗，只好束手就擒。与此同时，特拉斯科特的第3师以每小时3英里的速度高强度行军，从科列奥奈赶到东南的阵地。

22时，两名诚惶诚恐的意大利将军代表该城守军向凯斯将军投降。午夜时分，巴顿随第2装甲师以胜利者的姿态进入巴勒莫，凯斯和加菲在市中心的四角广场迎接他。此时，两旁的山峦仍在燃烧，硝烟还没完全散去，巴勒莫城如从梦中惊醒，睡眼惺忪，海风携着湿润的空气从远处吹来，让人神清气爽。公路两边站满了人，高呼着“打倒墨索里尼”

和“美国人万岁”的口号。当夜，巴顿在豪华的王宫中建立了他的司令部。

7 月 23 日，第 45 师进至泰尔米尼—伊梅雷塞以东的海岸地带，将西西里岛一分为二，并获得了一个深水补给港。

7 月 24 日，巴顿让战俘扫除街上的垃圾，填修船坞的弹洞。随后，他返回阿格里琴托的集团军前线指挥所，在一座宽敞的混凝土建筑的大厅里举行了记者招待会。他笑容可掬地大步走进会场，一双蓝色的眼睛闪烁着胜利的神采。

“先生们，”他说，“我们走了大约 200 英里的崎岖道路才到巴勒莫。我们推进速度之快，以及我们所经路途之艰难，比起德国人所经历的一切都有过之而无不及。我们没有给他们一丝喘息的机会。”接着，巴顿向记者们公布了巴勒莫作战的统计数字：俘获敌军 4000 余人，打死打伤 6000 余人，击落敌机 190 架，缴获大炮 67 门，而美军仅伤亡 300 余人。

从战术上讲，攻克巴勒莫是快速机动战役的一个范例。巴顿认为：“这次行动将被载入史册，当然也会作为恰当运用装甲部队的经典案例被利文沃思军堡写进教科书。我还相信，历史研究将证明，凯斯将军的部队在路况更糟糕、对抗更激烈的情况下，实现了比德军著名的‘闪电战’更快的进军速度。”由于美军进展神速，巴勒莫城中的守军大部分未来得及逃跑便被俘虏，停泊在港口的大部分船只也被美军夺取。

攻占巴勒莫具有重大的战略意义，这在国际上产生了巨大反响，大大鼓舞了同盟军的士气，并迫使墨索里尼于 7 月 25 日辞职。亚历山大及时发来电报称：“这是一个伟大的胜利，你们干得漂亮极了，我向你和你的全体优秀官兵致以最衷心的祝贺。”对于巴顿在这次行动中的表现，艾森豪威尔在回忆录中评论道：“他的迅速行动使敌人只剩下墨西拿一个港口，这挫伤了庞大的意大利军队的士气，巴顿的部队能够从西部进攻了，以此打破东线的僵持局面。”

巴顿又一次名扬四海，他的进攻精神与日臻完善的指挥艺术得到了广泛的肯定与赞扬。

1943 年 7 月西西里岛战役中的巴顿将军

西西里岛东北部是一个多山的地区，山峦起伏不平，易守难攻。德意军队每撤退一步，战线就缩短一些，因此，只要部署少量守军就足以抵挡一阵。相反，盟军却无法发挥数量上的绝对优势。况且，德军乘盟军步调不一致、行动迟缓之机加强了防御，更增大了盟军进攻的困难。这时，蒙哥马利的第 8 集团军仍被困在卡塔尼亚平原上，这里是瘟疫区，不少官兵因患疟疾而失去了战斗力。

8 月初，盟军发起了全线进攻：巴顿第 7 集团军的两个军在左翼，英军第 30 军在中央、第 13 军在右翼的卡塔尼亚。由于德军抵抗顽强，盟军仅取得了有限的进展。在特洛依纳发生的战斗最为激烈，德、军团在这里实施了 24 次反攻，布莱德雷的第 2 军第 45 师等部队进行了殊死抵抗。

为了减轻布莱德雷的压力，巴顿连续实施了两次小规模的两栖跃进，每次用一到两个营的兵力登陆。西西里岛北海岸多是悬崖峭壁，敌军撤退时破坏了桥梁和道路，埋下数以万计的地雷，正面进攻困难重重。而巴顿组织的小规模两栖跃进充分利用了濒海翼侧，如进展顺利，能达到出其不意、攻其不备的效果。不过，这两次出击的结果不如预期的那么好。

无论结果如何，在战斗中，巴顿部下的作风与英军形成了鲜明的对照。蒙哥马利对军容风纪等小节问题不屑一顾，所以，英军官兵的穿着和行动都很随便，整个第8集团军就像一个巨大的、迁徙中的吉卜赛人部落。而巴顿则完全不同，不论天气多么炎热，也不论战斗多么紧张，他都要求全体官兵必须穿衬衫，打绑腿，戴钢盔，否则就以违反军纪论处。他本人始终一身戎装，身先士卒，每天在前线跑来跑去，除了指挥作战，还随时纠正违纪现象。他还利用一切场合向官兵们灌输勇敢无畏和不断进攻的精神。每当看到畏缩不前的军人，他就怒不可遏，大声咒骂："狗东西，你难道活腻了吗?"因此，他手下的官兵对他既尊敬又害怕。

8月9日夜里，经过连续三天在最前线指挥作战后，巴顿在帐篷里待了一天。他觉得这是他在西西里度过的最长的一天，如同身处地狱般难熬。他能够听到远处的枪声，最最该死的是，它们对巴顿的情绪产生了最直接的影响。只要听到枪声，他就会如同士兵听到命令一般一跃而起，准备冲到前线去。但他还是强迫自己冷静下来，认真思考新的作战计划，准备再次实施大规模的两栖突击行动。

8月11日，美军在布罗洛实施的第三次两栖突击取得了较好的效果。至8月17日凌晨，在盟军的强大压力下，轴心国军队全部被赶出了西西里岛。巴顿自己说，虽然这是"赫斯基"计划开始以来最艰苦、敌我双方对峙时间最长的一次战役，"但我们比他们更勇武，更厉害，也更伟大。对于这次战役，大多数将军都心存遗憾，但我却没有"。巴顿因成功地指挥了这次战役，获得了第二枚勋章。

8月17日上午6时30分，美军的特遣队进入墨西拿。

10时30分左右，巴顿入城。他胸前佩戴着艾森豪威尔颁授的第二枚优异服务十字勋章，身着漂亮的华达呢军服，乘着标有三颗银星的指挥车，以胜利者的姿态在墨西拿的大街上慢慢行驶。

西西里岛战役宣告结束。盟军在 38 天的时间里实现了计划目标，解放了整个西西里岛，夺取了地中海的控制权，并把德国的一部分军队吸引过来，在一定程度上减轻了苏德战场上苏军的压力。

从总体来看，西西里岛战役取得了重大胜利，打死打伤敌人 3.3 万人，俘虏 13.2 万人，10 多万人逃往意大利本土。盟军共损失 3.1 万人。

8 月 22 日，巴顿写信给妻子说：

每一次大型战役之后，都会出现一段平静的时期。但是，就我个人而言，我一直在忙于慰问各部队，并对其作战情况进行记录。我打算从那些从头至尾参与整个战役的士兵那里得到最真实的情报，如果我能做成这件事，那么这将成为历史上的第一次，那些无名小卒也有机会向世人表达他们的思想。

像往常一样，这一回我又让艾森豪威尔将军感到头疼了，但我想他会很快忘掉这件事的，因为还有许许多多比我的问题更重要的麻烦事在等着他去处理。

接下来会发生什么事，我们谁也不得而知。事实上，我认为我们要做的事将视政治局势的发展而定。毕竟，任何事都可能发生……我发现勇气对士兵来说是最可贵也是最缺乏的品质。我们的麻烦多数来源于恐惧，而恐惧又似乎是人的一种天性，正如一首诗中所写的那样：恐惧，噢，恐惧，它是我的小弟弟。

巴顿在这封长信里没有提到战役的经过，甚至连一个小小的环节也没讲，但他从军事的角度总结了这次战役，美、军队几次大规模协同渡海作战，并首次尝试了两栖作战和大规模空降行动，为盟军日后的大规模登陆作战提供了有益的经验。一直扮演配角的美军再一次经历了现代化战争的考验和锻炼，其高层指挥官获得了宝贵的战场指挥经验，这注定他们必将在未来的战争中担任更重要的角色。更为重要的是，西西里岛战役迫使意大利最终退出战争，使同盟国与轴心国双方力量的对比发生了根本性的转变，加速了法西斯覆灭的进程。

从巴顿个人角度讲，在这次战役中，他的指挥艺术得到了充分发挥，快速推进最大限度地展示了美军的战斗潜力。巴顿把这一切归功于他的全体官兵，他在18号嘉奖令中说：

第7集团军全体官兵：

你们跨海而来，在接受血的洗礼后戴上了胜利者辉煌的王冠。经过38天不辞辛劳的连续作战，你们在战争史上写下了光辉的新篇章。冒着敌人最猛烈的炮火，你们所向披靡。你们攻克巴勒莫的惊人速度，与夺取特洛依纳和墨西拿时的英勇顽强相得益彰。我军的每一位官兵都功不可没。攻城拔寨的不休战火映衬着步兵的勇敢和坦克部队的刚猛……你们重创了敌人的军威。美国总统、陆军部部长、总参谋长、艾森豪威尔将军、亚历山大将军及蒙哥马利将军都向你们表示祝贺。你们将英名永存！

此时的巴顿豪情满怀、信心百倍，他知道，在与蒙哥马利的这场军事竞赛中，他是名副其实的优胜者，他已经成为全军公认的最优秀、最有经验的将军。但他并不满足，他知道自己距离军事艺术的最高殿堂还有一段路程，一个伟大的军人不仅“要打赢战役，而且要赢得和平”，他还需要继续努力。

“打耳光”事件几毁前程

巴顿的第7集团军在8月的战斗中虽然取得了不少战绩，但人们只在意结果，却没有人关心过程，更没有人去了解作为坚强战将的巴顿内心经受的磨难。自8月以来，巴顿承受着越来越大的心理压力。8月前的一段时间里，坏消息接连不断地传来，米德尔顿将军的第45师在蒂勒尼安海边的圣斯蒂芬诺前受阻；地面部队与埃德温·豪斯少将的空军支援协调不起来，使得美机常常轰炸自己的部队；更糟糕的是，巴顿的每个师几乎都遭到严重减员，由于没有军官替补，只有用军士充当排长，每伤亡一个士兵，就减少一分力量，伤亡人数不断增加，但却得不到补充人员……

巴顿是一员豪迈直爽、桀骜不驯的猛将。他的部下对这一点都深有体会。有一次，巴顿去找艾森豪威尔反映问题，突然从他们谈话的办公室传出一声枪响。巴顿军中的一名老兵听到枪响后俏皮地对战友们说："瞧，这就是乔治在对艾克说些什么机密的话。"

艾森豪威尔后来给巴顿下结论说，他有一种"非凡而又残酷的推动力"，他如同鞭策马球赛中的马匹一样，鞭策着他的军团。1942 年 11 月，"为了鼓舞其他人，他竟然用脚踢吓得失魂落魄的士兵。他自己则是非常勇敢的，他深知在士兵面前以身作则的威力"。他藐视敌机的扫射，如果他的纵队因遇到敌人的布雷而不能前行，巴顿会亲自穿过停止了前进的运输车队和坦克车队，不慌不忙地走过敌人的布雷区，以此鼓舞他的部队。他坚信，命运之神是不会让他倒下的。

事实上，巴顿也担惊受怕。当敌人开始炮轰时，他会数自己的脉搏，如果脉搏增快了，他就严厉地责备自己，他知道人是听不到打中自己的炮弹的"嘶嘶"声的，因此，他有意锻炼自己的反应力。在敌人的炮弹越顶而过时，他的眼皮甚至连眨都不眨。当炮弹就在附近爆炸时，他仍旧谈笑自若。其他军官对这种场面都感到惊恐，他却感到一种暗暗的开心，他曾写信给妻子说："一个人必须能像演员一样会演戏。"

正是这样残酷的战争背景，加上巴顿的性格缺陷，使得他在战争刚刚取得局部胜利时便开始面临厄运，其起因便是所谓的"打耳光事件"。

巴顿表面看上去铁石心肠，但凡是长期与他相处的人都不难发现，在公众面前的巴顿与私下里的巴顿判若两人。他善良敦厚，性格内向，很重情义，爱兵如子。巴顿十分讨厌医院，自己很少去医院就诊，但在战争期间，只要有时间，他总要到医院去看一看。一方面，他把看望伤病员视为自己的工作内容和崇高职责，并认为这有助于减轻他们的痛苦；另一方面，他认为伤员们的创伤是英勇作战的标志，他可以从他们身上获得安慰和鼓舞。在医院里，他总是耐心地从一个病床走到另一个病床，用亲切温和的语气与伤病员攀谈，慰问他们，并亲手给他们别上紫心勋章。在每一个病房，他都要停下来发表一番演讲，演讲的内容从不重复，但每一次都同样激动人心。每当看到那些牺牲的将士们的尸体，他总是要竭力控制自己的感情，以免哭出声来。在这种心理的驱使下，他常常感到自己没有负一点伤是一种罪过。许多士兵都清醒地记得，有一次，他来到一个生命垂危、戴着氧气面罩的士兵身旁，脱下钢盔，跪下给士兵别上一枚紫心勋章，在士兵耳边轻轻低语了几句，然后站起来立正。在场的每一个人都流下了眼泪。

相反，对于那些临阵逃脱、无病呻吟的胆小鬼，巴顿不仅没有丝毫怜悯，反而表现出强烈的痛恨。他认为，这是对那些光荣负伤和牺牲的将士的一种亵渎，决不能原谅和姑息。巴顿的这种情绪往往会发展到极端，以致失去控制。

1943 年 8 月，发生了一件令人震惊的事件，在这次事件中，巴顿的喜怒无常又一次显露了出来。事情的经过是这样的。

8 月 3 日，巴顿视察第 15 军后方医院，当他正在伤员中巡视时，突然看见一名未负伤的士兵——从印第安纳州米沙瓦加来的 26 岁的二等兵。这时，巴顿已经视察了许多医院，在一个医院中，他看到一名伤员的头顶被掀掉了一半，在另一所医院中，他看到有的伤员的四肢被炸掉了，心灵受到了强烈震撼。因此，当他发现这个非伤员士兵躲到医院里时，便询问这个二等兵躲在这些真正因战斗负伤了的人们中间干什么。二等兵回答说：“我感到很恐惧，我再也受不了了。”巴顿吼道：“你是个十足的胆小鬼！”他把这个二等兵臭骂了一顿之后，命令他出去。但二等兵没动，巴顿便用手套扇了他一记耳光，一把扯住他的衣领把他拎了起来，接着把他踢出了收容伤兵的帐篷。

由于当时战事吃紧，这一事件没有立即引起反响，巴顿也没有把它当回事，只是在日记中写道：“我遇到了一个胆小鬼，我把他赶出了医院。”

8 月 10 日，即一个星期后，在第93 军后方医院又发生了另一事件。巴顿接见了 6 个伤势明显的伤员后，不加解释地把另一个因发高烧而住院的士兵给打发走了。随后，他的目光落在一个缩成一团、不住发抖的二等兵身上。

“我感到害怕。”这个二等兵抽噎道。

巴顿对他大叫道：“你说什么？”

“我害怕，我再也受不了炮轰了。”

巴顿怒斥道：“你害怕了，见鬼！你他妈的不过是个胆小鬼，你这个狗娘养的。”他扇了这个二等兵耳光：“不许再号了！我不想让那些负了伤的勇士看着你这个杂种在这里哭喊。”

说完，他又冲这个二等兵的头部狠击一拳。一个护士忍不住抽噎起来，她马上被带走了，巴顿对医院里接待他的官员大叫道：“是你收留这个胆小鬼的吧？他总装病，我不允许这些没有勇气上战场的胆小鬼把医院塞满。”周围的人都被他的骂声吓坏了。为什么巴顿会如此大发雷霆呢？

其实，在整个西西里岛战役中，他都是憋着一肚子气的。他遇到了蒙哥马利的重重阻挠。早在制订西西里岛作战计划时，蒙哥马利就施展种种手段，迫使盟军司令部推翻了“赫斯基 8 号”计划。尽管如此，巴顿仍然尽职尽责，全力以赴，战役打响后不久就打开了局面。

7 月 11 日夜的空降失误，也使巴顿懊恼不已，他气愤地说：“我倒是要问一问这些空军老爷，他们的立场究竟站在哪一边。”但他立即调整好情绪，以坚定的决心向目标前进。正当他的部队沿着预定路线顺利进军时，蒙哥马利又给他出了一个更大的难题：擅自于 7 月 13 日将部队开进美军的行进道路——117 号公路，严重干扰了美军的推进，给盟军统一作战行动造成了混乱。巴顿对此非常愤怒，但他克制住了自己，并希望把进攻方向转向西线，攻占巴勒莫。但亚历山大却发来指示，明确规定他的任务仅仅是保护英军的侧翼和后方，这等于死死地束缚住了巴顿的手脚，不让他越雷池一步。之后，在巴顿的一再要求下，亚历山大才有条件地同意他转向西线。可以说，在通向巴勒莫的道路上，巴顿遇到了重重障碍，而这些阻力大部分来自盟军内部，这使巴顿十分痛苦，心力交瘁。

1944 年 7 月 28 日，蒙哥马利拜访巴顿

攻克巴勒莫之后，巴顿于 8 月初挥师东向，进军墨西拿。在这里，巴顿的部队陷入了空前的困境。碰巧，此时又发生了多起盟国空军误击美军地面部队的事故，巴顿的司令部也受到空袭的威胁。就在此时，巴顿发现了一个更令他不安的情况，许多显然没有受伤的人被运送到后方医院，并且有增无减。这种情况在第 1 师最为明显。从战斗记录来看，第 1 师是巴顿最信任的一支部队，作战勇猛，敢打敢冲，屡建战功。该师师长艾伦是一员有胆有识的虎将，一向受到巴顿的器重，但他脾气暴躁，待人傲慢，喜欢自作主张。副师长罗斯福是富兰克林 · 罗斯福总统的儿子，也是一个个性很强的军人，他平易近人和富有人情味的作风深得士兵们的崇敬。艾伦与罗斯福之间产生了纠葛，并各有一帮支持者。在他们的溺爱和袒护下，各自的部队居功自傲，目无法纪，蔑视其他部

队，并产生了一种自怜情绪，许多人不断跑医院、蹲病房，在全军造成了极恶劣的影响，使巴顿不得不分心去处理这一问题。最后，巴顿打算忍痛割爱，将他们两人同时解职。

一系列的问题弄得巴顿心烦意乱，而英国BBC广播电台的无中生有更使他怒火中烧。英国的广播充满了狭隘的民族主义情绪，他们无事生非，大肆宣扬：在西西里岛，英国官兵正在浴血奋战，承担了大部分战斗，而美军却躲在巴勒莫豪华的王宫里，“一边喝葡萄酒，一边洗海水澡”。巴顿把这称为“一场剧烈的身心折磨”。

在此背景下，巴顿去视察后方医院，自然会带有一些不良情绪。

在第93军临时医院，一大群护士和伤员从病房里走出来聚在外面，弄不清巴顿为什么在叫喊。巴顿又转向这个二等兵，尽管他浑身抖个不停，但还是尽量立正站好。巴顿说：“回到前线去，你也许会阵亡，但你必须到前线打仗去。如果你不去，我就让你靠墙站着，命令执法队把你枪毙。”他一边伸手掏他那枪柄上嵌着珍珠的左轮手枪一边补充说：“我本该亲自打死你，你这个该死的哭鼻子的胆小鬼!”

两天之后，第2军参谋长基恩少将和军医官阿内斯特上校来见布莱德雷。阿内斯特向布莱德雷汇报了“打耳光事件”的详细经过，并递交了一份有关报告，布莱德雷对此十分震惊，忙问基恩是否还有人知道这份报告。得知无人知晓后，他马上指示基恩：“用信封把文件封好，写上只能由我和你启封，然后把它锁在我的保险柜里。”布莱德雷对巴顿的做法虽然十分反感，但他选择了保护巴顿的做法，企图把这一丑闻掩盖过去。

然而，世上没有不透风的墙。这一事件很快就在整个西西里岛传开了，记者蜂拥来到艾森豪威尔身边。休斯在他的长篇日记中写道：“艾克说记者们掌握了许多关于巴顿的材料，他们急不可待地想把它们公布出去。”

艾森豪威尔命令北非战区的监察官赫伯特·克拉克森上校调查这一事件，但名义上只把他此行说成是“检查士气”。克拉克森会见了下级军官和士兵，并尽量不让高级军官听到他们的交谈，他向士兵们询问了有关他们吃饭、穿衣及香烟定量的问题，记下了他们的怨言，然后把话题很婉转地转向他们的长官，征求他们对长官的意见。他发现传闻遍及整个部队，士兵们对巴顿深为不满。9 月 16 日，克拉克森回到阿尔及尔，在休斯的协助下开始写他的报告。

遵照艾森豪威尔的指示，巴顿很不情愿地向第二个挨打的士兵道了歉。但当接到艾森豪威尔的私人来信后，巴顿开始意识到问题的严重性，他在日记中愤愤不平地写道："一个军长不得不向那些逃兵们说话，以此安慰上边大人物的胆怯，这不公平。"8 月 22 日，他向两个医院的工作人员作了言词尖刻的讲话。他毫无悔悟地说："你们都目睹了这一事件，其结果是不幸的。"开始时，巴顿蛮横地对监察官说，他以冷酷的行为"治愈"了两个人，后来他又推翻了这个说法——他说："我看到过很多伤势严重的人，而一看到这些'神经症'患者，就使得我怒气冲天。"

克拉克森的报告是这样开头的：

许多士兵憎恨他们的领导对他们个人使用亵渎和粗俗的字眼，用他们自己的话说，许多士兵已对巴顿将军失去尊敬了。

但有一个现象却深深打动了克拉克森：巴顿直接领导下的部队，如第 2 装甲师的士兵仍旧热爱巴顿，并认为他是一位伟大的领导人。

克拉克森对休斯叹息道："巴顿完蛋了！"休斯却不同意，他说服道："巴顿虽是个花花公子，但他是个不错的指挥官。"最后，克拉克森也表示同意他的意见。不管怎样，巴顿在西西里战区的所作所为无疑损害了他作为军官和体面人物的形象。克拉克森下结论说，在时机紧迫的情况下，巴顿已使许多非常复杂的军事策略获得了成功，作为杰出的军事领袖，他的形象并没有受到损害，而士兵们仍愿意跟随他作战。

在公开道歉后的几个星期里，巴顿在巴勒莫王宫的官邸中闭门不出，他认为，对于一个胜利者和忏悔者来说，这是一个既适宜又谨慎的做法。直至 9 月 21 日，他才在接待美国红十字会主席诺曼 · H. 戴维斯的访问中公开露面。他笔直地站在讲台前，不无戏谑地对与会的官兵们说："我想我还是立在这里，让大家重新看一看，我是不是你们想象的那样是一个王八蛋!"官兵们向他报以热烈的掌声和欢呼，气氛十分融洽。

这时，有人劝告艾森豪威尔，应立刻将这个丑闻告诉马歇尔将军。艾森豪威尔没有听从这个明智的主意，而是决定把报告锁在他的保险柜里。休斯在文件上批注道："艾森豪威尔将军于1943年9月22日看了这份文件，他指示把这些文件封存在监察官的秘密档案里。"

事情到此似乎结束了。但到11月时，舆论界却喧嚣沸腾了起来。一个星期天的晚上，报刊专栏作家德鲁·皮尔逊登发了巴顿在医院里打了一名士兵的消息后，其他报纸也相继忙碌起来。纽约《太阳报》在第一版以三栏的篇幅刊登了这一事件，并在"殴打士兵"这一标题下登了巴顿的照片。巴顿的名字出现在所有报纸的大字标题中，但并不是以他喜欢的形式出现的。德国纳粹从柏林广播说："当医院里的人员对巴顿的行为进行干涉时，他抽出了手枪，但他立即被解除了武装。"这显然是添油加醋了。

德国人还宣布巴顿被解除了职务。艾森豪威尔与新闻检查处主任阿瑟·麦克里斯特上校讨论了这一事态的发展。休斯也从办公室传播的小道消息中——他的女朋友、一名陆军妇女队的队员那里得知了这件事的后果。她说："新闻记者从麦克里斯特那儿听说乔治完蛋了。"艾森豪威尔的新闻机构做了力所能及的努力来挽救巴顿：哥伦比亚广播公司的约翰·戴利宣称，巴顿已向当事者多次道歉认错，在某种情况下，他已获得了其部下的极大谅解。

艾森豪威尔也认为这场风波该到此结束了，但事情并没有这么简单。马歇尔的副手理查德·麦克纳尼将军要求艾森豪威尔对此做出完整的解释，于是，比德尔·史密斯①草拟了一份使休斯能够做出合理解释

① 比德尔·史密斯（1895—1961）：美国陆军上将，参加过第一次世界大战，第二次世界大战期间担任艾森豪威尔的参谋长，后任美国中央情报局局长。著有《我在莫斯科的三年》和《艾森豪威尔的六项重大决策》。

及缓和这一事态的答复，从而不致使他的朋友遇到太多的麻烦。

11月24日，应美国陆军部的要求，艾森豪威尔做出了关于这一事件的最全面的报告，这是有关“打耳光事件”的官方定性文件。报告不仅介绍了事件的经过，还强调了艾森豪威尔对此事所采取的措施及巴顿在公开场合道歉的认错态度。该报告在结论中郑重地指出：“必须记住，一方面巴顿在这些具体事件中的行为是不可原谅的，了解此事的军官莫不感到气愤；但另一方面，巴顿本人爱护、鼓励并在物质上帮助士兵，这方面的事例不胜枚举……据多次给我的报告说，巴顿最近每次在他所在部队的士兵面前公开露面时，都受到雷鸣般的鼓掌欢迎。”

由于各方面的努力，巴顿得以继续留在艾森豪威尔的麾下。但是，在艾森豪威尔看来，巴顿已经到达了他军旅生涯的顶峰。他后来在给马歇尔的信中说明了自己的这一观点：“在任何情况下，我不会把巴顿提升到集团军司令以上的职务。”虽然不久就有了集团军群司令的空缺，但艾森豪威尔从未考虑过巴顿，即使英国人在秋天一再施加压力，要求美军加强意大利的行动，美国军方仍不愿以巴顿取代克拉克。

美国陆军四星上将　克拉克

此时，全世界反法西斯战争的形势发生了重大变化。在苏德战场、地中海战场和太平洋战场上，同盟国的军队都取得了重大胜利，战争由防御转为全面反攻，最终目标是攻占柏林，迫使法西斯国家投降。但是，退却之中的德、意、日法西斯仍做困兽之斗，拼命抵抗，盟国军队每前进一步都要付出巨大代价。如何利用战局的胜利转折，进一步加强反法西斯同盟国之间的合作和协同作战，以便尽快击溃轴心国的军队，成为摆在同盟国面前的一个紧迫任务。苏联的斯大林元帅迫切希望美、英尽早在西欧开辟第二战场，这样，德军将陷入东西两线作战的不利境地。

1943 年 8 月，美、英两国政府首脑在魁北克会议上通过了“霸王”作战行动计划，决定美、英部队将于 1944 年 5 月在法国登陆，横穿法国，进攻德国腹地。同年 11 月 28 日至 12 月 1 日，美、英、苏三国首脑又召开了德黑兰最高军事会议，进一步讨论了“霸王”行动中的具体方案，罗斯福向斯大林承诺，将尽一切努力确保“霸王”计划按既定时间实施。会后，盟军最高领导层决定，仍由盟军总司令艾森豪威尔指挥这一重大的军事行动。

随后，横渡英吉利海峡赴欧作战的“霸王”行动进入紧锣密鼓的筹备之中。许多熟悉的面孔都从军官食堂中消失了，许多有名的军官也从地中海战区消失了。在随后的日子里，巴顿似乎被打入了冷宫，这个欧、非战场上的常胜将军似乎成了局外人，他被困在巴勒莫王宫这座金碧辉煌的牢笼之中无所事事，身旁只有一群同样百无聊赖的参谋人员。这对巴顿来说简直是一种嘲弄和侮辱，是一种无情的折磨，他愤愤不平，感到命运是如此的不公平。他十分嫉妒克拉克，甚至希望他出一点什么差错，以便自己能够取而代之。但这又是一个多么不切实际的幻想，他只能在郁闷和期盼之中苦苦等待。

第八章　峰回路转风云变

“美军中的隆美尔”玩声东击西

1943 年 12 月 10 日，巴顿接到一纸命令，让他飞往埃及开罗。不管是祸是福，巴顿立即带上科德曼上校及第 7 集团军参谋部的 8 名军官于 12 日早晨从巴勒莫起飞，先降落于托卜鲁克，在这里他所见到的是遍地的弹坑；然后他飞到爱尔·阿拉曼，在这里他也只见到些残破的车炮；他又从爱尔·阿拉曼飞到亚历山大港，然后经尼罗河三角洲飞抵开罗。巴顿不明白上司让他这样做的目的是什么，但他知道这绝不是一次欧、非旅游，他心里做出了种种猜测，但最后都被自己否定了。巴顿在埃及待了几天，接着经直布罗陀飞往伦敦。飞机刚刚降落不久，在伦敦的艾森豪威尔司令部里，一位秘书桌上的电话便响了起来，电话里传来一阵尖厉、傲慢的声音：“我是巴顿，我到底住哪儿?”

伦敦雾霾弥漫，巴顿的心情就像这里的大雾一样阴沉，他的前程也如烟锁雾罩一般。他忐忑不安，立即给在阿尔及尔的艾森豪威尔送去两只火鸡，暗示司令不要忘记老朋友，若需要他，他便随叫随到。艾森豪威尔很含蓄地告诉了他关于“霸王”计划的一些情况，并许诺说：“在这一战役中，你仍指挥军队。”这句话让巴顿高兴了一阵子，他好像已经看到他的第 7 集团军在法国土地上作战了，但很快，他就被正式解除了第 7 集团军指挥权。1944 年 1 月 2 日，休斯在他的日记中扼要地写道：“巴顿已失去了他的第 7 集团军，他于 1 点 15 分到达，趴在我的肩膀上哭了起来。”雅各布·德弗斯[1]将军在三天之后以战区新指挥官的身份到达阿尔及尔，在与休斯交谈时，他得出结论说：“乔治·巴顿这次真的完蛋了！”

其实，巴顿这次招摇的“旅游”隐藏着一个极大的军事秘密。1943 年 12 月 7 日，美国总统罗斯福再次飞抵北非阿尔及尔通知艾森豪威尔，他将指挥盟军登陆诺曼底的“霸王”作战。丘吉尔认为，既然盟军最高统帅由美国人担任，那么，为平等起见，指挥登陆大军地面部队的就必须是英国人，开罗会议也已决定在诺曼底突击作战期间由蒙哥马利担任所有地面部队指挥官。同时，蒙哥马利兼任英国第 21 集团军司令。这样一来，“霸王”作战受蒙哥马利节制的陆军将领包括：美国陆军第 1 军团司令布莱德雷、第 7 集团军司令巴顿和英国陆军第 2 集团军司令邓普西等。

这时，巴顿的光芒已因两起“打耳光事件”日益扩大的阴影而黯然失色，如让巴顿统领第 7 集团军参与作战，他将无法跻身“霸王”作战大军的主力行列，更别说成为一位打头阵的战将了。美军撤掉巴顿第 7 集团军司令之职，也是英、美争权的一项措施。然而，在美军高级指挥官中，像巴顿这样能征善战的人实在太少了。在大决战的关键时期，美军又怎舍得临阵换将呢？因此，美军提出，以陆军第 1、第 3 集团军参与实施“霸王”计划。最初的第 3 集团军还只是个番号，它是一个假想的部队，旨在引诱德国情报部门相信，纵使诺曼底登陆成功，巴顿也将率领第二支大军进攻加来地区，从而使德军不敢动用加来的驻军和后备部队。这一重要欺敌计划的代号叫“刚毅作战”。

因此，盟军司令部让巴顿“旅游”一周正是出于这一特殊的“军事需要”。因为巴顿在北非和西西里岛两大战役中表现出色，已经引起了德军的恐惧和关注，德军统帅部认为他“以精干而著称”，把他当作战场上最危险的对手，是“美军中的隆美尔”。无论巴顿出现在哪里，

---

① 雅各布·德弗斯（1887—1979）：美国陆军上将。第二次世界大战期间任盟军地中海战区副司令、第 6 集团军群司令。

都会立即引起德军的密切注意。如今巴顿悄悄出现在伦敦，并在加来对岸设立指挥所，让德军以为这很可能就是盟军的主攻方向。据此，盟军司令部决定将计就计，声东击西，让巴顿虚张声势，吸引德军的视线。

对于这一切，巴顿还蒙在鼓里，他依然充满了重上疆场的渴望。他在一篇日记中写道："我希望在 1944 年参加规模更大、战绩更佳的战斗……命运之神将继续保佑我沿着命运之河漂流。"

1944 年 1 月 18 日，巴顿终于等到了新的任命，即担任美国陆军第 3 集团军司令。同时，盟军联合参谋部已确定美军的地面部队（集团军群）总指挥由第 1 集团军司令布莱德雷担任。得知这些情况后，巴顿内心有一种说不出的酸楚。布莱德雷过去一直是他的部下和副手，眨眼间就变成了他的顶头上司，更令他难以理解的是，目前的第 3 集团军仅仅是布莱德雷第 1 集团军的一个先遣部队。与其说巴顿是第 3 集团军司令，不如说他是布莱德雷第 1 集团军先遣队队长。他表面上虽然没有提出任何抗议，但内心却很不服气，甚至开始抱怨和贬低布莱德雷，说他"胆小怕事"，是个"谨小慎微的平庸之辈"。

不过，巴顿一向不喜欢搞战略谋划，他只管执行，认为"不管任什么职务，只要有仗打，可以与敌人拼，我就感到知足"。万般无奈，他只得认命了。

英国的初春格外寒冷，潮湿而又阴冷。乡间到处都是待命准备登陆的美国部队的营房和临时搭起的活动房屋，住在里面的士兵们心情烦躁不安，吵吵嚷嚷，他们在等待着最高统帅的命令，准备进攻任何一处海滩。与此同时，还有许多士兵陆续从美国来到这里，他们从车上跳下来，在蒙蒙细雨中列队，神情冷漠不安。他们以在国内谈论最新式的福特汽车和雪佛兰汽车的口气，谈论着德国制造的一种 MC－34 型"打嗝"枪。他们对火箭炮、迫击炮和 30 毫米口径的机枪已使用自如，而且练习过如何使用手榴弹、喷火器和爆破筒来攻陷地堡。他们爱收听德国的电台广播，因为它的接收效果比收听"美国部队广播网"要好。由于看不到报刊，他们只能谈论些年轻人爱谈的话题：战争、女人和家庭。"我们就像正在空降的空军特种部队一样。"一位灰黄头发的美国兵对排在他身后买饭的人说，“他们在完成 25 次任务之后就被送回国，我们也要回国，但是也要在完成 25 次进攻之后。”

晚上，年轻的美国士兵打扮一番，步行好几英里去当地的影剧院看戏；或者来到城镇娱乐场所，在爵士音乐的伴奏下与英国姑娘跳舞；或者站在街角与英国姑娘挤眉弄眼、打情骂俏；或者轻松地走进红十字会办的防空洞商店，在那里打乒乓球、看书。

这支部队就是美国陆军第 3 集团军，他们住在英格兰东南部，巴顿将成为他们的指挥官。

现在第 3 集团军的任务就是执行“刚毅作战”计划，使希特勒相信盟军的登陆地点在加来地区，而“霸王”行动不过是佯攻。既然“刚毅作战”是个骗敌计划，就意味着没有真战可打，巴顿这个战场上的硬汉能否演好这个角色呢?

第 3 集团军番号的起源可以追溯到第一次世界大战时期，当时，它是莱茵河右岸美国控制区的“占领军”，因此，肩章上的蓝色底色上有白色字母“A”，由绿色的“O”圈起来，表示“占领军”之意。在战争期间，每个参战部队或机构都会设置自己的秘密代号，既是出于对外保密需要，也是为了方便内部联络。在 1941 年夏天的大演习中，巴顿曾经与这支部队打过交道。现在第 3 集团军下辖 4 个军：特洛伊·米德尔顿①的第 8 军，韦德·海斯利普②的第 15 军，沃尔顿·沃克③的第 20 军和吉尔伯特·库克的第 12 军。各军下面共编有 12 个步兵师和装甲师，以及支援部队（如炮兵、工兵、反坦克兵、化学战部队等）若干个连营。在过去的两年半中，这支部队一直在进行军事训练，其司令官是一个名叫克鲁格的年过花甲的老将军，他沉默寡言，很少抛头露面。

---

① 特洛伊·米德尔顿（1889—1976）：美国陆军中将。第一次世界大战中任陆军上校，后任路易斯安那州立大学校长。第二次世界大战时期任西西里第 45 步兵师师长、第 8 军军长，后率第 8 军占领德国。

② 韦德·海斯利普（1889—1971）：美国陆军上将。参加过第一次世界大战，第二次世界大战期间指挥第 15 军参加诺曼底登陆，后任第 7 集团军司令。

③ 沃尔顿·沃克（1889—1950）：美国陆军上将（追晋）。第二次世界大战期间，他所指挥的美第 20 军因行动迅速被称为“幽灵军”。战后参加了朝鲜战争，1950 年死于车祸。

在一次训练的时候，他对官兵们说："最有价值的勇气则表现为一个人知道什么叫害怕，并且承认这种害怕掺和着自私和无知，而最终能成功地抑制和控制这种害怕。"在他的精心调教下，第 3 集团军成长为一支能吃苦、效能高的优秀部队，只是战士们缺乏实战经验，稍显"嫩"了一些。现在这支部队转交给了巴顿，经过几番风风雨雨，巴顿更加相信命运对于胜利的重要作用。上任后，他给第 3 集团军司令部起代号为"幸运"，由主要参谋军官组成的小型指挥组为"幸运前锋"，大型行政组为"幸运后卫"，他自己则自称"幸运 6 号"。

为此，布莱德雷在英国东南部虚设了一个第 1 集团军群司令部，摆开进攻加来的阵势。表面上看，由巴顿担任这个集团军群的司令，下辖 2 个集团军——巴顿集团军和第 9 集团军，下设若干个师。纸板、木板和橡皮伪装了许多司令部、飞机、坦克和登陆艇等，形象十分逼真，同时还有许多电台频频发送假电报，造成一种正在准备进攻的态势。当然，这一切只是布莱德雷的计谋。

布莱德雷相貌粗犷，但他常戴着眼镜，显得有几分斯文，他性情温和腼腆，饮食简朴、不贪美味，思想敏锐，说起话来含义深刻，心思缜密。现在他拥有三个头衔：既是第 2 军军长，又领导着第 1 集团军，还被指定为"霸王"行动中美军地面部队（集团军群）总指挥。相比之下，艾森豪威尔认为巴顿不可靠，"大嘴巴"爱乱说话，因此没有让他知道这个"超级机密"。

不久后的一场大雪使伦敦乌黑的建筑上覆盖了厚厚一层积雪，满目疮痍的城市犹如披上了一件时髦的大氅，增添了几分亮丽。休斯搬到离格罗夫纳广场不远的格罗夫纳大厦中的一个军人招待所后，立即请来巴顿，两人进行了一次长谈。休斯注意到巴顿的嘴上起了一些口疮，很关心他的健康，但巴顿对此却毫不在意。他在日记中诙谐地写道："毕竟，我只得干这种舔屁股的事，无怪乎我嘴上长疮。"休斯是他唯一的挚友和值得信赖的同事，虽然他们谈及工作方面的问题较少，但巴顿还是从休斯的谈话中捕捉到了一些有用的信息，并知道了艾森豪威尔说过的一句话："乔治是一个难堪大任的粗坯。"

此后，巴顿试图使自己举止得体。不久，他来到设在西伦敦一所学校里的英军第 8 集团军司令部，拜访令人讨厌的蒙哥马利，并和他讨论有关西欧登陆的计划。巴顿力图使自己变得老练起来，出于特殊需要，他甚至对艾森豪威尔的参谋长比德尔·史密斯谄媚。渐渐地，巴顿对军事伪装和为人处世的伪装都比较精通了，但他仍十分谨慎，尤其是将军事伪装的一切细节做得一丝不苟。

当然，盟军司令部也授予了巴顿第 3 集团军一个实际的任务，即一旦盟军登陆成功，这支部队将被用于扩大战果，向法国腹地推进。另一层隐含的意思是：万一登陆失败，巴顿的部队可以作为后援去“救火”。这就意味着巴顿要把这支假部队训练成一支真正能作战的部队，而且还必须是能快速远征的部队。而现在这支部队的主力大部分仍在美国，其先头部队乘坐“玛丽皇后”号军舰正在前往英格兰的途中。

巴顿已经没有时间抱怨了，他要全身心地投入角色，演好两场戏：一场假戏，那是给德国人看的；还有一场真戏，将演给英国人和盟军司令部看。

为此，巴顿不得不从基础训练抓起，他决心把第 3 集团军锤炼成一支勇敢刚毅、无坚不摧的主力军，使“刚毅作战”计划名副其实。他做的第一件事就是在散乱的部队中提拔一批严守军纪、有执行力的军官。

这天，他对一支正在肯特基地训练的军官队伍说：“伙计们，今天我要在仓库后面挖一条 240 厘米长、95 厘米宽、32 厘米深的战壕。”说完，他就走开了。在这帮候选人旁边有一个带着窗户的仓库，巴顿就待在里面悄悄观察外面的人。那些人领到工具以后议论纷纷，奇怪为什么要挖这样一条毫无用处的战壕。“32 厘米深，连个人都藏不住！”“可能是这个老家伙说错了。”还有人大声嚷嚷：“这种事情怎么能叫军官来干？”他们越说越愤愤不平。最后，有个高个子中尉不耐烦地向大家喊道：“别废话了，让我们把战壕尽快挖好，赶快离开这个鬼地方吧！那个老畜生想用它干什么都和我们没有关系。”巴顿很快知道这个中尉名叫斯蒂尔，并立即提拔了他。

1944 年 3 月 16 日，巴顿到伦敦参加艾森豪威尔在克拉里奇斯饭店举行的大型招待会。他注意到蒙哥马利和布鲁克没有参加，他猜想蒙哥马利缺席的原因是其对充当艾森豪威尔的副手耿耿于怀。巴顿在这一天听到了有关“霸王”行动的最新消息，但他并不感到高兴，因为他的第 3 集团军似乎没派上用场。

直到这时，德国情报机关才发现突然消失了几个月的巴顿的行踪，他们惊叹：“哦，巴顿原来在伦敦!”他们通过对数千份情报的分析，证实巴顿将率 2 个集团军——巴顿集团军和第 9 集团军进攻加来。由此看来，布莱德雷和巴顿执行“刚毅作战”计划很有成效。

英军第 1 集团军司令部也设在肯特郡多佛尔附近，与加来隔海相望，但实际上无一兵一卒，只有一些无线电收发人员。蒙哥马利的第 21 集团军群的电报都是先发到这里，再由这里转发各地。德军情报部门发现，多佛尔一带的无线电通信量具有一个集团军群司令部的规模，由此认定英格兰东南部为盟军集结重点。

巴顿在英国四处招摇，经常发表演讲，处处把自己的名字挂在嘴上，但每次说话时，他又总要提醒：“我在这里是个秘密，请不要提我的名字。”他在加来附近“鬼鬼祟祟”地出现，加上其他一些因素，使德军确认美军陆军主力将由巴顿指挥。为此，德军在小小的加来驻守了整整一个集团军——第 15 集团军。

巴顿把第 3 集团军司令部设在纳兹福德的一个男爵的庄园内，他的办公室和寓所在庄园中的波维尔厅，周围林木滴翠、芳草萋萋，富有浓郁的田园诗的意境。他的新家庭成员包括：参谋长加菲、助理参谋长盖伊、情报处处长科克、供应处处长马勒、副官戈德曼和斯蒂尔，以及医务主任奥多姆和传令兵米克斯。几天后，他又多了一个新朋友——威利。威利是一位牺牲了的英国飞行员遗留下来的小狗，是个既可爱机灵又威武凶猛的小家伙。巴顿认为这颇有点像他的性格，因而对它钟爱有加，经常和它一起进餐，高兴时还和它抱在一起在地板上扭打。威利给他孤寂的生活增添了不少乐趣。

巴顿认为，司令部的工作效率往往取决于参谋班子的执行力。他要求下属工作人员不一定非得才华横溢，但必须是忠心耿耿、坚决执行命令的人。巴顿要求司令部要像一架精密的仪器那样可以任他随意操纵，下属要默默无闻、高效率地执行他的命令。他十分怀念他的第7集团军的原班人马。1944年1月31日，巴顿在伦敦与他的老朋友亚历山大·帕奇①将军进行了一次私下会谈。帕奇即将奉命赴北非指挥第7集团军，巴顿想说服帕奇把他的参谋班子交还给他。帕奇对巴顿的心情十分理解，便答应了他的要求。于是，巴顿和北非、西西里时期的参谋班子在伦敦团聚了。

司令官与参谋部的默契合作，对第3集团军后来建立举世瞩目的战绩起了很大作用，以至于巴顿在战争结束前，这样对他的参谋军官说："你们以为国争得荣誉、增添光彩的方式创造了历史。也许，有史以来的集团军司令没有比我更省心的了，工作全是你们做的。第3集团军永不磨灭的战绩，主要是你们慨然献身事业、努力工作的结果。"

遭遇"屠杀战俘"风波

1944年3月，第3集团军的主力部队陆续到达英国，巴顿立即投入紧张的作战训练工作中，他已经急不可耐了。

和以往一样，为了使这支部队能够打硬仗，他仍然从抓纪律和着装入手。他重新制定了严格的纪律、着装要求及相应的奖惩条例。一段时间后，他便到各地各个部队中去督促和检查，并亲自做示范或提出改进意见。他要以自己的方法、自己的精神和热情训练这支部队，铸造士兵们的凝聚力和良好习惯，激励士兵们的勇气和毅力。

巴顿对下属指挥官有更严格的标准。他的一贯主张是：每一位指挥官都要亲自抓训练，这样才能激发士兵的备战热情和积极性；指挥部应尽量建立在战场的前沿，以减少传递信息的时间；指挥官制订计划应

---

① 亚历山大·帕奇（1889—1945）：美国陆军上将（追晋），公认的优秀部队训练者，同时也是一位精力充沛并关心下属的指挥官。"二战"期间历任美洲师少将师长、第7集团军司令、第4集团军司令。

“简明和灵活”；情报“就像鸡蛋一样，越新鲜越好”；“纪律、整齐、划一能够保证部队高度的机动性”，等等。巴顿的这些原则要求除了以文件形式下发外，还通过他的演讲传达给每位指挥官。当然，他的演讲依然看对象，他对士兵还是满口污言秽语；对军官则比较文雅，富有逻辑性和思想性。由于这支部队的前任司令官已经为他打下了良好的基础，所以他的短期强化训练工作进行得十分顺利，巴顿对此十分满意。同时，他也认真吸取了“打耳光事件”的教训，对这支新部队非常爱护和宽容。

此时的巴顿虽然领导着一个集团军，但他始终认为自己无所作为。特别是他实际上被排除在“霸王”行动的筹划工作之外，他和第 3 集团军今后的命运是由别人来决定的，这一点让他觉得很不是滋味。但为了不失去参战的机会，他把这一切默默地放在心底。这一期间发生了一个小小的插曲，也让他的情绪大受影响。

那是 1944 年 2 月中旬发生的事。由于德军在卡西诺至海岸之间 50 英里的前线负隅顽抗，意大利战场上出现相持的局面。为了打破这一僵局，尽快进入罗马，丘吉尔设想在意大利进行一次两栖侧翼进攻。盟军联合参谋部几经磋商，制订了一个代号为“鹅卵石”的作战计划。

由于作战区域在第 5 集团军的特区，战斗理所当然由克拉克全权负责，约翰·卢卡斯则被任命为战役前线指挥。1 月 22 日，在英国海军分遣舰队的支援下，隶属于第 5 集团军的第 6 军在安齐奥地区的三个地点同时开始登陆。

希特勒勒令德军驻意大利总司令凯塞林不惜一切代价进行反攻。第 6 军在安齐奥被德军压制在滩头阵地上，陷入困境。危急时刻，盟军参谋部的几位主要领导人都不约而同地想起了巴顿。英国首相丘吉尔和总参谋长布鲁克提议：“让巴顿去安齐奥！”亚历山大也电告盟军司令部，赶紧派一个“像巴顿一样的利剑”去。于是，艾森豪威尔急召巴顿去伦敦。

巴顿奉命来到艾森豪威尔的司令部，与盟军司令部的几位长官交换了对安齐奥作战的意见。蒙哥马利突然意味深长地对巴顿说：“我担心安齐奥的滩头堡有丢失的可能。”接着，他又透露：“4000 辆车已于 2 月 9 日撤出，滩头堡将有可能被放弃。”但巴顿依然表示，他愿意接替卢卡斯指挥第 6 军。艾森豪威尔感到有些委屈巴顿，在介绍情况时显得有些迟疑不决。但巴顿听完却兴奋地大叫：“老天爷，这哪里是委屈，我简直是受宠若惊了！你知道，他娘的，只要能让我参加战斗，我甘当一名少尉!”

巴顿离开后，艾森豪威尔当即向丘吉尔做了回复，而后又向地中海战区的几位主要指挥官亚历山大、威尔逊、德弗斯、克拉克发电，提出由巴顿暂时担任对安齐奥作战的指挥官。但克拉克提出强硬的反对意见，他说：“这绝对不行，我的战区不需要巴顿。”同时，他提议任命年轻有为的特拉斯科特接管第 6 军。亚历山大也同意由特拉斯科特接任第 6 军军长。于是，巴顿的安齐奥之行被取消了（2 年后他才知道是克拉克捣的鬼），这让他懊恼了很久，不得不乖乖回到“替补队员”的冷板凳上。

回到纳兹福德后，巴顿不再想入非非了，他全身心地投入紧张的训练工作和其他战前准备工作中。在与基层官兵接触时，他发现，从强化训练收到显著效果之时起，很多人开始骄傲自满起来，他认为这是一种新的潜在危险，必将影响后一阶段的训练和未来的战斗。于是，他又奔波于各部队之间，一次又一次发表演讲，告诫官兵们：“在战场上，不仅要有勇气，更重要的是要头脑清醒，善于开动脑筋，争取以最小的牺牲换取最大的胜利，这就需要平时多流汗，练就一身真本领，精通各种军事知识。”他提醒道：“你们为国家献身的愿望是好的，我相信你们能够为国而死，但要是让德国人为他们的国家而死，则他娘的更有远见，更为宝贵!”

巴顿一边对部队进行紧张训练，一边研读军事理论著作，如英国传奇式的人物——威林顿的战例、李德·哈特关于若干军事问题的探讨、弗雷曼写的六卷本《诺曼征服史》等。为了更好地在欧洲大陆实施远距离大兵团作战，他还花了很多时间研究美国内战时期谢尔曼将军所进行的远征。一些军事评论家认为，巴顿是一个天才，对战争有敏锐的感觉和高度的理解力，他对美军的整体素质和各方面的细节问题都了如指掌。

在此期间，“霸王”计划日臻完善，条件日渐成熟，战斗日益临近，但各级指挥官都怀有一种冒死赌一把的心理，并没有十足的信心和把握，即便是最高指挥官艾森豪威尔也忐忑不安，他在日记中写道：

随着伟大的一天的临近，紧张感日趋增强，每一个人都有临近深渊之感。这一回，由于赌注太大，气氛可能会空前地惊心动魄。在这次特殊的冒险中，我们不仅仅是承担着一种在战术上被击败的风险，我们简直是孤注一掷了。幽默感和坚定的信念，或者是缺乏想象力，都是能进行正确判断的基本要素。

当巴顿等待登陆之日到来的时候，他那固有的妄想症毛病又犯了——他感到“一些人”企图阻止他，压制他的言论自由，剥夺他所拥有的权力、享有的威信及人们对他的颂扬。这里的“一些人”，包括许多与他共事的将军、新闻记者、为数不多的几名议员，以及整个英国和艾森豪威尔司令部的大部分参谋人员。巴顿的妄想症是在他的几个朋友和亲戚的助长下萌发的，他们极力怂恿他说，如果不是马克·克拉克，而是他巴顿在意大利指挥作战，罗马早就攻克了。巴顿相信他们说的是正确的，他由于在登陆西欧那天不能亲自指挥一支作战部队而感到自尊心大受伤害和侮辱。

不过，这时的巴顿已经不像以前那么冲动了，他极力想平息这些议论，然而，他越抹越黑，反倒让人更加相信这是出自他自己口中的狂妄之语。他在日记中写道：

我有一种感觉——但这很可能是没有什么缘由的——蒙蒂（蒙哥马利）和布莱德雷都不希望我拥有指挥权。如果他们知道我对他们的作战能力是如何轻视的话，为了不使他们自己丢人现眼，他们更不希望我拥有指挥权了。

与此同时，还有一件巴顿几年前的旧事也被翻了出来。

在西西里岛战役中，巴顿麾下的第45师是一支刚由国内开来、初次参战的部队。为了给他们打气，巴顿再次发挥他煽动力极强的演说才能，要他们迅猛地、凶狠地、不留情面地对待敌人，甚至提到要“杀死那些愚蠢的胆敢和我们对抗的老百姓”。巴顿这些夸张的语言，原本是要给士兵们鼓气，没想到却给自己惹来了麻烦。

结果，就是这个第45师，在1943年7月的战斗中连续发生了两起屠杀德国战俘事件。英、美两国的战地记者对此都进行了曝光。

英国战地记者亚历山大·克利福德说，1943年7月14日，在杰拉附近，C连的一名军士——威斯特，奉上级命令把36名俘虏押送后方，但黄昏降临时，他由于恐惧而用机枪把这些俘虏全部击毙在路边。同一天，在布特拉机场附近，一名年轻的美国陆军上尉杰里·康普顿从隐蔽处找出42名敌军狙击手，他们中的大部分都身着正规军服。康普顿命令他们沿谷仓站成一排，用机枪把他们全部打死了。

第2军的指挥官布莱德雷得到这个恐怖的消息后，急忙把上尉的暴行告诉巴顿，巴顿说：“告诉那名军官，让他想法证实这些俘虏都是狙击手，或说他们企图逃跑，或随便找个什么其他的理由。”布莱德雷后来对这两件事做了进一步的调查，并于8月9日将调查结果告诉巴顿：这两个人必须接受军事法庭的审判。但此事一直悬而未决。

1944年3月，美国陆军部的一名调查人员来到伦敦，他在盟军最高统帅部逗留片刻后，径直到纳兹福德波维尔厅去见巴顿。巴顿此时已因1943年7月在西西里命令他的军队不要保留俘虏一事而受到指责。这位调查人员发表评论说，这些屠杀和打人事件一样，绝不是孤立的暴行。

巴顿见他把这些事情串联到一起来说，马上意识到了问题的严重性，他煞费苦心地准备了辩护词，指出两名被告是有意曲解他所说的话的原意，意在混淆是非。同时，他还很有说服力地提到，他本人的女婿沃特斯上校已被德军俘虏，他不会不审慎，不会去做可能引起德国人报复的事。

调查的最终结论是：巴顿与屠杀战俘事件无关。两名被告人都被定了罪，由于战争关系，他们被送回原部队，后来都在战斗中牺牲了。

几天后，巴顿与艾森豪威尔、布莱德雷、比德尔·史密斯在伦敦一起进餐。他感到自己对布莱德雷很反感，似乎布莱德雷在故意打压自己。巴顿后来写道："一切对他有利的便宜都让他占尽了。"更让他气恼的是，在屠杀俘虏这一晦气的插曲之后，布莱德雷更吃香了。这一次，艾森豪威尔并没有过分指责巴顿，只是给了他一个严厉的忠告："乔治，你说得太多了。"

距离诺曼底登陆的时间越来越近了。战前的各项准备工作千头万绪，而巴顿却像个难以调教的孩子，不断惹是生非，屠杀战俘事件刚刚过去，又发生了"纳兹福德事件"。

事情发生在1944年4月25日。当时，纳兹福德地区的妇女志愿服务人员准备为美军官兵开办一个"欢迎俱乐部"。该俱乐部的支持者是妇女界领袖康斯坦丁·史密斯夫人，她邀请巴顿在俱乐部的开幕式上发表讲话。接受邀请之前，巴顿想起了艾森豪威尔的忠告，本能地谢绝了史密斯夫人的好意，但他过后一想，又感到盛情难却，最终红着脸接受了邀请——仅以人们通常在这种场合所习惯的"以非官方身份前来参加"，并不发表讲话。开幕式在当天16时举行，为了避开"讲话时间"，巴顿故意晚到了15分钟。但他吃惊地发现，为了等他，开幕式迟迟没有开始。容易激动的巴顿又被感动了，于是同意讲几句话，但又提出不要发表有他形象的照片，并"严禁记录"。会议主持人答应了。当时在座的有50名妇女。巴顿的讲话简短热情，他尽量讲得无关痛痒，以免引起不必要的麻烦。但到最后，他禁不住扩大了话题，他说："统治世界，这显然是英国人和美国人的神圣使命。"他停顿了一会儿，又压低声音说，"当然也包括苏联人。因此，我们越相互理解，事情就会办得越好。"他发现英国妇女毫无魅力，因而不得不向这些妇女说出并无恶意的谎言，他把手指交叉起来，说："一旦我们的士兵遇见并结识了英国妇女，他们在家信中会告诉他们的妻子、女友，你们是多么可爱，美国妇女就会妒意大发，恨不能马上结束这场战争。"有人建议为巴顿的讲演鼓掌。英军上校布拉泽威克表示附议，并发表了长篇献媚的讲话，巴顿直听得不耐烦地把脚倒来倒去。

可是，第二天，英国出版协会违背巴顿的意愿，发布了这一消息，并在报道中删去了“还有苏联”这句话，使人感觉到巴顿主张英国和美国在战后统治世界。华盛顿一家报纸的社论把巴顿说成是“说错话的头号人物”。很快，美国的各大报纸都刊登了这一消息，这便演变成了一个政治问题，在美国国会中引起了轩然大波。巴顿遭到了来自保守派和自由派两方面的攻击。共和党指责他站在罗斯福总统一边干预了政治，是“国务院的帮凶”；“左翼”人士则指责他是“污辱苏联盟友的反对赤色分子的反动派”。

这件事使总参谋长马歇尔十分恼火，他给盟军最高统帅部发了一份“优先拍发”的电报，说：“我们刚刚获得批准享有永久官阶的名单（指的是最近送交参议院批准的享有永久官阶陆军少将军衔的军官名单，其中包括比德尔·史密斯和巴顿），我担心这件事会使他们俩都被刷下来。”比德尔·史密斯看到电报后，几乎晕了过去，他打电话给巴顿，气急败坏地说都是因为巴顿“信口开河”，很可能使他俩都得不到提升。心绪不宁的巴顿写信给休斯，说自己“受到了恶意诬陷”，他这样说也不无道理，因为英国新闻部可能已经把他的名字泄露给媒体，使得媒体在报纸上用大字标题进行刊登，这样一来，甚至德国谍报局最迟钝的特务也能一目了然。

“纳兹福德事件”发生时，艾森豪威尔正巧不在伦敦。巴顿讲话的当天晚上，他正与特德和布莱德雷乘火车离开伦敦，去观看一个大规模的登陆演习。艾森豪威尔起初也十分生气，决定立即解除巴顿的军职，他在给马歇尔的电报中指出：

……巴顿显然不能理智行事，尽管他有杰出的指挥才能，但是也不能不使人产生疑问——把他留在高级指挥部是否明智。

但艾森豪威尔两次把如何处理巴顿的事情推给马歇尔，并拐弯抹角地为巴顿求情。而马歇尔也两次把责任推回给大西洋彼岸的艾森豪威尔，说艾森豪威尔是“霸王”行动的负责人。这意味着两位上司的态度暧昧，如果他们之中有一人下决心，巴顿就彻底完蛋了。

巴顿对事情的结局感到惊愕不解，认为这些攻击是不公正的，他在写给女儿的信中说：“耶稣所受的折磨只有一夜，而我却苦海无边。”但他已经能够用泰然自若的态度来对待别人对自己的评论了。而且，他心中有数：只要还有艰苦的战斗，国家就仍然需要他，会把他当作一个古怪的天才而原谅他的。巴顿私下里说：“我倒要碰碰运气，因为我不在乎，由于我挑上了好的双亲，因而我不必靠在陆军中度日，除此之外，我还是一名军人，一名纯粹的军人。”他以令人信服的事实进行了申辩。在给奉命前来调查的休斯将军的信中，巴顿简明坦率地说明了事情的真相，然后指出：“当然，你们知道我的抱负是什么，就是要指挥一支军队去杀德国人和日本人。我不相信我的所作所为会对我在这一方面的效能有什么影响。”

5 月 1 日，巴顿被召到艾森豪威尔处，艾森豪威尔对巴顿指着一把椅子示意他坐下，然后说：“乔治，你已使自己陷于一种非常严重的困境中了。”

巴顿刚坐下又马上站了起来，非常恭敬地说：“艾克，你的工作比我的工作重要得多。如果为了救我而使你自己受到伤害的话，把我抛出去好了！”

艾森豪威尔向巴顿转述了马歇尔的一句话：巴顿所犯的严重错误已动摇了这个国家和陆军部的信心。艾森豪威尔补充说：“马歇尔将军甚至又提到了肯特·兰伯特事件。”

巴顿并没有屈服于艾森豪威尔的恐吓。他辩解了一番后，又说服艾森豪威尔听从他对“霸王”行动的一点意见，尽管他并没有被要求提出意见。这个意见针对一个由英国人制订的计划，在一个登陆点上，蒙哥马利把原计划中使用的 3 个师扩大到 5 个师。巴顿则极力主张，在这样一条至少长达 90 英里的战线上，要在三个地方发动进攻。他说：“我并不是在威胁谁，但我想告诉你，这个进攻方案制定得非常糟糕，而且这场进攻的战线太狭窄了，大概会出现一个乱糟糟的结局。”

艾森豪威尔无可奈何地耸耸肩说：“天哪，难道我还不知道这些吗？但我又能做什么呢？”可能他只不过是指登陆艇短缺这一情况——由于坦克登陆艇被击沉在斯莱普顿桑茨，这个问题变得更棘手了。但巴顿并不这样认为，他在日记中写道：“这话出自一个最高统帅之口，真是太遗憾了。”两天后，艾森豪威尔拍电报给巴顿说：“我已经决定仍旧留用你，去训练你的军队吧！”

经过一番波折之后，艾森豪威尔仍然让巴顿指挥第 3 集团军。他在给华盛顿的一封电报中指出：“解除巴顿的职务会使我们失去他指挥部队的经验，以及他在进攻中表现出的唤起士气的热情。”同时，他也给巴顿写去一封信，信中说：“乔治，尽管你的轻率造成了很坏的影响，但我还是做出了对你有利的决定。我这样做完全是因为我相信你是一个好的指挥官，绝无其他动机。但你无论如何不能再出错了。”

巴顿看完艾森豪威尔的信后，高兴得跳了起来，叫道：“战争结束了！”

5 月，英格兰的南部正是百花盛开的时节。巴顿又全神贯注地投入紧张的军事训练和修改作战计划的工作之中。他知道，时间就是士兵的生命，他必须全力以赴，让所有士兵做好战斗的准备。他不停地驱车去各个部队视察，组织针对性训练和小规模实战演习。随着“霸王”行动日期的逼近，点燃士兵们心中战火的时刻也来到了——必须使士兵们清楚地意识到纳粹敌人的凶恶本性，并要向他们强调把敌人彻底歼灭的必要性，为此，巴顿每到一个部队总少不了发表一通激动人心的演说。

在登陆前的最后一次视察中，他饱含激情地对官兵们说：“在讲话中，我总是强调战斗和杀人，以及每个人各尽其责。那些胡说八道的记者们除了知道鬼混之外，对真枪实弹一窍不通。军队中的每一个人都起了重要的作用……即使炊事员也不例外，甚至那些烧水让我们洗干净屁股的家伙也是如此！让那些混蛋来调查吧，这就是巴顿的第 3 集团军，我们要把一切敌人赶进地狱去！这样，20 年后，当你们的孙子问你在战斗中做了些什么的时候，你就不会羞愧了。”

1944 年 5 月 6 日，这是一个寒冷、阴雨的早晨，艾森豪威尔在给妻子玛米的信中披露了他心中那不可掩饰的恐惧：“明天早晨我会睡得很晚——或者说我将通宵不眠，我至少要在床上躺到 9 点半或 10 点。我得到了一本新的西部小说，我必须读它。”“霸王”行动已到了最紧张的关头，他以此来缓解紧张情绪。

两天后，艾森豪威尔召开了第 18 次会议以决定发起登陆的确切时间——这是要根据登陆日的天气来确定的。“霸王”行动的海军指挥官、英国海军上将伯特伦·拉姆齐①（职位相当于地面部队指挥官蒙哥马利和空军指挥官马治里）说，看来在 6 月 4 日发起登陆是不行的，在 6 月 5 日或 6 月 6 日则有可能。事后，艾森豪威尔对哈里·布彻说，他希望能让他的好朋友坎宁安在这次登陆战役中再次担任海军指挥官，他根本不喜欢拉姆齐。后来，艾森豪威尔单独与丘吉尔吃了午饭，当他们分手时，丘吉尔说：“我要与你把这件事干到底。万一这次登陆失败了，咱俩就一起完蛋。”

5 月 15 日，各部队针对“霸王”行动计划做最后一次检验，盟军的高级将领又一次聚集到圣保罗学校。如此之多的高级将领云集一处，举行战前情况汇报会，这是第二次世界大战以来从未有过的。英王乔治六世也出席了会议，与会的还有温斯顿·丘吉尔和南非首相、陆军元帅扬·克里斯蒂安·史末资。盟军所有的重要人物都在场，包括艾森豪威尔、布莱德雷、巴顿、蒙哥马利及他的两个陆军指挥官（迈尔斯·邓普西爵士和加拿大将军亨利·克列勒）。会场的墙板上挂有一张标有诺曼底登陆处全部海岸的地图，地图上标明了两支登陆部队所应到达的全部海滩。

艾森豪威尔首先宣布说：“今天，我们就登陆法国诺曼底这个问题开个短会。”并且他特意强调要求大家把现存于陆海空三军之间的不和全部消除掉。

---

① 伯特伦·拉姆齐（1883—1945）：英国海军上将。第二次世界大战期间任多佛尔港司令，任内指挥敦刻尔克撤退的“发电机”行动以及不列颠之战的海峡防卫战斗，此后协助计划和实施盟军在北非和西西里岛登陆。1944 年任“霸王”行动的盟军远征军海军司令，1945 年死于飞机失事。

英国国王　乔治六世

随后，蒙哥马利拍着他那瘦骨嶙峋的手请大家安静，并用了一个小时的时间来讲解他的方案。令大家奇怪的是，在他的讲话中，巴顿是唯一被提到名字的陆军指挥官。也许在蒙哥马利的脑海中，仍萦绕着一些在西西里就产生的带有钦佩但又恼怒的情绪。当然，他也不喜欢布莱德雷，在他们筹备开会时，布莱德雷极力反对蒙哥马利标在地图上的、表明在指定日期应到达地点的一段段虚线。

作为盟军地面部队总指挥，蒙哥马利事先对此做了充分准备。他宣布，在法国，盟军地面部队所面临的是敌人的60个师，其中包括10个装甲师。他说："2月份，隆美尔从荷兰转到卢瓦尔担任指挥官。现在看来，十分清楚的是，他的目的是想阻止盟军的任何突破，把'霸王'行动彻底击败于海滩上。为了达到这一目的，隆美尔已加强了海滩的防御措施，增加了不直接参加海滩防卫战的步兵师，并命令他们封锁住盟军在这一战斗中的任何突围。隆美尔还对后备装甲师重新做了部署。”他又把可能出现的情况及隆美尔的装甲师可能出现的概率一一列举。到登陆日第一天的黄昏时分，隆美尔可能会部署 9 个步兵师和 9 个装甲师来对付登陆部队，次日，这空前的威胁就会变得更为明显了，他可能会派出至少 30 个师前往“霸王”行动作战区。在登陆日的六天之后，他会在任何时候发动一场由他指挥的多达 10 个装甲师参战的反击。他断言，隆美尔将会全力控制住卡昂和卡伦地区，而且还将进攻交通中心贝叶。最后，蒙哥马利以他那干涩、鼻音很重的声音说道：“如果隆美尔获胜的话，我们的处境就会十分窘迫。”

接着，蒙哥马利邀请布莱德雷和邓普西发言。之后，海军上将拉姆齐描述了运送部队登陆的困难。亚瑟·哈里斯①爵士也发了言——即使在这最后关头，哈里斯仍主张以空中轰炸取代登陆，并为此而争论不休。事后，他写信给艾森豪威尔，伤心地抱怨他的飞机停止了对内地城市进行轰炸的任务，转而为“霸王”行动做准备和支援工作。他在信中写道：“你会回忆起我在圣保罗教堂的意见，五个月不对敌人进行轰炸，将会使德国人的军工生产全部恢复过来。”

巴顿没有发言——因为他的地位不太显赫。按照一位目击者的说法，数十次会议上他从来都不引人注目。午饭时，巴顿坐在丘吉尔对面，事后，他在日记中写道：“丘吉尔问我是否还记得他，当我告诉他说还记得时，他立刻请我喝了一杯威士忌。”巴顿对丘吉尔雄辩的语言才能十分佩服，艾森豪威尔也有同感。丘吉尔告诉巴顿：“我已对这一冒险行动铁了心了。”其实，丘吉尔一直对“霸王”计划持怀疑态度，但通过这次会议，丘吉尔心中的疑云被驱散了。

在蒙哥马利全面主持下制定的“霸王”行动方案（这是对第八次草案进行修改后的第二套修改案），规定了一个明确而有限的战役目标，即“夺取并确立一块在法国大陆的滩头占领区，然后进一步扩大战果”。

---

① 亚瑟·哈里斯（1892—1984）：英国空军上将。第二次世界大战期间，任英国空军副总参谋长，后任英国轰炸机司令部总司令，指挥首次实施科隆轰炸。

登陆将分两个阶段进行。

第一阶段行动代号为“海王星”，主要指最早的登陆战役，包括在“卡昂地区开辟飞机场和占领瑟堡港”。

第二阶段才是“霸王”行动的重点，要求扩大第一阶段的战果，占领包括布列塔尼半岛、卢瓦尔河以南的所有港口，以及卢瓦尔河和塞纳河之间的地区。

该计划规定战役时间为 90 天，至于 90 天以后，即下一阶段怎样行动，还没有拟订预案。

该计划对巴顿的第 3 集团军做了如下安排：他们将在登陆日开始后 15 ~ 60 天内越过科唐坦半岛登陆。其任务分两个阶段完成：第一阶段占领布列塔尼半岛，控制岛上各港口；第二阶段扫清布列塔尼的残敌，而后集中在美第 1 集团军右翼，向东独立作战，或与第 1 集团军协同，或者在有可能实现一个更大的包围圈时向卢瓦尔以南迂回。

直到会议结束，巴顿仍然觉得这个计划存在很大缺陷，但他不想因再次“冒失”而失去参战的机会，所以他一直克制自己，保持沉默，只是暗中拟订了一个预案，并称之为“第三计划”。

6 月 3 日，巴顿来到朴次茅斯。由史汀生部长派往英国报告登陆欧洲战役情况的上校 W. H. S. 赖特，在布里斯托尔的一个船上用了很长的时间和布莱德雷一起，仔细地观察了巴顿。赖特报告说，“巴顿给人的印象是，他是个能驾驭自己时间的人”，“但他却动辄大发脾气任意训人”。

巴顿和布莱德雷在朴次茅斯和蒙哥马利一起用了下午茶。这是英国人特有的令人心旷神怡的习惯。期间，蒙哥马利打电话到伦敦，规劝丘吉尔不要在星期天来。“如果首相来的话，”蒙哥马利紧张地对巴顿等人解释道，“他将不仅会惹人厌烦，而且还很可能在这里引起敌方不必要的注意。在大混乱中，他何不去多佛尔城堡抽他的雪茄烟去，让人们看到他和伦敦市长在一起呢？这倒会把德国人的注意力吸引到加来去嘛。”随后，蒙哥马利拿出一个笔记本并写下了他与巴顿打赌的条款：“巴顿将军与蒙哥马利将军打赌 100 英镑，前者认为，大不列颠的武装力量在此次战争后的10年内，将卷入欧洲的另一场战争。”

最后，蒙哥马利为四位将军举杯祝酒。巴顿也举起酒杯说：“作为在座年龄最大的军长，谨请诸位为蒙哥马利将军的健康干一杯，并对在他领导下的供职表示满意。”“这是撒谎，”巴顿在日记中写道，“但愿他不要遭天打雷劈。”

同一天，巴顿参加了在马洛里举行的军事会议，这是“霸王”计划行动之前他参加的最后一次会议。此后，他便开始了在“预备队员”的冷板凳上将近一个月的苦苦等待。

第九章　硝烟弥漫不为惧

改变战局的“霸王”计划启动了

1944 年 6 月 3 日，盟军总司令艾森豪威尔下令低速攻击舰起航出发。天有不测风云，实施空中行动的条件突然恶化，英吉利海峡上空风急雨骤，一种令人焦虑的低气压笼罩着冰岛。大风激起了英吉利海峡数丈的巨浪，海军也遇到了空前的难题。6 月 3 日到 5 日，艾森豪威尔因无法做出最终决定而焦虑不安。

6 月 5 日拂晓，当大地刚从黑暗中苏醒过来的时候，风声飕飕，凉气袭人，天正下着蒙蒙细雨。在海军上将约翰·霍尔的指挥舰“安康”号上，正举行着会议。在场的有布莱德雷、第 1 师师长布纳、第 5 军军长杰罗，以及美国海军特遣部队司令柯克。与会者一致认为，不可能让部队在船上再拖上两个星期，建议在 6 月 6 日发起进攻。为此，柯克起草了一个发给艾森豪威尔的电报。约瑟夫·柯林斯①的第 7 集团军和英国人也向艾森豪威尔发出了内容类似的电报。

当天夜里，蒙哥马利和海军上将拉姆齐一起来见艾森豪威尔，催促艾森豪威尔做出最后决定。一位略带苏格兰口音的气象学家说：“我想，长官，我们为您发现了一线希望。”艾森豪威尔坐在大书橱前面的沙发上，两眼向外望着黑黢黢的天空，陷入了长达 5 分钟的沉默。之后，他

---

① 约瑟夫·柯林斯（1896—1963）：美国陆军上将。第二次世界大战中参加了太平洋战争，后奔赴欧洲战场，任美国第 1 集团军第 1 军军长。

面露春风，如释重负地说："好吧，我们进军!"

6月6日凌晨，诺曼底登陆战役终于拉开了帷幕。

根据既定计划，盟国空军部队率先行动。在夜幕的掩护下，3个空降师2395架运输机和847架滑翔机从英国的3个机场起飞，载着3个伞兵师抵达诺曼底上空。由于6月5日狂风大作，英吉利海峡风大浪高，德国守军认为盟军不会在这时登陆，"大西洋壁垒"的指挥官隆美尔在前几天请假返回国内为妻子过生日去了，临走时他查看了潮汐表，认为6月20日以后才有涨潮。他对参谋们说："6月20日以前敌人不会进攻的，即使发动进攻，他们在海滩上也无法逃回去。"因此，当盟国大军自天而降，突然出现在诺曼底时，德军猝不及防，顿时乱作一团。

黎明时分，美、英空军部队先后出动飞机3000架次，对德军海岸防线进行狂轰滥炸，倾泻了近万吨炸弹。同时，已靠近诺曼底海岸的盟军舰艇也向德军的滩头阵地猛轰。霎时间，山摇地动，火光冲天，德军无法及时组织反击，只能躲在防御工事里，等待这阵狂风暴雨似的轰炸过去。但炮火刚停，盟军的登陆部队又潮水般涌过来，德军只得仓促应战，试图利用滩头的种种障碍挡住盟军的进攻。

6时30分，美军约瑟夫·柯林斯的第7军第4师开始在卡朗敦附近的犹他海滩登陆。这里的风浪比较小，登陆艇得以顺利登陆。上了岸的坦克和车辆立即投入战斗，对进攻部队进行火力支援，不到3个小时，美军就肃清了海岸地区的敌人，后续部队和供应品也源源不断地运到岸上。

美军第1集团军第5军第1师从犹他附近的奥马哈海滩登陆。小型登陆艇聚集在运输舰的周围，官兵们攀着粗糙而又潮湿的货网往下溜，跳进登陆艇。此刻，登陆艇犹如野马猛然弯背跃起，在海浪中颠簸起来。在靠近海岸3海里的地方，第116团的榴弹炮被装上了名为DUKW的两栖卡车，海浪开始从它们的右侧和尾部上端铺天盖地覆盖过来。结果，11辆两栖卡车在到达海岸之前就沉没下去，炮损人亡。更糟糕的是，一个意料之外的德军师正埋伏在那里等待着他们。德军巧妙地利用海滩地形和多层次的防御工事进行狙击，再加上近海和海滩处设置了许多水雷等障碍物，使第 1 师的进攻重重受阻，伤亡惨重，只有少量坦克被运上岸去，飞机轰炸也偏离了目标。登陆开始 6 个小时后，部队才前进了 100 码，收效甚微。后来，在舰队猛烈炮火的支援下，指挥官亲自前来督战，局面才逐渐好转。盟军的许许多多飞弹从火箭发射舰——每艘发射 700 枚——怒吼着飞向海滩。站在“贝菲尔德”号上的柯林斯用高倍望远镜目睹了这一切，他在想：究竟有多少发炮弹击中敌人？又有多少发炮弹击中了自己的士兵？到了下午，第 1 师师长离开“安康”号，在海滩上建起自己的指挥所。诺曼·科塔的那个旅已经占领了 2 英里滩头阵地，并逐渐扩大登陆点。到晚上时，第 5 军陆续有 3 万多人上了岸。

英军第 2 集团军于 7 时 20 分开始登陆，他们要登陆的海滩从贝叶一直延伸到奥恩河。由于得到了海军舰队和空军炮火的有力支援，加上沿岸的守敌大多数是波兰人和乌克兰人，战斗力较弱，所以英军在粉碎了最初的激烈抵抗后，迅速向内地推进，几个小时后就建立了滩头阵地。

1944 年 6 月 6 日，诺曼底登陆日，美国步兵在登陆舰上凝视奥马哈海滩

经过一天的激烈战斗，第二天，英、美军的滩头阵地连成一片，

并建立了稳固的桥头堡。在战役的最初阶段，德军未能组织起有效的防御，结果盟军以较小的代价夺取并巩固了三个登陆阵地，并在 6 月 8 日将它们连为一体。

如梦初醒的德军，很快调整好了防御并展开积极的反攻，试图将已登陆的盟军统统赶下大海去喂鲨鱼。隆美尔及时飞回前线，亲自组织防御。交战双方在诺曼底一带展开了激烈的厮杀，争夺滩头阵地的战斗进行得异常艰苦。

在第 8 集团军司令部里，蒙哥马利很好地控制着自己对前线消息的渴望。“当早晨过去的时候，”他若无其事地写道，“很清楚，我们已经在岸上了，据我们所知，一切平安无事。”傍晚，他断定自己应该在的地方是诺曼底。于是，21 时 30 分，他乘坐一艘驱逐舰驶向远方的海岸。作为盟军地面部队的总指挥，他要去法国指挥前线的地面部队，扩大滩头阵地，使其左翼足以容纳加拿大的一个军，并使其右翼能容纳巴顿的部队。

英军上岸后的第一个星期里，蒙哥马利开始为攻打卡昂做准备。卡昂是个枢纽要地。首次进攻由第 7 装甲师担任。蒙哥马利本来希望第 1 空降师降到第 7 装甲师炮火射程之内的地区，即维莱博卡日地区，但马洛里将军否决了这一建议。

之后，地面部队为下一步的进攻方向等问题争论不休，直到 6 月 12 日，第 7 装甲师才开始进攻。战斗持续了两天，最后在美国第 5 炮兵团的炮火支援下，英军才得以突破包围圈。本该在第一天就攻占的卡昂，一个星期后仍未能拿下。

6 月 14 日，蒙哥马利不得不放下架子，亲自登门去说服马洛里。马洛里提议，投入战略轰炸机为英军炸开一条通往卡昂的道路。他的建议在轰炸机指挥官中引起一阵鼓噪，他们认为这是一个不顾空军利益的臭招。次日 14 时，马洛里的美国副手范登堡①将军接到了他的高级参谋

① 范登堡：即霍伊特·桑福特·范登堡（1899—1954），美国空军上将，第二任美国空军参谋长。第二次世界大战期间任美空军第 9 航空队司令，参与指挥了欧洲战区空战。

弗雷德里克·史密斯将军的电话，由于被这一消息激怒，史密斯的声音都嘶哑了，范登堡也很愤怒，斯巴茨将军也是如此，他觉得这个计划纯属无知。

6月15日，在13架P－47霹雳式飞机护航下，艾森豪威尔与特德一道飞往英军战区，同行的还有他的儿子约翰·艾森豪威尔。

约翰在英军战区转悠一圈，发现正在交战的战区比英国伦敦还要平静。因为盟军登陆后，一直没有向德军的防线实施有效突破，处于胶着状态。但诺曼底战役无疑是捅了“马蜂窝”，英国本土遭到了无数“马蜂”的报复——德国空军把气都撒到伦敦去了。伦敦很快就变得比任何人所能预料的都更为可怕。

诺曼底海岸炮声隆隆，战事正酣。此时，美军中最富有攻击力的“战神”巴顿和他的部队仍然待在远离战场的英国中部地区，连一点火药味都闻不到。巴顿内心万分焦急。6月18日，巴顿会见了英国军事专家李德·哈特。会见中，巴顿直截了当地指出，英国军队迄今为止在卡昂一带没有完成任何预定的目标，而美军却在瑟堡半岛大规模挺进。李德·哈特回敬道，英军在关键时刻稳稳地拖住了纳粹的军事力量，这才使美军得以大规模推进。而巴顿断定，更多的德军正虎视眈眈地面对美军。李德·哈特又一次有礼貌地否定了巴顿的说法。

事实到底怎样呢？巴顿很想去法国投身于战斗现场，他觉得在炼狱中洗涤罪恶的时间太长了，已经等了好几个月，还是没完没了。

6月底，巴顿奉命将司令部从波维尔厅迁往南安普敦以西19英里处的布雷摩公馆。同时，第3集团军也秘密向英国东南部集结。

不料屋漏偏逢连夜雨，7月1日清晨，巴顿的脚被一块沉重的防空帘砸伤，肿痛难忍，最后他不得不拔掉了指甲；接着他又获悉，他房东的儿媳被他部队的一辆卡车撞死了。而最令他沮丧的是，他听到了一个传言：第3集团军在7月底至8月初不会投入战斗。巴顿觉得自己似乎吃了个败仗。他像一只热锅上的蚂蚁一样，坐立不安。他在日记中写道：“我有一种可怕的感觉，在我投入战斗之前，战斗就会结束了。时间的拖延对我十分不利。”但在接到上级的命令之前，他不得不忍耐再忍耐。每当难以抑制的时候，他便抚摸那支左轮手枪。他想：难道在大功告成之前，我要老死他乡吗？难道自西西里登陆以来，蒙受的奇耻大辱就没有机会洗刷了吗？他一定要改变这一切。在这样的心境下，他已经无法在豪华的卧室里安枕了，他总是拿着自己心爱的手枪到流动指挥车中休息，枕戈待旦，时刻保持一种临战状态。

不过，艾森豪威尔并不准备马上让巴顿投入战斗，这一方面是由于“霸王”计划的规定，巴顿的任务不是抢占滩头阵地，而是向内地扩大战果，即使登陆不成功，巴顿也可以作为救火员；另一方面也是为了继续实施“刚毅作战”计划，以疑兵之计分散德军的注意力，使其误以为巴顿的部队仍将在加来地区登陆，诺曼底登陆只是佯攻，迫使德军不敢贸然调动加来地区的兵力去增援诺曼底地区的德军。事实证明，这一诱骗行动取得了预期的效果，自始至终，隆美尔都让西线德军主力第15集团军一直驻守在加来，未敢轻举妄动。也就是说，巴顿的第3集团军还没出动，就困住了德军西线主力。

但巴顿却越等心里越着急，他怀着急切的心情关注着战局的发展。他坚信，无论诺曼底登陆成功与否，他和他的第3集团军都会派上大用场。因此，自诺曼底登陆以来，他身上总是携带着一份地图——一幅比例为百万分之一的法国地图，通过它掌握战场上的动态。经过分析，他发现战事正在陷入僵局，蒙哥马利的进展十分迟缓，布莱德雷也未能快速向阿夫朗什推进。6月30日，蒙哥马利发布指令，命令美第1集团军向南推进，用布莱德雷的话说叫“从芳草如茵的诺曼底牧场迅速推进到塞纳河沉睡的两岸”，而英第2集团军则继续留在“波状起伏不定的平原”——卡昂，把德军主力吸引过来。巴顿更加焦躁不安了，他大声抱怨说：“蒙哥马利优柔寡断，布莱德雷瞻前顾后，这样下去盟军是要吃大亏的。”

确实，蒙哥马利虽然选择了向德军兵力部署最弱的地区进军，但他对自己所选地区的地形一点也不了解。第1集团军所要通过的地区非同寻常，巴顿对此太熟悉了。1913年，他曾和妻子比阿特丽丝在那里度蜜月，勘察过那儿的每一寸土地。1917年，巴顿在训练坦克部队时，再次从军事角度勘察了该地。那里溪流沼泽密布，河流沟渠纵横，杂草灌木丛生。在战争时期，这一切都是令人生畏的，尤其对机械部队的运动十分不利。因此，尽管这一地区德国守军较弱，但仅这些天然屏障便足以抵上几个精锐师的兵力。巴顿认为派遣部队向这一地区推进简直是自投罗网。

蒙哥马利在督军缓缓推进的同时，送给艾森豪威尔一份请求书：

我们将在今后两周或更长时间内艰苦作战，我衷心地请求你帮助，别让访问者前来。我要牢牢地掌握战斗，因为这是这一时期里极其重要的战斗，要使事态按我们希望的方式发展，不能混乱，不要让我们被任意摆布。我没有时间接待来访者。

他针对的是艾森豪威尔本人。在英军战区，艾森豪威尔很久也没能跟蒙哥马利碰上一面。

艾森豪威尔视察完战区后，对“霸王”行动的进展落后于计划也非常不满。他写信给蒙哥马利说：“我们必须尽一切可能，以坚定的努力来结束僵持局面。”当美军第 2 军发起一次有利于左翼的进攻时，蒙哥马利却只把英军有限的 3 个师用于进攻。为此，艾森豪威尔决定尽快起用美军的头号猛将巴顿，以打破现在的僵局。

压抑了这么久后，巴顿终于又有了挥洒激情的机会。他向全军官兵发表了一次激情的演讲，倾泻了壮士的情怀和英雄的呐喊。他说：

最近有些小道消息，说我们美国人在这次战争中想置身事外，缺乏斗志。那全是一堆臭狗屎！美国人向来喜欢打仗，真正的美国人喜欢战场上的刀光剑影。当今天在座的各位还都是孩子的时候，大家就崇拜弹球冠军、短跑健将、拳击好手和职业球员。美国人热爱胜利者。美国人对失败者从不宽恕。美国人蔑视懦夫。美国人既然参赛，就要赢。我对那种输了还笑的人嗤之以鼻！正因如此，美国人迄今尚未打输过一场战争，将来也不会。凯旋后，今天在座的弟兄们都会获得夸耀的资格。20

年后，你会庆幸自己参加了此次世界大战。到那时，当你在壁炉边，孙子坐在你的膝盖上，问你："爷爷，你在第二次世界大战时干什么呢?"你不用尴尬地干咳一声，把孙子移到另一个膝盖上，吞吞吐吐地说："啊……爷爷我当时在路易斯安那铲粪。"与此相反，弟兄们，你可以直盯着他的眼睛，理直气壮地说："孙子，爷爷我当年在第3集团军和那个狗娘养的乔治·巴顿并肩作战!"

7月2日，艾森豪威尔打电话给巴顿，让他火速赶到法国诺曼底前线，命令他到达法国的日期是7月6日，即登陆日之后一个月。

由于等待去法国的命令等腻了，7月4日，巴顿偷偷溜到伦敦去会见一位从波士顿来的年轻漂亮的女子。这位女子叫琼·戈登，是巴顿的外甥女。无论是在英国还是后来在欧洲大陆，当巴顿款待重要的客人时，她总是奉陪在座。巴顿和她总是用流利的法语热烈交谈，使周围的人莫名其妙，连休斯也禁不住怀疑他们到底是什么关系。

7月6日这一天对于巴顿来说是一个终生难忘的日子，他终于盼来了重返欧洲参战的机会。他带着副官科德曼·斯蒂尔上尉和传令兵米克斯中士，还有他的爱犬威利和《诺曼征服史》这本书，登上一架C－47型飞机起飞了。在4架P－47战斗机的护航下，巴顿的C－47飞机破云穿雾，很快便飞临英吉利海峡。巴顿从1万英尺的高空中俯瞰，深蓝色的海水起伏涌动，闪耀着粼粼波光。巴顿还没来得及欣赏这海天一色的壮景，诺曼底海岸便映入了他的眼帘。他的心情十分激动，似乎不是在奔赴战场，而是一次故地重游。自从他从奥运会返美途中第一次经过这里以来，整整32年过去了，当年祥和宁静的海滩如今已变得满目疮痍，惨不忍睹。海滩上，海防屏障被炸得乱七八糟，登陆舰艇横七竖八地躺着，被炸得血肉模糊的尸体也没有掩埋，海面上挤满各种漂浮物，几乎看不到海水。岸上，一队队登陆士兵正匆匆赶路，各种车辆穿梭在人丛中。

巴顿的飞机在奥马哈海滩的机场上摇摇晃晃地停下来，布莱德雷将军的副官切斯特·汉森中校正等候在那里，之后他们驱车前往设在伊

1944 年，盟军在诺曼底登陆

西格尼南面一片树林中的布莱德雷的司令部。一路上交通拥挤不堪，几英里的路程竟花了一个小时的时间。布莱德雷一见到巴顿，立即热情地拥抱了这位过去的上司。随即，巴顿与布莱德雷、霍奇斯将军以及第 7 军军长柯林斯开会，讨论了作战方案。他说：“我对来这里和你们并肩战斗感到很自豪，让我们把那些德国佬掏肝挖心，直捣柏林。”与此同时，巴顿的参谋长盖伊正率领参谋人员从南安普敦乘船渡过海峡，抵达布里克贝克并设立司令部。

位于科唐坦半岛中部的布里克贝克是一个很隐蔽的小镇子，巴顿的司令部设在镇郊的一个苹果园里，那里环境十分幽静，像是一栋度假屋，周围花香四溢，树影摇曳。屋前只有一条小路与外界相通，往东行 10 英里左右便是第 3 集团军的驻地。离此不远，还有美第 21 战术空军部队的奥托韦兰将军的司令部。近水楼台，巴顿很快与这位空军司令成了好朋友，并在日后的战斗中密切合作。

巴顿的司令部之所以选择这样一个僻静的地方，一个很重要的原因是他的疑兵计划还没有最后完成，还不能马上在诺曼底抛头露面，这使得一向高调的巴顿要再受点委屈，继续“隐身”下去。但是，巴顿并没有足不出户，相反，他每天驾驶吉普车四处奔走，不是巡视部队就是拜访老友，往来总是风风火火、精力充沛，毫不掩饰他兴奋和乐观的情绪，他认为自己马上就可以驰骋疆场，大干一番了！

然而，布莱德雷及所有登陆部队的指挥官都是表面上对巴顿热情和尊重，实际上依然把他当作客人对待。各种礼遇使巴顿逐渐感到，自己在诺曼底只不过是个局外人。布莱德雷作为集团军群指挥官，和其他将领商量军务没有让巴顿参加。战场上，德军正在增兵，仗打得越来越艰苦，而巴顿只能冷眼旁观，最多出出主意，出了主意也未必被采纳。

为了使“霸王”行动能顺利进行，巴顿利用手头的那张地图设计了一个大胆的计划。该计划中包括两个基本方案。第一方案是，在诺曼底登陆的同时，以一个军的兵力在布列塔尼半岛的莫尔莱登陆，对德军发动钳形攻势。巴顿认为，此举可以打破德军的防御体系，对德军形成夹击之势，使盟军尽快突破德军防线，进入便于机动作战的开阔地带，而无须通过丛林地带。第二方案是，利用瑟堡半岛上的公路网，用装甲兵开路，步兵相随，集中 4 个师的兵力，通过狭窄的走廊纵深推进，突破敌人封锁，攻占阿夫朗什。虽然盟军在这一攻势中会损失大量坦克，但仍可以在 48 小时之内推进至阿夫朗什，这是一个具有战略意义且在战术上行之有效的方案。

但是，这个计划并未得到批准实施。

另外，在巴顿离开英国后，由巴顿一直在英国“指挥”的这支虚假的集团军需要选派一位新的指挥官，以作为疑兵之计的一部分。因此，艾森豪威尔向马歇尔提议让莱斯利 · 麦克奈尔[1]中将担任。

---

① 莱斯利 · 麦克奈尔（1883—1944）：美国陆军上将（追晋），第二次世界大战期间，任美国陆军集团军群司令，在法国诺曼底视察时被美军飞机炸死。

炮火连天，参与“眼镜蛇”行动

蒙哥马利亲临战区后，他的部队仍未能打破僵局。英国邓普西将军的第30军在卡昂区只取得了有限的进展。到7月10日为止，蒙哥马利虽然夺取了卡昂北部，但是没能控制城区和机场。对此，蒙哥马利辩解说，“刚毅作战”计划的主要目标之一是在登陆日以后欺骗德国人，让他们相信盟军打算通过在英军战区中的卡昂发动主攻，直指巴黎，于是德国人就会不得不部署兵力来迎击，而真正的突破口其实选在另外一边的美军战区。不论这一辩解是否有理，蒙哥马利没有实现目标是毫无疑问的。

同时，美军在东路的进攻也严重受挫。第1集团军在奥马哈海滩的一场激战中损失惨重，而向瑟堡进攻的部队又陷在灌木丛中，举步维艰。

6月24日，艾森豪威尔写信给布莱德雷说：

> 我极度热切地希望你明天能拿下瑟堡。一旦你拿下瑟堡，我们就必须立即投入后备力量，以尽可能快的速度向南进攻。敌军已经集结兵力，我们不能让他们在半岛的北半部挡住我们。第2军的进攻今晨开始，敌人援军将会被吸引到那一边去，这给了我们一个非常难得的短暂机会。

当天晚些时候，布莱德雷回信说，他的愿望是能在当月底攻下瑟堡。

几天后，布莱德雷命令增派1个师和2个坦克团投入瑟堡战役，又经过三天激战，瑟堡半岛战役总算宣告结束，但盟军付出了惊人的代价。战场上弹坑遍地，弹痕累累，树木所剩无几，东倒西歪的纳粹掩体中到处是各种战斗后的残骸——弹药箱、破衣烂衫和各种子弹。6月的最后一天，布莱德雷和副手考特尼·霍奇斯[①]将军一同来到霍克角视察。霍奇斯写道：“当时仍散发着火药味和使人恶心的尸体腐臭味。”由于两个星期连降大雨，洪水泛滥，诺曼底灰蒙蒙的大地浸泡在一片大水之中。雨水浸透了大地表层，战场变成了泥潭，而这正是隆美尔几个月来为顶住盟军所期望的。但是，无论老天下雨或道路泥泞与否，英、美两国的部队必须向东南推进，到达法莱斯和阿尔让当附近的低洼地带，因为只有从那里突破后，他们才能利用装甲部队的优势向巴黎大规模进军。

拿下瑟堡后，布莱德雷托休斯给艾森豪威尔带去一封信，说：

> 我非常担心，在现在这个时候去打击敌人，我们有没有既能持续前进又能打败敌人的力量。我希望能持续前进而没有什么太大的停顿，一直打到半岛底部再拐弯。……我对我们的进展如此缓慢颇感失望。每一位关心战斗的人都告诉我，我们面对的是敌人精心布置的阵地和相当精锐的部队。但我认为，一旦我们打破这种僵持局面，走向那些妨碍我们前进的障碍，我们的进军一定会比现在迅速得多。

艾森豪威尔看信后叹了口气，对休斯说：“有时我真希望乔治·巴顿在那里。”

在战役的第一阶段，英军损失2.2万人，美军伤亡4万人。得知这一消息后，巴顿再也坐不住了，他再次向艾森豪威尔提出自己的作战建议，并表达了参战的意愿。情况已经证明，如果按照他的计划行事，是可以实现预期目标的。7月14日，他在日记中写道：

> 我确信，如果由我指挥，我可以在两天之内突破成功，只需利用空中轰炸，在前面开道，率几个装甲师突击前进，就可以实现目标。

---

① 考特尼·霍奇斯（1887—1966）：美国陆军上将。第二次世界大战期间任第1、第3集团军司令，参加诺曼底登陆，后率部解放了巴黎。

7 月 20 日，希特勒总参谋部的一些密谋分子企图谋杀希特勒，但没有成功，随后，希特勒变得更加没有理智，立即命令部队向英国本土发射他的“复仇武器”——V－1 型飞弹，准备用双倍数量的飞弹袭击伦敦。

盟军的进攻面临着更大的压力，美第 1 集团军的伤亡已达 6.2 万人，其中死亡人数近 1.1 万人。墓地上一长排一长排地停放着尸体，正等待着穿黑衣服的收尸队来埋葬。

瑟堡战役后，布莱德雷费了好几天工夫重新部署了军队，准备渡过海峡，并确定海滩登陆地点，从各个细节进行安排。奇怪的是，海峡对面复杂的地形竟无人知晓。科唐坦半岛草木丛生，遍地沼泽，被密密麻麻差不多有三人高的灌木丛篱分成一块块小方地。为了使美军坦克顺利到达进攻地点，步兵们只得穿过这些沼泽地和灌木丛生的旷野，缓慢地向南进军。美军直到 7 月 18 日才占领圣洛，比预定日期晚了一个星期。这时，从莱赛到佩里耶的公路沿线仍掌握在德军手中，圣洛本身也不断遭到德军的猛烈攻击，岌岌可危。

形势已不容许继续拖延，艾森豪威尔和布莱德雷一起拜访了蒙哥马利。此时，德军又生产出两种新式坦克——“豹式”和“虎”式坦克。艾森豪威尔给比德尔·史密斯将军发了一份内容详细的电报，命他核实这一情况，并亲临美军战区前沿。在敌人废弃的一座高射炮台顶上，艾森豪威尔用望远镜仔细观察进攻的地形：沼泽地、布雷区、机枪阵地和更开阔的沼泽地——这些一直向南延伸到圣洛。德军在布莱德雷的部队还未向北挺进前就已筑起了一道完整的防线。事实上，7 月初德军就已把 80 辆“虎”式坦克、250 辆“豹式”坦克及 300 辆较老式的“马克”－4 型坦克开往滩头阵地。正如德吉刚将军在一封信中指出的那样，此时盟军登陆部队存在着被“‘豹’和‘虎’的复合行动”夹击的危险。

布莱德雷意识到自己在科唐坦半岛中部地区的正面推进更加艰难了，如果一直这样胶着下去，对整个战局极为不利。因此，他决定取消这一攻势，代之以一个更大胆、更坚定的计划——“眼镜蛇”作战计划。根据这一计划，布莱德雷要集中他的地面力量，加上空中优势，对德军防线实施狭窄侧面突破。布莱德雷从上一次攻势受挫中吸取了教训，“眼镜蛇”计划无论是构思还是实施，都是卓越和高超的，“欧洲后来发生的大部分战役是在它的基础上发展起来的”，布莱德雷也因此为自己赢得了荣誉。

实施“眼镜蛇”计划，必须有一支穿透力强的“铁军”。布莱德雷不得不把巴顿找来，商讨这个计划的具体实施方案。他们有同样的认识：美军应首先集中大量的轰炸机，对圣洛以南地区狭窄的侧面实施狂轰滥炸，然后以柯林斯的第 7 军实施快速突破，只要能打开一个缺口，就能打破胶着状态，整个计划的最终结果将是突破德军防御工事，攻占阿夫朗什，为巴顿扩大战果打开局面。就在这时，巴顿接到了蒙哥马利的一项命令，该命令说，在盟军到达阿夫朗什之前，第 3 集团军不得投入战斗。布莱德雷却对巴顿说：“不要担心，乔治，我从未见过这份命令，我将尽快让第 3 集团军投入战斗。”

7 月 11 日，布莱德雷把“眼镜蛇”计划呈交给艾森豪威尔，这时，艾森豪威尔也认识到了集中地面兵力和空中优势，实施狭窄侧面突破的必要性，而且这时的战场局势也对美军实施这一方案十分有利：英第 2 集团军牵制住了德军 6 个装甲师、645 辆坦克和 92 个步兵营，而美第 1 集团军的前面只有 2 个敌装甲师、190 辆坦克。因此，他很快就批准了这一计划。

对于“眼镜蛇”计划，巴顿最初持一种怀疑态度。因为英、美联军一直以来都采取缓慢推进战术，该计划所要实现的战役目标与上一次攻势完全一样——打开进入布列塔尼半岛的大门，这需要快速突击。但是，当他仔细研究这一计划的内容后，他对这个计划热心起来。这与他原来的构想有很多相似之处，可以说布莱德雷是得到了巴顿的启发，照搬了巴顿原计划中的重要内容，即借重装甲部队利用公路网纵向快速进攻，集中兵力实施狭窄地段的突破，发挥空中优势，以及以阿夫朗什作为夺占目标，等等。当然，“眼镜蛇”计划也有布莱德雷的创见，他加强了各部队、各兵种间的协调配合，使得该行动计划更加完善有序，这实际上是对巴顿原计划的进一步完善。

该计划提出两个基本步骤。第一步，在诺曼底登陆的同时，以一个暂编军在莫尔莱登陆，对德军形成钳击之势，使盟军尽快突破滩头阵地，转入机动作战。第二步，盟军在诺曼底夺取滩头阵地后，使用装甲部队沿公路网纵向前进，通过一条狭窄的走廊地带向纵深挺进，迅速突破阿夫朗什。目前第一步已经基本完成，实施第二步必定要损失大量坦克，但是只需 48 小时就可以在德军防线上冲开一个缺口。

巴顿认为，“眼镜蛇”计划与自己的命运息息相关。首先，他觉得自己对“眼镜蛇”拥有一份发明权；其次，如果实施“眼镜蛇”计划，他的部队便可马上投入战斗。所以，在 7 月 16 日的高级参谋会议上，巴顿向他的司令部有关人员传达了这一计划，并强调该计划仍属机密，一定要守口如瓶。但这些参谋都是巴顿坚定的支持者，新闻发布官布莱克尼上校还是把“眼镜蛇”计划告诉了记者，并用极具暗示意味的话语表明该计划最早出自巴顿。布莱德雷得知这一消息后，火冒三丈：这么机密的计划被人泄露了，而且还剥夺了他的发明权。因此，他对巴顿进行了毫不留情的指责。但对巴顿来说，“眼镜蛇”计划的意义在于阿夫朗什是一个极其重要的战略要冲，是五条公路和两条河流的交汇处，美军一旦占领了它，就可以走出灌木丛地带，进入一马平川的辽阔平原，他的坦克部队就可以向东、南、西三个方向的宽阔地带随心所欲地进攻，解放大片法国领土，把敌人赶出法国。所以，他并不在乎是谁发明了这项计划，他曾对自己的秘书说：“只要他们允许我执行这个计划，即使功劳一点不归我，我也毫不在乎。”

这场风波虽然很快平息了，但布莱德雷对巴顿的疑虑仍无法消除。他对巴顿采取了一种“既用又不用”的策略，让其领导第 3 集团军的庞大机构，同时又将其排除在真正的指挥机构之外。但巴顿并不在意，为了使行动路线和打击目标更为明确，他初步拟订了一个具体的行动方案，即先集中兵力摧毁德国的 B 集团军群——第 5 装甲军和第 7 集团军。第 4 装甲师从阿夫朗什港口突破后，直捣雷恩和基伯龙，切断布列塔尼半岛的后路，孤立半岛上的守军，切断德军来自东面和南面的增援。第 6 装甲师将通过中部高地向布雷斯特逼近，沿途解放大片法国领土，将德军赶入海港，再让步兵去对付他们。另外，盟军派遣一支暂编部队夺取铁路，沿半岛北部海岸快速推进，赶在德军之前夺占一些交通要冲和设施。完成上述任务后，第 3 集团军再掉头向东，以闪电般的速度楔入敌人后方地区，沿途给德军以毁灭性的打击。

为了确保及时准确地了解前线的情况，巴顿格外重视情报搜集工作。他派出配备有无线电台的侦察部队，到半岛的前沿和两翼之侧进行活动，甚至深入敌后搜集情报。在菲切特上校的领导下，这支情报部队以其英勇机智高效率的工作，及时向巴顿报告最新的战场动态和信息，对此巴顿自豪地夸赞道："他们才是我最明亮的眼睛。"

在部署作战计划期间，布莱德雷没有告诉柯林斯一件事（无疑这是为保密起见），即在北面，巴顿带着他那几万人的部队正在待命，这支大部队将用于在德军防线内扩大缺口。

"眼镜蛇"计划于 7 月 25 日正式开始实施，艾森豪威尔亲临前线督战。上午 9 时 30 分，美军数百架"雷电"战斗轰炸机奉命出动，对圣洛西面一块长 1.55 英里、宽 0.31 英里的长方形敌军防御阵地实施大规模空袭行动，揭开了"眼镜蛇"行动的序幕。到上午 11 时，美空军轰炸机已出动 2400 架次，朝敌防御阵地投下了 4000 多吨高爆弹、杀伤炸弹和凝固汽油弹。而后，坦克和步兵在轰炸机的支援下，对圣洛的防御之敌发起了猛烈的进攻。

在美军的猛烈打击下，大片德军阵地被夷为平地，火炮、车辆和坦克被炸成废铁，弹药库被摧毁，通信线路被切断，数千名德军官兵被炸死。德军很快失去指挥和协同作战能力，陷入混乱之中。

这时，有关轰炸情况的报告接连不断地送到布莱德雷手中，其中有几份报告使他大吃一惊，因为这几份报告都抱怨炸弹未击中目标，反而错投到美军的阵地上。布莱德雷立即派出侦察人员到现场调查，结果证明，轰炸时确实出现了偏差，给美军第 30 师和第 19 师造成了一些伤亡，特别是奉命接替巴顿担任虚构的第 3 集团军司令的莱斯利 · 麦克奈尔中将也被当场炸死，他是第二次世界大战以来在战场上被炸死的军衔最高的将军。麦克奈尔的死，令艾森豪威尔十分震惊，同时也使“刚毅作战”行动的疑兵之计在危急时刻面临彻底暴露的危险。英军的情报部门“超级机密”截获的情报早已表明，德国谍报机构已经辨清了盟军在诺曼底的一些部队（他们原以为这些部队是在英国待命进攻加来海岸的“巴顿集团军”的一部分）。因此，德军派三个整编师驻守了一段时期。麦克奈尔的尸体是当着美国士兵的面埋葬的，没有举行特别的仪式。马歇尔通知艾森豪威尔说，不要把这一噩耗通知任何人，哪怕是他最近的亲属。但麦克奈尔的飞行员却把这不幸的消息告诉了华盛顿的许多人。两天后，人们竟传说麦克奈尔是“在诺曼底被敌人打死的”。

当然，除了负面消息外，轰炸所取得的成果还是十分巨大的：德军阵地被炸得面目全非，1000 多人在空袭中丧生，另有 3000 多人或者被炸伤，或者被震得头昏眼花，无法继续参加战斗。驻守这一地段的莱尔装甲师（装甲教导师）是德军装备最好、战斗力最强的王牌部队，其编制相当于两个普通装甲师，而且还辖有第 13、第 15 伞兵团。德军“坦克之父”古德里安曾得意地宣称：“仅仅这个师就可以将盎格鲁－撒克逊人赶入大海。”但在这次轰炸中，该师受到重创，完全陷入瘫痪，一时失去了战斗能力。

上午 11 时，轰炸刚一结束，柯林斯指挥的美国第 7 军就以 3 个师的兵力发起进攻，手持卡宾枪和机枪的士兵蜂拥而出。柯林斯很快发现，德军一片混乱，几乎不能组织起有效的抵抗。他当机立断，又调来 3 个师投入战斗。战场被烟雾和尘埃所遮盖，一片尘雾飞扬，榴弹炮与其他炮弹爆炸，引起空气的强烈震动，而且还夹杂着施美塞机枪特有的那种迅速的“嗒嗒”声。炸弹把重坦克掀到了一边，把装备炸得粉碎，狭长的战壕被夷为平地。发疯似的德国兵在战场上四处逃窜，叽里呱啦地不知在喊些什么。但在莱尔装甲师的右边，还有德军第 5 伞兵师，大部分炸弹都未击中他们。少数顽抗的“豹式”坦克仍在阻击美军的进攻。

7 月 26 日，巴顿第 3 集团军的一个军——米德尔顿的第 8 军也加入了战斗行列。盟军部队以排山倒海之势向预定目标前进。柯林斯的第 7

军很快把德军防线打开了一个大缺口，接着又向南推进了1300码。第8军乘势控制公路，切断了莱赛至佩里耶的通道，迅速在赛夫勒河对岸建立了一个桥头堡。

在布莱德雷实施“眼镜蛇”计划之前，英军战区的蒙哥马利实施了“赛马场”行动，尽管有空军和海军的大力配合，但没有实质性的战绩。两天的轰炸把卡昂炸得乱七八糟，德军被盟军海陆空的联合行动打得晕头转向，混乱不堪，但依然顽固地坚守阵地。德、英双方都有不小的损失，蒙哥马利为了掩饰失败，宣称：“最要紧的事是要彻底摧毁德国人的兵力和装备，以便削弱敌人的战争潜力——这就是我们要做的事情。”

美军方面，“眼镜蛇”行动正在向德军战线深入。布莱德雷所面临的是下一步该怎样行动——实际上也是用不用巴顿的问题。布莱德雷对巴顿的感情是错综复杂的。巴顿过去是他的上司，他对巴顿的军事才能和组织进攻的能力十分佩服，但现在他们的位置与以往正好相反，而巴顿的秉性却丝毫没变，依然是那样高傲自大，丝毫不把他放在眼里，他担心不好控制巴顿。而且他认为，如果巴顿在战场上大出风头，可能会影响自己的声誉。因此，对于现在是否使用巴顿，他迟迟拿不定主意。而且“眼镜蛇”行动开始后遇到了德军的顽强抵抗，对于这次行动能否最终成功，他也没有十足的把握。直到7月28日，布莱德雷才决定，让巴顿以第1集团军副司令的名义到前线督战（是监督不是指挥）。他交给巴顿的具体任务是：“监督第8军扩大战果，打开布列塔尼的大门”，并尽快让巴顿的第15军参加战斗。同时还规定，只有当第3集团军全部投入战斗后，巴顿才能对第8军进行指挥。布莱德雷把这解释为“一种行政上的权宜之计”。

巴顿的参谋人员纷纷为巴顿鸣不平，有的人甚至学着巴顿的口气，大骂“狗娘养的”。他们认为，布莱德雷的意图很清楚，既要巴顿为他卖命，又怕巴顿抢了他的功劳，因此，他不让巴顿行使指挥权或影响计划的进程，这完全是利用巴顿的直率和求战心切来设置笼子，让巴顿乖乖听命。但对巴顿来说，只要能参加战斗，其他事情都不需要计较，哪里还顾得上这些政治上的钩心斗角呢！他毫不犹豫地接受了这一命令。

同时，“眼镜蛇”行动也有所调整。按照原定计划，美军在突破德军阵地后要进行一段时间的休整，但布莱德雷和巴顿都觉得此时应该一鼓作气，利用德军的溃败迅速扩大战果。在接受任务后的第二天，巴顿带上参谋长加菲等人赶赴第8军军部。第8军军长米德尔顿热情欢迎老上司，并于当天和巴顿等人讨论了第8军下一阶段的行动预案。第8军仍属第1集团军指挥，其任务是在科唐坦半岛西部牵制德军的部分兵力，待柯林斯的第7军上来以后，对半岛之敌形成包围之势，并伺机全歼德军。

第8军现有4个步兵师和2个装甲师，米德尔顿把步兵师部署在最前沿，担任正面突击任务，2个精锐的装甲师作为预备队留在后方。这与巴顿一贯快速突破的战术思想及本次行动预案大相径庭。巴顿认为，盟国空军的狂轰滥炸使公路遭到严重破坏，加上敌军铺设了大量地雷，以及遍地都是被摧毁的车辆和装备，大部队的行进遇到了很大困难。由于交通阻滞，第8军的推进速度大为减慢，当务之急是使部队以最快速度抵达阿夫朗什。巴顿非常熟悉这个地区，30多年前，他曾偕妻子乘坐敞篷汽车游览过该地，它位于塞厄河与塞鲁河之间，在军用地图上只是一个很不起眼的标记，但实地却有四通八达的公路。巴顿意识到，阿夫朗什不仅是通向布列塔尼的大门，还是解放法国的关键所在。于是，巴顿立即对部队进行新的部署，把2个装甲师作为前锋，快速向阿夫朗什推进。米德尔顿尽管有异议，但仍然按照老上司的命令执行了。

7月28日，盟军还从战俘那里得知隆美尔在自己的汽车队遭到空袭时受了重伤，他的职务已为陆军元帅根特尔汉斯·冯·克鲁格所接替。这对美军来说是个天大的好消息，但巴顿却感到十分遗憾，因为他没有机会和这位真正的对手一较高低了。

7月29日，第8军改用装甲部队打头阵的战术取得了惊人的效果。第4装甲师快速向塞朗斯挺进，同时，第6装甲师已抵达西埃纳河上的罗克桥附近。

巴顿不仅对每次战斗充满激情，而且善于用自己的情绪去感染士兵。他在一天之内视察了 10 多个作战部队，每到一处都对部队的行动进行具体指导。途中，巴顿与第 6 装甲师相遇，当时该师正要通过罗克桥附近的河流。由于河水湍急，坦克手们不敢冒进。巴顿得知这一情况后，立即跑到下游，亲自试探河水深浅。第 6 装甲师的官兵们都好奇地看着他，甚至河对岸的德军士兵也觉得十分奇怪，没有向他开枪。巴顿上岸后，立即命令道："前进吧，勇士们!"顿时，第 6 装甲师的坦克群"隆隆"涉河而过，德军见状惊慌失措，只得向北撤退。第 8 军乘势向西埃纳对岸全力推进。

7 月 29 日晚上，德军西线总司令克鲁格在圣洛南面的前线临时指挥所里，给希特勒写了一份前线战况报告。他是德军最高统帅部中最先认识到局势急转直下，已不可收拾的高级将领之一。克鲁格心头的焦虑越积越重。

"昨天我和卡昂战区的司令官们进行了讨论，"克鲁格写道，"很遗憾，有迹象表明，鉴于敌人已完全掌握了制空权，我们已束手无策，无法抗衡敌军强大的歼灭威力，除非我们放弃法国战场。"他一针见血地做出结论："尽管做出了紧张的努力，业已非常吃紧的这条战线全面崩溃的时刻已经临近。敌人一旦进入开阔地带，鉴于我军机械化程度不够，就不可能再进行有条不紊的指挥。我的元首，我认为我有义务及时提醒你注意这些结论!"

同时，原德军西线总指挥龙德施泰特①和隆美尔，未能击退盟军的登陆，便赶紧向希特勒提出补救办法。6 月 29 日，隆美尔建议德国第 7 集团军"回到塞纳河一带打一场后卫战，把法国南部的各军撤回，以便沿塞纳河直至瑞士境内建立一条新的防线"。隆美尔虽然力主与盟军谈和，但他认为只有在挡住盟军军团进攻的情况下，才有谈判的资格，所以他依然全力劝说希特勒赶紧构筑第二道防线。

龙德施泰特本人的建议远远超过隆美尔的建议，他希望希特勒将军

---

① 龙德施泰特（1875—1953）：纳粹德国陆军元帅。参加了第一次世界大战，第二次世界大战期间历任东线总司令、西线 A 集团军群司令、西线总司令，后兼 D 集团军群司令，是纳粹政权军官中资历最老的指挥官之一。

队全部撤回本土。希特勒的参谋长凯特尔问他："我们该怎么办?"龙德施泰特回答说："媾和，你这个笨蛋！除此之外，还有什么其他办法?"

凯特尔把龙德施泰特的话报告给希特勒后，龙德施泰特立即被解除了职务，希特勒任命克鲁格接替他。从表面上看，这位新任命的元帅似乎是个"杰出的人选"。

7 月 30 日，克鲁格在他的西翼待了整整一天，无可奈何地看着美军在科唐坦半岛西部地带挥师直下，不断冲击他那已焦头烂额的第 91 师。他聚精会神地注视着美军的前进，发现美军的战线左侧实际上毫无防卫，如果能抓住这一机会给美军重重一击，必定会战果惊人。因此，他试图依靠所谓应急部队和其他特种部队来扭转战局，但为时已晚。

7 月 31 日上午，格罗的第 6 装甲师越过了格朗维尔，迅速向东南推进到阿夫朗什地区。第 4 装甲师的主力部队正从阿夫朗什向南搜索。下午，美军在阿夫朗什站稳了脚跟，在塞厄河上的两座桥梁上建立起了桥头堡。

第 8 军如此凌厉的攻势和快速的推进，是德军未能预料到的，他们也无法准确判断美军的兵力，只能全部撤到阿夫朗什一带固守待援。

7 月 31 日深夜，也就是第 8 军向阿夫朗什突击时，以德军总参谋长阿尔弗雷德·约德尔①和副总参谋长沃尔特·沃利蒙特为首的 7 名军人鱼贯走进地图室，去聆听希特勒长达一个小时的训话。

这天夜里，希特勒情绪十分低落，一直面壁沉思，他再也不是凭那糊涂直观的可怕方式来指挥作战的梦幻式的战争巨头了。这一次，他终于能按照战争的实际情况来理解战争了。他以惊人的清晰头脑认识到在科唐坦半岛底部的交战预示着什么，德军损兵失地，使他从美国第 8 军的"隆隆"坦克声中听到了为他敲响的丧钟，并开始推断指挥第 8 军的人是谁。

---

① 阿尔弗雷德·约德尔（1890—1946）：纳粹德国陆军大将。第二次世界大战中成为德军最高统帅部作战局局长、威廉·凯特尔的副手，负责制订"二战"中德国许多军事行动计划。战后被英、美盟军逮捕，在纽伦堡受到审判，处以绞刑；行刑 6 年后重新审理被宣判无罪。

希特勒沉思了10多分钟后，终于开口了。他说："约德尔，我们的老对手到法国来了，假如我们丢掉法国战场，我们就丧失了潜艇战的出发点，丧失了我们正从法国取得的许多对于我们的战事极其重要的财富，包括我们所能希望得到的唯一剩下的钨。"

希特勒停了片刻，又若有所思地说："美国人的第8军这样冒进很危险，但我们却拿它毫无办法。显然，我们必须优先考虑这一问题，在目前的情况下，在法国展开一场大规模的战役是绝对不可能的。我们已力不从心，只能设法重新组织力量，但也只能达到有限的程度。事实上，我们应当立即撤出海岸，把我们的机动部队撤退到一条稳固的防线后进行坚守。但局势已经明朗……我们的力量与敌人相比，已不足以防守哪怕是一条狭窄的阵线。

"我们必须给抵抗盟军集团军群的每个官兵灌输一种思想，即无论如何必须以最坚韧不拔的意志来进行搏斗，处处寸步不让，因为对我们来说，打运动战已不可能了。"

这就是已经开始正视失败的希特勒的一次训话。

1944年，欢迎美国士兵的诺曼底市民

美军方面，得知第8军胜利的喜讯后，布莱德雷欣喜若狂。高兴之余，他首先想到了巴顿。如果不是巴顿越权指挥第 8 军，胜利就不会来得如此顺利、如此之快，自己以小人之心度君子之腹，实在心有愧疚。巴顿的所作所为，都是为了战争的胜利。而巴顿也只有这一次牢牢地控制住了自己的感情，没有骂娘发怒，而是以德报怨，以坦荡的胸怀化解了布莱德雷对他的疑虑。此时，布莱德雷觉得自己已经离不开巴顿了，两人的关系开始渐渐变得较融洽和谐起来。

率第 3 集团军秘密作战

1944 年 8 月 1 日，美第 3 集团军全部投入了战斗，这标志着巴顿及其所统率的部队已经能够完全独立作战了。

这一天，艾森豪威尔正式接管了盟国地面部队的总指挥权，统辖蒙哥马利的第 21 集团军群和布莱德雷的第 12 集团军群（临时番号）。第 12 集团军群下辖霍奇斯的第 1 集团军和巴顿的第 3 集团军。

同一天，巴顿的第 3 集团军正式成立，下辖米德尔顿的第 8 军、韦德・海斯利普的第 15 军、沃尔顿・沃克的第 20 军和吉尔伯特・库克的第 12 军。为了给德军一个意外的打击，艾森豪威尔决定将巴顿在法国一事再保密一段时间，巴顿的名字就像一颗威力巨大的定时炸弹，艾森豪威尔希望德军仍等着这颗炸弹在加来爆炸。因此，第 3 集团军暂时仍是一支“黑军”，属高级机密，部队暂不使用新肩章和标志，并对舆论界严格封锁消息。

当天，第 3 集团军司令部迁到了库汤斯东南的宾加德。巴顿显得格外兴奋，他特意穿上整洁的呢子制服，神采奕奕，充满自信。他把司令部的参谋人员集合到一起，为每人斟了一杯白兰地酒，共同庆祝孕育了 8 个月的第 3 集团军诞生。巴顿发表了简短激昂的祝酒词，他说：“我们将在今天中午 12 时正式投入战斗，一个伟大的时刻即将来临。你们要记住一个座右铭，那就是：‘果敢，果敢，永远果敢！’我们必须一往无前，揪住敌人紧紧不放，把他们打得魂不附体。我相信各位先生会做得非常出色！”

按照原定计划，第 3 集团军的第一步任务是夺取布列塔尼，占领半岛上的重要港口。但通过对战局的深入考察，巴顿认识到，战场的形势已经发生了重大变化，“霸王”行动的前期目标已经实现，盟军在诺曼底站稳了脚跟，战役的重点此时已转移到科唐坦以南的广阔地域，布列塔尼实际上已失去其战略意义，降到了次要地位。现在问题的关键在于，如果盟军的战术运用得当，主攻方向选得正确，就可以加速战争的结束，减少重大的损失，否则就会延误时机，付出巨大的代价。

因此，巴顿的目光越过布列塔尼，瞄向了昂热。昂热是一座千年古城，坐落在阿夫朗什以南近 100 英里处，是法国首都巴黎的南大门，战略地位十分重要，夺取它就等于掌握了进入巴黎的金钥匙。

8 月 2 日，米德尔顿按原定计划命令格罗的第 6 装甲师为全军在圣马洛的大规模进攻创造条件。而巴顿给格罗的命令是回头向南占领布雷斯特城。因为巴顿已按照自己心中的新方案，将第 3 集团军主力一分为二，第 8 军以最快的速度向布列塔尼挺进，将在 12 小时内到达雷恩，并最终攻占布列塔尼半岛顶端的布雷斯特城。第 3 集团军的其余部队则向左大转弯，全部转入东线作战。

具体部署是：第 8 军的米德尔顿率领第 6 装甲师和第 79 步兵师向布雷斯特挺进；第 4 装甲师和第 8 步兵师指向布列塔尼的首府雷恩——进攻矛头直指昂热和法国腹地。

尽管布莱德雷觉得向法国腹地进军为时尚早，但艾森豪威尔默认了这一方案，并努力劝说蒙哥马利和布莱德雷把主攻方向转向法国腹地。凭借盟军地面部队总指挥艾森豪威尔撑腰，巴顿决心按自己的想法干下去了。这是对“霸王”计划的一次调整和修改。

从战区全局看，前线像是一条弯弯曲曲的长蛇，从阿夫朗什下端的海边起，一直蜿蜒伸展至卡昂东北部的英吉利海峡。盟军沿线已有 100 多万兵力，被编成 10 个军，另有 3 个军可召之即来；德军则有第 7 集团军的 3 个军和西线装甲集团军群的 4 个军，部署在从塞厄河畔的布拉塞往东延伸的整条战线上，东重西轻，尤其战线的最西部几乎是一片空白，这主要是因为德第 15 集团军仍在西北的加来一带。

这样一来，对美军来说，阿夫朗什就成为一个分兵而进的中枢。阿夫朗什山口道路狭窄，人流车辆十分拥挤。

巴顿带领参谋人员赶到现场，在关键地点监督步兵通过。他爬上一个岗亭，不停地挥动手臂，又是喊，又是骂，又是鼓动，并时而跳下岗亭，指挥车辆通行，甚至帮助士兵们把陷入泥坑的车辆拉上来，完全不像一个集团军指挥官。他手下的参谋人员也一起行动起来，使本来十分混乱的交通秩序很快变得有条不紊，部队顺利地通过了阿夫朗什山口。

这时，第 8 军军长米德尔顿在战术运用问题上与巴顿发生了尖锐的矛盾。米德尔顿行动谨慎稳健，喜欢稳扎稳打，步步为营，缺乏风险意识和创新精神。而巴顿则十分重视部队的机动性和速度，喜欢不间断的进攻和冒险，他限定米德尔顿在 5 天内拿下布列塔尼最南端的布雷斯特。他认为，布列塔尼之敌已成惊弓之鸟，不堪一击，5 天时间绰绰有余。为此，他还与对这一行动持怀疑态度的蒙哥马利打了一个“豪赌”，赌注 5 英镑，巴顿认为自己赢定了。

米德尔顿原本决定步兵在前面推进，装甲兵尾随其后予以支援。他命令格罗的第 6 装甲师原地待命，以至于格罗没有执行巴顿在 8 月 2 日下达的命令。巴顿知道后，亲临格罗的指挥所，命令格罗即刻出发，向迪南挺进，进入布列塔尼，并绕过敌人布防严密的地带，以最快的速度向前推进，直取布雷斯特。

巴顿的副官戈德曼在记录当时的情况时写道：“全军上下，从军长到普通士兵，都被一个人的巨大干劲带动起来，甚至他的上司也情不自禁地陷入他的磁场。原先在高一级司令部冷清的气氛中只准备拿下一个桥头堡的作战计划，大有可能发展成为席卷整个欧洲大陆的一场赛跑。”

由于布列塔尼的德军力量十分薄弱，希特勒进行了重新部署，把大片农村和偏僻地区让给了法国抵抗力量，将主要兵力全部龟缩进几座主要港口城市。因此，8 月 3 日，格罗的第 6 装甲师进展十分顺利，一鼓作气前进了 35 英里。到 8 月 4 日，第 6 装甲师已推进至距布雷斯特仅 90 多英里的卢代阿克。

就在这时，布莱德雷来到第 8 军司令部，米德尔顿立即向他诉苦，并耸人听闻地说："我那 8 万士兵会在半岛一端陷入包围和孤立，面临灭顶之灾。"一向谨慎温和的布莱德雷对巴顿的赌博行为大为惊讶，他暴怒地说："乔治，你这个混蛋，就知道冒险，而不知道战术的重要和集体的配合行动。一味地命令部队往前冲，会危及整个战役。我不管是明天还是 10 天之后拿下布雷斯特，我绝不容许铤而走险，暴露自己的侧翼。"

在布莱德雷的支持下，米德尔顿又给格罗下了一道命令：部队立即集结，原路返回，占据迪南。格罗对几位上司相互矛盾的命令很不理解，他简直气呆了，但又无可奈何，只得奉命行事，准备返回迪南。

其实，巴顿对布莱德雷所说的侧翼也是很留意的，他也觉得自己在急速推进中对过长的侧翼过于掉以轻心了。一个月后，他对新闻记者说，他会轻而易举地消除在侧翼的危险："我过去和现在一直被认为是一个该死的傻瓜……可对侧翼我从不烦恼，这可能是由于我的男子汉气概的长期感觉所致。"

8 月 4 日下午，当格罗与参谋人员正研究进攻迪南的作战方案时，巴顿突然来到指挥所，冲着格罗怒不可遏地吼道："这是谁的混账主意？我不是叫你去布雷斯特吗？"格罗满腹委屈地解释了缘由，巴顿气得脸色铁青，不无讥讽地说："米德尔顿真是个优秀的步兵呀！"然后又说："我去找米德尔顿，从现在起，你不需要理会任何让你停止前进的命令，马上出发，一步也不许停，一直开到布雷斯特大街上为止。"于是，格罗向各级指挥官下达命令："全师部队按巴顿将军的命令开往布雷斯特，不再攻打迪南。"

巴顿驱车回到自己的司令部，恰好布莱德雷正在等他。巴顿说明了格罗已向布雷斯特全速推进的情况。

事已至此，布莱德雷只好作罢，他告知巴顿，好自为之，愿上帝保佑巴顿尽早将布雷斯特攻占下来。

第 6 装甲师立刻行动起来，昼夜兼程地赶往布雷斯特。然而，在他们被浪费的 24 小时里，德军已得到了喘息之机，德军第 2 伞兵师、第 343 步兵师已进驻布雷斯特，缺编的第 266 师驻守在莫尔莱附近，第

265 师驻扎在洛里昂、圣纳泽尔和南特地区，其他炮兵部队、反坦克部队、工兵和海、空军部队也全部部署在各港口附近。另外，希特勒还从诺曼底抽调了第 77 师、第 91 师的残余部队，进一步加强了布列塔尼的防御。希特勒向各要塞司令下达了一道死命令：重点保护潜艇基地——圣马洛、布雷斯特、洛里昂和圣纳泽尔，要战斗到最后一刻。所以，后来美军整整耗费了 10 天时间才攻占布雷斯特。

同时，约翰·伍德的第 4 装甲师遭到了与第 6 装甲师相同的命运。当伍德打算按巴顿的计划南下攻打沙托布里扬时，却接到米德尔顿的命令，要他向西进军，攻占基伯龙，以保证部队的侧翼安全。伍德起初想以未接到命令为幌子，拒不执行。但米德尔顿立即出面干预，迫使伍德不得不改变了行进路线。幸亏巴顿及时得到了消息，他在电话里向米德尔顿大声咆哮："你是怎么搞的?！我真搞不懂你为什么这么蠢，不要让恐惧左右了自己。"在巴顿亲自解除了来自米德尔顿的干预后，第 4 装甲师迅速攻占了雷恩和洛里昂一线，从南面截断了德军的退路，为全歼布列塔尼之敌创造了条件。

战役进行到这一阶段，艾森豪威尔及盟军高级将领都理解了巴顿在战役初期就提出的战役目标，决心对"霸王"行动进行全面修改。艾森豪威尔认为，只需派少量部队进入布列塔尼，其主力的基本任务是向东推进，这正与巴顿的想法一致。艾森豪威尔要布莱德雷转达指示让巴顿马上转向北部，由巴顿和霍奇斯自南部、英国和加拿大部队自北部，对敌人加以包围，蒙哥马利表示同意。这两个巨钳，将在距卡昂南约十几英里的一个名叫法莱斯的小城镇合拢，从而扩大盟军在欧洲大陆的占领区。

尽管布列塔尼在战略上已降至次要地位，尽管由于布莱德雷和米德尔顿的干预，巴顿的部队未能在预定时间内拿下布雷斯特，尽管巴顿在与蒙哥马利的赌博中最终成了输家，但大家都不得不承认一个事实：第 6 装甲师向布雷斯特发起的闪电般的推进行动是一个空前的创举，取得了引人瞩目的成就。他们以伤亡 500 余人的微小代价，在不到一个星期的时间内，在敌人腹地长驱直入 200 英里。在布列塔尼之战后及随之而来的欧洲大决战中，巴顿那气壮山河、大刀阔斧的战术风格必将再创佳绩。他的战术思想和作战风格得到了广泛的承认。布莱德雷再一次理解了巴顿的价值。正如马歇尔所评价的那样："布莱德雷将领导这次登陆，但他只是个着眼于既定目标的将领。一旦我们行动起来，巴顿才是那种有魄力、有创造性、迅速果断、敢于迎着危险上的人。"

到8月6日为止，盟军其他几个集团军在法国境内的进展一直十分顺利。克里勒的加拿大第1集团军已做好对法莱斯公路进攻的准备；邓普西的英国第2集团军占领了诺曼底战场具有战略意义的高地蒙特·潘松，正在向孔代和阿让唐推进；霍奇斯的美国第1集团军也在向栋夫龙和阿朗松进攻；巴顿第3集团军的第15军已经接近勒芒；在阿夫朗什以南盟军的补给线上，至少有12个师在推进。德军则节节败退。

此时，希特勒虽然被炸伤，身体尚未完全康复，情绪状态也十分不佳，但他知道，现在已经到了交战双方关键一搏的时刻，谁能挺住，战局就将对谁有利。他制订了一个全面反攻计划，命令德军在第一道防线发起一次大规模反攻，即德第7集团军突破莫尔坦与阿夫朗什之间的美军战线，一举推进到海边，试图对布列塔尼的美军围而歼之。

蒙哥马利也针锋相对，与艾森豪威尔等人一起制订了一个"大纵深包围歼敌"的计划，即正面的盟军牵制住法莱斯和莫尔坦的敌军，盟军主力对敌两侧实施迂回包围。这是一个很有气魄也很有远见的方案。

事隔10年后，针对这一计划的发明者是谁的问题，英、美双方又起了争议。蒙哥马利在一系列著作中宣称，全部荣誉非他莫属；布莱德雷则坦率而坚定地指出，计划出自他的手笔。艾森豪威尔作为最高指挥官，自然少不了他的决策。只有巴顿保持了沉默，因为那时他早已作古了。

该计划的具体实施方案是，美国第12集团军群将右翼部队掉头向北，全力向阿朗松推进，同时让加拿大第1集团军和英国第1集团军火速向法莱斯推进。布莱德雷认为，如果德军遵循希特勒的反攻计划，在原地延宕三天，巴顿就能与加拿大部队在法莱斯和阿让唐会师，这样一来，德军大规模被歼的命运就不可避免了。这可能是蒙哥马利和盟军司令部自登陆以来做出的最大胆的一次抉择，它远远超出了"霸王"行动本身。

布莱德雷也意识到了这一良机，他说："德军由于发起这场进攻，反而招致了从南北两方遭到包围的危险。”他立即下令，正面部队继续牵制德军，左翼的加拿大部队推进到法莱斯，并抵达阿让唐（也止于阿让唐）；攻占勒芒的海斯利普掉头北上，与加拿大部队在阿让唐会合，以形成瓮中捉鳖之势。战役结束后，当一位战地记者向巴顿提出“法莱斯围歼战计划到底是谁制订的”这一问题时，巴顿的回答既简要又肯定：“是布莱德雷，他是我的上司。”

8 月 7 日凌晨，德军按照希特勒的指令开始进攻了，但德军左翼第 116 装甲师的攻势一开始就严重受挫，始终未能前进一步；德军第 2 装甲师的一个纵队在进攻中被美军第 3 装甲师迎面挡住了去路；德军第 1、第 2 装甲师向美军第 7、第 19 军的接合部发起猛攻，突入美国阵地，但不久便遭到盟军空军的狂轰滥炸，损失极其惨重，士气一落千丈。德军第一天的反攻被有效地遏制了。

8 月 7 日，加拿大大军伸出铁钳般的一“臂”，向北夹击。这样，盟军就对德军 3 个军形成了包围之势。

8 月 8 日，盟军占领勒芒，巴顿继续挥师向北，命令第 15、第 20 军绕过敌人的一切抵抗，马不停蹄地前进，在到达马延河和卢瓦尔河后，立即改变进攻路线，掉头北进，对敌实施侧翼迂回，与蒙哥马利的第 21 集团军群对德军精锐的第 11 空降军、第 84 军和第 47 装甲军进行夹击。战斗打得异常艰苦，阵地几次易手，至 8 月 12 日，美军彻底粉碎了德军反攻阿夫朗什的企图。

在这次行动中，盟军司令部把勒克莱尔①将军指挥的法国第 2 装甲师编入巴顿的第 3 集团军，巴顿如虎添翼，开始充分发挥自己的能力和特长。他对参谋长加菲说：“哦，加菲，用个什么词来形容才好呢，那就叫如愿以偿吧！”这时，他的目光早已越过了莫尔坦。他在执行蒙哥马利的围歼命令时，给海斯利普的第 15 军下达了一道意义非凡的命令：“沿勒芒—阿朗松—塞厄斯轴线进行的下一阶段战斗的目的是，将迄今

---

① 勒克莱尔（1902—1947）：原名菲利普・马里耶・雅克，法国元帅（追晋）。1940 年受伤被俘，后逃到英国，化名“勒克莱尔”参加戴高乐领导的“自由法国”运动，组建了法国第 2 装甲师，参加诺曼底登陆，率先攻入巴黎。1947 年 11 月 28 日死于空难。1952 年被追晋法国元帅军衔。

法国元帅（追晋） 勒克莱尔

在沿英吉利海峡一线与盟军对峙的德军赶至巴黎和鲁昂之间的塞纳河边。根据此计划，你部要沿勒芒—阿朗松—塞厄斯轴线前进，目的是首先夺取塞厄斯—卡鲁热一线，包括塞厄斯和卡鲁热两城。现将第 5 装甲师和第 79 步兵师、第 90 步兵师及法国第 2 装甲师划归你部，供你部准备向纵深推进之用。你的使命现在是，将来也仍然是歼灭德军于你的前沿。”海斯利普对巴顿的作战命令心领神会，当天就开始进军，于 8 月 10 日抵达阿朗松和塞厄斯。紧接着，第 5 装甲师在右，法国第 2 装甲师居左，向阿让唐进发。

8 月 11 日，美第 3 集团军及法第 2 装甲师在巴顿的指挥下，发挥装甲部队的机动性和攻击性，迅速插进，长驱直入，当天推进了 15 英里，离阿让唐只有一半的路程了。8 月 12 日，装甲部队越过佩尔塞恩森林，快速推进，把道路两侧的敌军留给步兵去扫除。天黑时，第 5 装甲师已经抵达萨尔特河，并在阿让唐东北处渡河。法国第 2 装甲师也抵达阿让唐城南 4 英里处，并派出侦察部队摸清前沿敌情。这时，德军最高统帅部才如梦初醒，意识到他们有可能被两翼迂回的盟军围歼，于是命令克鲁格暂停莫尔坦作战行动，调伊伯巴赫装甲集群向阿让唐推进，以便对美第 15 军进行阻击。但德军的行动已经迟了一步，美军的推进速度实在太快，克鲁格已无能为力。

此时，盟军几位主要指挥官都认为卡昂是这次战役的焦点，蒙哥马利和布莱德雷都从这一战略要冲出发，打开向西南的通道。艾森豪威尔对维尔这个地方给予越来越大的关注。维尔是奥恩河以西最重要的交通枢纽，似乎是德军防御的中心和神经中枢，对它一击就可能使德军全部崩溃。但是，这种估算是以假设德军仍能维持有组织的防御为前提的。盟军的指挥官也设想敌人仍有能力在其崩溃的防线的任何地点维持一个抵抗中心，但实际情况是，德军在 2 个集团之间留下了大约 6 英里宽的缺口。

这对盟军极其有利。在德军的左翼，伊伯巴赫的部队缺少机动能力，仅有 70 辆坦克，他的步兵已经与美军几次交手，疲惫不堪，在阿让唐一带的防御力量十分薄弱。而且他要面对的是巴顿第 3 集团军第 15 军的 300 余辆坦克、22 个炮兵营和 2 个步兵师。8 月 13 日，第 5 装甲师共摧毁敌人 100 辆坦克，俘获 1500 余人，但对阿让唐的进攻受阻。海斯利普准备在第二天发动全面进攻，他命令勒克莱尔第二天占领阿让唐，第 5 装甲师从该城东南越过法国人，直扑法莱斯，与加拿大军队会师。海斯利普把自己的作战计划向巴顿做了汇报，并要求派其他部队控制阿让唐以北的公路。巴顿给了他满意的答复。

在德军的右翼，由于加拿大装甲部队的指挥官缺乏指挥经验，攻势暂时受阻。但随后他们以 4 个步兵师、2 个装甲师的兵力向法莱斯发起了另一次猛烈的攻击，即所谓的“温顺”行动，打开了德军防线上的那个缺口。

就在巴顿指挥大军长驱锐进的关键时刻，布莱德雷一看巴顿越界了，连忙让参谋长利文 · 艾伦给巴顿的司令部打去电话，传达他的紧急命令："你部在任何情况下不得越过英、美在法莱斯—阿让唐地区的战区分界线，第 15 军必须在阿让唐—塞厄斯一线止步。"

当加菲将这一命令转告给巴顿时，巴顿觉得好似遭到晴空霹雳，无法相信这个荒唐透顶的事实。他气冲冲地问道："这是开玩笑吗?""不是，"加菲郑重其事地答道，"这是艾伦将军转达的布莱德雷的命令。"

事关大局，巴顿立即抓起电话打给第 12 集团军群司令部，以很不客气的语气提出质疑，最后他向布莱德雷说："让我们继续向法莱斯前进，我们将使英国人像在敦刻尔克那样，把他们赶到大海里去!"巴顿之所以这样说，是因为公元前 216 年，迦太基伟大的军事统帅汉尼拔在坎尼之战中采取中路牵制、两翼迂回的战术，以劣势兵力歼灭了狂妄的罗马大军，取得了辉煌的胜利。从此以后，坎尼之战成为人类军事史上的辉煌战例，为一代代军事家所推崇和仿效。第一次世界大战中，英军也在敦刻尔克以同样战术大败德、意联军。而现在，美军在法莱斯地区也遇到了可能重演坎尼之战的良机。

但是，布莱德雷的回答是："绝对不行！你不能越过阿让唐，必须停止前进。"听了布莱德雷不容置疑的回答，巴顿沮丧地挂了电话，十分气馁。他心情沉重地对加菲说："为什么第 15 军要在穿过阿让唐的这条东西线时停止前进？这必将成为一个有重大历史意义的问题。"战事进展果然如巴顿所料。就在第 15 军停止前进两天以后，大批溃不成军的德军从法莱斯以北那个几十英里的缺口奇迹般地逃出至少 4 万人。一个百年不遇的围歼德军的良机就这样被白白地断送掉了。

布莱德雷极力制止巴顿继续前进，但结果再次证明巴顿的判断是正确的。布莱德雷对此感到深深的内疚和自责，几天不能入睡。对于他的这一致命弱点，巴顿在日记中写道："布莱德雷的座右铭是'有疑则停'。"如果不是布莱德雷连续下了两道错误的命令，盟军早已实现了合围，法莱斯—阿让唐口袋中的敌人就成了瓮中之鳖，必将遭到覆灭的命运，而法莱斯围歼战也必将像坎尼之战那样名垂千古。

第十章　所向披靡显神勇

屡战屡胜，解放巴黎

1944 年 8 月 14 日，盟军总司令艾森豪威尔正式同意巴顿及其第 3 集团军结束“秘密状态”。这一天正是巴顿第 3 集团军在法国参战两周的日子。在例行的参谋会议结束时，巴顿作了一个简单的演讲，表达他对这一天的感受。他走到一幅地图前面，用一支铁鞭指着上面的一个个地名，精练地总结了整个集团军在前两周的战斗功绩，称赞道：“自 8 月 1 日参战以来，我们从阿夫朗什向东推进了 150 英里，解放了法国大片土地。迄今为止，第 3 集团军比有史以来的其他军队都前进得更快、更远。”同时，他又告诫部下要再接再厉，在下一阶段更艰巨的战斗中继续发扬这一优良作风，力争创造出更加惊人的战绩。

的确，在诺曼底登陆、布列塔尼之战和法莱斯围歼战中，巴顿及第 3 集团军一路高歌猛进，攻城夺隘，为解放法国立下了汗马功劳。特别是此前的一个多星期，战斗新闻是戏剧性的。巴顿部队的一个军冲入布列塔尼，其他几个军则掉头向东开始对法莱斯的包围行动，当时还没有人知道是巴顿在指挥。布彻将军向艾森豪威尔提出请求，向世界公布巴顿的名字，以鼓舞士气。艾森豪威尔却有些无奈地摇摇头说：“为什么要向敌人通风报信呢?”正是受“保密”等原因的限制，巴顿和第 3 集团军仍然以秘密的身份参加作战，而且这一保密工作做得十分到位，以至于巴顿的妻子都不能准确知道他在哪里。

对于巴顿这样一个耐不住寂寞的人来说，他取得一次又一次重大胜利，却把荣耀和桂冠戴在别人的头上，而他只能一声不吭地默默战斗，这怎么说都是不公平的，他又怎能不感到痛苦而压抑呢？他几次向布莱德雷提出："这个该死的保密规定把第3集团军的功绩全部掩盖了，我怎能使部队保持高昂的士气呢？"的确，不仅巴顿自己，就连整个第3集团军的士气也大受影响。

经过几次指挥失误，布莱德雷对目前的形势已有了清醒的认识，并觉得对巴顿做得有些过分了，心里很过意不去。他曾这样形容这位忍气吞声的将军："他勇敢，有吸引力，是个伟大的演出者，有时表现得过分容易动怒，但实际上他的心地却很善良。他具有很高的领导才能，行动大胆，有良好的战斗感，能最大限度地听取下属参谋人员的意见，从而无论在精神还是肉体上都得到有益的提醒，获得非常好的结果。他是我们的伟大战将之一。"他认为，现在已经到了让巴顿和他的部队公开露面的时机了。这时，巴顿在国内的朋友和拥护者们早已不耐烦了，他们强烈地呼吁，立即给巴顿应有的荣誉。

在这样的背景下，艾森豪威尔很乐意履行一项义务，那就是解答全世界都在思索的一个问题：是谁在指挥第3集团军？这支部队猛打猛冲，战绩辉煌，还将继续完成横跨法国的重任。为此，他举行了一个记者招待会，宣布正是巴顿将军在前线指挥这个有点神秘的第3集团军，他并没有龟缩在英国的某个角落。于是，巴顿的名字又在西方世界各大报纸上的头条新闻中出现了。美、英两国各界人士都高声为巴顿喝彩叫好，各类报刊、电台的记者纷纷前来采访巴顿，使他应接不暇。重获声望的巴顿戏谑地说，他再一次成了"公共财产"。他在给妻子的信中兴奋地说道："现在我真高兴。我知道，我没有辜负你长期以来对我的厚爱和信任。"

就这样，第3集团军在一片颂扬喝彩声中，结束了法莱斯战役，继续大踏步地向塞纳河挺进。按照巴顿的计划，第3集团军要日夜兼程地转向东北，即向巴黎的南、北两翼推进，将迄今在沿英吉利海峡一线与盟军对峙的德军赶至巴黎和鲁昂之间的塞纳河边。如果条件许可，盟军将在防守之敌对其战略要冲实施真正加强之前将他们一举歼灭。

布莱德雷

根据盟军司令部的指示，8 月 14 日，巴顿命令勒克莱尔的法国第 2 装甲师和第 90 步兵师留守阿让唐，主力部队则掉头东进，直取奥尔良、沙特尔和德勒。这正是巴顿十分乐意做的，因为这样一来，第 3 集团军就可以在一个近 60 英里宽的正面战线向前快速推进，直逼巴黎。解放巴黎不仅是巴顿梦寐以求的愿望，也是美军与英军争夺荣誉的一个焦点。

此时，战局的前景对盟军来说似乎充满了光明和希望，尤其是蒙哥马利，他自满地说："战争的结束已经在眼前，让我们实现这个将被载入史册的业绩。"这种浮夸的评论，只不过是灌输一种有害的不切实际的速胜幻想。蒙哥马利亲自写信给艾森豪威尔，很干脆地说明了赢得这场战争胜利的捷径：向北推进，把危及安特卫普沿岸的敌军清除，并在比利时建立一支强大的空军力量，之后再推进到鲁尔。他还不礼貌地提醒艾森豪威尔，到目前为止的伟大胜利，都是在"个人指挥下"所取得的，他说："这归功于一个人全力以赴进行的工作。"他说的这"个人”，不言而喻非他蒙哥马利莫属。他兴冲冲地邀请艾森豪威尔来与他讨论未来的战略问题，但实际上，盟军仍然面临着巨大的困难，胜负还在未定之中。

在布列塔尼半岛上，德军将全部守军集中到布雷斯特等几个重要的港口城市，负隅顽抗。此前巴顿攻打布列塔尼时，由于几位主要指挥官意见不统一，下达的命令相互矛盾，耽误了不少时间，所以德军有了收缩战线、集中兵力的机会，导致巴顿的一支劲旅——第 8 军被牵制在岛上，强攻敌城不下，弃之又不忍。又因巴顿在抢攻阿让唐时，布莱德雷强令进攻部队停止前进，未能形成对法莱斯—阿让唐的包围圈，未能围歼德军 3 个主力军，使德军一半以上得以从缺口逃脱，并参加了以后的战斗。因此，巴顿面临的困难依然很大。与蒙哥马利的“胜利”心情相同，德军司令部把法莱斯突围视作他们的一大胜利，因为他们充分看到了精锐主力突围的重要意义。

不过，这些困难并没有阻止巴顿按他的战术思想继续大踏步前进。公众舆论的颂扬激发了第 3 集团军的斗志，他们一路高歌猛进；巴顿也精神焕发，于 8 月 14 日亲自率部向东快速挺进。

在东进的 3 个军中，第 12 军在吉尔伯特·库克出色指挥下，进展十分顺利。他把部队一分为二，一路径直向前推进，扫清通往奥尔良的沿途之敌；另一路经过沙托丹包抄奥尔良。当天天黑前，他们抵达奥尔良机场附近，遭到德军几个反坦克营和空中炮火的猛烈阻击。库克当机立断，将 1 个步兵师和 3 个坦克群投入战斗。经过一个多小时的短兵相接，他们在夜色的掩护下攻入奥尔良市郊。次日晨，2 个装甲团和第 9 步兵师分别从北面和西面破城而入，德军守城的 2 个团弃城而逃。

奥尔良城的市民听说盟军把德军赶跑了，纷纷涌上街头，载歌载舞欢庆他们摆脱了德军的魔爪，重获自由。城内张灯结彩，热闹非凡，呈现出一派节日气氛。这天夜里，城里的无线电台向全世界宣布：圣女贞德的城市被巴顿及其第 3 集团军解放了！

就在人们庆贺胜利的时刻，库克却因连续作战导致过度疲劳而突然病倒了，血压高得惊人，难以继续指挥战斗。库克是参加过第一次世界大战的老兵，也是行动果敢、有勇有谋的战将。巴顿对这位老将敬佩有加，也为他惋惜不已，因为这是他争取荣誉的最后机会，其军事生涯正处在巅峰时期，在此刻被免去指挥权对于一个军人来说无疑是十分痛苦的。出于对库克的关心体谅和理解，巴顿说服上级把他留任一段时间。同时，他又利用战斗间歇期间，亲自与艾森豪威尔交涉，请求授予库克"优异服务十字勋章"。直到达成这一愿望后，巴顿才送别了这位忠实于朋友并值得信赖的战友。第 12 军军长一职由第 9 师师长曼顿·埃迪将军继任。

沃尔顿·沃克的第 20 军的主要任务是攻占沙特尔城，但他的运气稍差。8 月 16 日，他们摧毁了德军城外的第一道防线后，进入沙特尔市郊，随后兵分两路，从西面和西南面攻城。这一仗打得远比预计的艰难、惨烈。从交战双方的力量对比来看，原来该地区是由德军第 1 集团军的 1 个师驻守，当第 1 集团军司令谢瓦勒里发现盟军的进攻意图后，很快将第 48 师、第 338 师调了过来，组成一个强大的战斗群。这 2 个师都是在诺曼底苦战以后撤下来的，也是隆美尔"大西洋壁垒"的中坚力量，战斗力依然很强。德军据城而守，有牢固的工事和强大的炮火支援，准备决一死战。而美军的兵力仅 2 个师，当第 7 装甲师向沙特尔发起强攻时，仍不知道城内的守军已经增加了 2 个师。在兵力悬殊的情况下，美军在第一天的战斗中失利，损失严重。8 月 17 日，美第 20 军迅速将 1 个步兵师和预备队中的 2 个团增派过来，并请求附近兄弟部队的炮火支援，双方又进行了一场苦战。

沙特尔是一座文明古城，为保护城内的名胜古迹，盟军司令部特别叮嘱尽量不使用重炮。8 月 19 日，第 20 军终于打败了 3 个残缺不全的德国师，沃克派 1 个步兵师和 1 个坦克师进城，肃清城中之敌，俘敌 2000 余人，并控制了城郊的飞机场。沙特尔距巴黎仅有 50 英里，进入巴黎的第一道大门业已打开。

与此同时，左翼韦德·海斯利普的第 15 军也在全力向目标推进。其中，由第 79 师抢先向诺让勒罗特鲁推进，第 5 装甲师直逼德勒。第一天，第 5 装甲师从阿让唐向北推进了 60 英里。8 月 16 日上午，第 5

装甲师越过厄尔河，将德勒城包围起来。但就在海斯利普下达攻城命令之前，德军因担心被盟军围歼，主动弃城而去。于是，美军轻易得城，并将先头部队推进至诺让勒罗特鲁以北。第 79 步兵师在厄尔河对岸建立了四五个坚固的桥头堡。

沿厄尔河有一条大路直接通往巴黎，距离不过 30 英里。尽管巴顿兴奋不已，跃跃欲试，但受命令限制，他只能在此待命。他命令下属的 3 个军对巴黎形成半圆形包围圈。

戴高乐（左二）、勒克莱尔（左三）

解放巴黎对巴顿来说，不仅意味着他将获得军事生涯中最重要的一项荣誉，成为他军事生涯中的一个重要里程碑，而且也涉及个人感情问题，他将亲手洗去这座他热爱的城市所蒙受的耻辱。

艾森豪威尔此时却犹豫不决，他不得不考虑政治和后勤两个方面的问题。

从政治上看，解放巴黎后，美、英两国与戴高乐将军的合作将会产生许多矛盾和麻烦，对于这一问题，戴高乐在与盟国首脑会晤时已经表明过他的立场。戴高乐本人民族主义情绪很浓，在很多现实问题上，与盟军之间一直有着未解的疙瘩，矛盾和冲突很明显。

从后勤保障来看，粮食和燃料补给问题尤其突出。如果巴黎由盟军解放，城内 400 万巴黎居民的生活必需品就得由盟军提供，盟军需要每天供给 4000 吨粮食，以及大量燃料和其他物品，这必定会使巴黎的交通枢纽区的各种设施负担过重。况且，由于巴顿史无前例地快速推进，美军的战线从诺曼底几乎延伸到塞纳河，已经使补给线非常吃紧了。此外，由于德军的破坏和空袭，法国境内的几条铁路已无法正常运转，虽然盟军租用了英国四个卡车公司的车辆保障巴顿装甲部队的推进，但汽油紧缺等问题仍然得不到解决。同时，美第 8 军在布列塔尼的围城战仍在继续，南北两头难以兼顾。即使可以用空投的办法解决一部分补给，但也会给空降部队带来更大压力。

同时，从战略上讲，德军已主动放弃了巴黎，盟军不应放过追击德军的机会，这时的主要任务不是占领城市，而是尽可能围住德军，消灭其有生力量，巴黎完全可以留待以后去收拾。

因此，艾森豪威尔和布莱德雷给第 3 集团军下达了新的命令：沿塞纳河方向全速前进，粉碎德军逃脱的企图。巴顿听出了这一命令的潜台词：进攻巴黎与第 3 集团军无缘。尽管十分失望，但他没有丝毫犹豫，他的装甲部队像插上了翅膀的猛虎一样向前狂驰。德军第 7 集团军、第 5 装甲军的残部，以及从诺曼底、法莱斯等地溃退下来的部队只得一边阻击，一边退守第二道防线——莱桑德利和奎恩之间的塞纳河的渡口一带。

巴顿决定首先强攻芒特。他命令先头部队第 5 装甲师沿塞纳河左岸掉头向北，直奔卢维耶；第 90 步兵师顺势向埃尔本夫突进。为了争取上司的支持，巴顿当天乘飞机来到布莱德雷的司令部，请求允许他在芒特渡过塞纳河，并在河对岸建立纵深 4 ～ 6 英里的桥头阵地，以便车辆、坦克和重型装备渡过塞纳河。此时，布莱德雷已经改变了自己原来对战局的看法，完全支持巴顿大纵深进军，同时命令巴顿以最快的速度在芒特、默伦、枫丹白露和特鲁瓦等地渡过塞纳河。尽管当天天气恶劣，巴顿仍于当夜飞回到他的前线指挥所。

第二天早晨，先头部队第5装甲师立即向目标挺进。快到中午的时候，在芒特西边几英里处过河的一支部队突然乱作一团，无法移动。原来，运送军需的一辆驴车横在桥边挡住了道路，不知是驴子受了惊吓还是大车出了毛病，不论牵驴的士兵怎么赶，这头驴就是寸步不移。几个士兵上去连拖带推，仍无济于事。这时巴顿正好驱车经过，见此情景十分恼怒，他跳下吉普车，扒开士兵，举起他那把象牙柄左轮，对着驴子的脑袋开了一枪。这头倒霉的驴惨叫一声，倒地而亡。巴顿下令清除障碍物，把这头可怜的驴和车子推到河中，并且说："任何情况下都不要轻易停止前进。"

8月17日夜间，天气变得更加糟糕，但第79师没有停止进攻的步伐。他们冒着狂风，趁着月黑强渡塞纳河，由于河上的桥梁极为有限，步兵便渡水过河。第313步兵团排成"一"字形，沿一条水坝顺利过河，其余部队乘舟携轻武器强渡。河对岸的德军对此完全没有防备，因此，偷渡部队基本未遇到抵抗。到下半夜，第79师的大部分人马已经渡过塞纳河。次日，他们扑向拉罗利，出其不意地袭击了设在这里的德军B集团军群指挥部，并向刚刚到达该地区的德军退守部队发起进攻。

至8月23日，一座能通过各种交通工具的简易桥梁才建立起来。

在第3集团军主力渡河时，第5装甲师于8月20拂晓开始向西北推进，目的地是卢维耶。德军的增援部队并不多，但塞纳河岸的守军仍在全力阻击美军向北推进。德军一位年轻的党卫军上尉军官沃尔在危急时刻主动承担了阻止第5装甲师的任务。他设法集中数十辆坦克，组织防守几个渡口，然后又把第17装甲炮兵师、党卫军第1装甲师的残部吸收到他临时组织起来的部队中，利用易守难攻的有利地形，进行殊死的抵抗。

与此同时，左翼的第19军开始向埃尔本夫进攻。第90步兵师完成掩护主力过河的任务后，立即增援埃尔本夫。直到8月25日，两路的进攻才有了突破性进展。第5装甲师在卢维耶打通了这一交通要道，第19军则完全占领了埃尔本夫。他们完成任务后原地待命，将主要交通道路让给英军第2集团军通过。英军的任务是封锁韦尔农和莱桑德利之间的塞纳河地段。

但是，右翼的第12军新任军长埃迪更能准确地理解和执行巴顿的命令，他率领大军马不停蹄，继续向前猛冲。第4装甲师巧妙地绕过德军固守的穆塔吉斯，神不知鬼不觉地扑向桑城。桑城的德国守军对美军的突袭浑然不知，他们根本不相信美军的速度如此之快，许多军官还穿着假日礼服去圣艾蒂安大教堂做礼拜，结果正好碰上了进城的美军。第4装甲师的突袭非常成功，当天便占领了该城，并于次日凌晨在塞纳河对岸建立了一个桥头堡。3天以后，穆塔吉斯的德军就被全部肃清了。随后，第4装甲师乘胜前进，一口气推进了40英里，抵达特鲁瓦市郊。

在左翼，第20军的推进速度也十分惊人，他们于8月20日即进至默伦至蒙特罗一线。8月21日，第5装甲师击溃了德军在埃索纳河的顽抗，推进了40英里。8月22日，他们又与德军在枫丹白露进行了激烈的争夺战。经过一整天的厮杀，第5装甲师于8月23日抵达塞纳河畔的蒙特罗，并占领了渡口。第5装甲师的左侧是第7装甲师，他们直接扑向了默伦。

前后不过一周时间，第3集团军在巴黎以南塞纳河的上游和特鲁瓦河段上占据了四个桥头阵地，并将芒特的桥头阵地交给了第1集团军。

8月25日，巴顿第3集团军的法军第2装甲师在勒克莱尔将军的率领下，威风凛凛地开进了巴黎城。这一天，巴黎全城狂欢。

巴黎的解放，意味着伟大的诺曼底战役取得了全胜。1944年8月期间，巴顿率领第3集团军向前推进了500英里，解放了约12.4万平方千米的土地，让敌军伤亡及被俘达10多万人，而自己仅付出1.6万人伤亡的代价。对全体第3集团军的官兵及巴顿本人而言，这无疑是一个伟大而豪迈的8月。

不过，最大的功臣巴顿是以酸溜溜的心情关注着这一切的，因为此时他似乎成了局外人。不过，随后发生的几件小事，又使他很快就愉快起来。

第一件事是法国国内部队最高司令官皮埃尔·柯尼希[①]将军专程拜访了他，这位将军已被戴高乐任命为解放后的巴黎军事长官，他在去巴黎赴任的途中，特地绕道来到巴顿的指挥所，向巴顿致敬并表示谢意。他的友好姿态，把牢骚满腹的巴顿感动得热泪盈眶。

第二件事是第5军军长杰罗以征服者自居，竟把司令部设在拿破仑陵墓附近的残废军人宫，他在那里等了三天才通知戴高乐说，他准备把这座城市转交给法国人。自尊心受到伤害的法国人则反唇相讥。法国的柯尼希将军对杰罗说："自解放之日起，这座城市就已完全由法国当局接管了，请你不必费心。"杰罗自讨没趣，扫兴而回。巴顿听说此事后，连声大叫："老柯尼希干得好！"这也算是对巴顿心理上的一个安慰吧！

最令巴顿感到欣慰的是第三件事。巴顿一直热爱和同情法国，杰罗则不同，他一向对法军第2装甲师的勒克莱尔将军采取蔑视和冷淡的态度，这使勒克莱尔非常讨厌杰罗，而怀念巴顿。法军第2装甲师进入巴黎后，勒克莱尔继续把自己当成第3集团军的成员，他在巴黎逢人便讲："我们是巴顿的第3集团军。"因此，英国BBC广播电台把巴黎解放的功劳完全归于巴顿及其第3集团军，这使巴顿的不平之心得到了极大的安慰，他十分感慨地说："这对我来说似乎是善有善报，如果不是有人不让我干，我本来是可以拿下这座城市的。"

巴黎解放后，德军意识到他们又一次面临着被围歼的危险，在整个8月下旬，他们拼命地向东撤退，潮水般地朝塞纳河对岸退去。但由于巴顿迅速出击并占领了塞纳河上的大部分渡口，德军重武器、车辆的撤退严重受阻。在奎恩南面和西南面的两个大转弯处，挤满了等待过河的德军和车辆，盟国空军乘机对这两个地区实施大规模空袭，给德军造成

---

① 皮埃尔·柯尼希（1898—1970）：法国元帅（追晋），第二次世界大战期间历任阿尔及利亚法军总参谋长、驻英法军司令、法兰西民族解放委员会总代表和法国内地军总司令。1984年追赠元帅军衔。

了灾难性的损失，共炸死炸伤敌军数万人，击毁各种军车 4000 余辆，其中包括 200 辆坦克。不过，布莱德雷的总体作战部署出现了一点小偏差，使奎恩的缺口未能完全封闭，结果，约有 3 万德军又一次逃脱了覆灭的命运。

这次围歼战打得十分精彩，巴顿的果断指挥和第 3 集团军的神速推进对战役的胜利起了至关重要的作用。巴顿及其第 3 集团军的名字和辉煌战绩，在英、美、法各国已经家喻户晓了。

此时的巴顿并没在喜悦和遗憾中停下脚步，他盯着作战地图，把目光越过塞纳河，指向远方的德国心脏地区，在他心中，进军计划正在酝酿之中。

与蒙哥马利各自为战

“霸王”行动成功后，盟军最高司令部在几个月前就已着手酝酿下一步的行动。但几经周折，英、美军政高层一直没有统一意见。早在诺曼底登陆之前，盟军最高司令部就预料到，德军如果在诺曼底战役中失败，必定会退到塞纳河另一侧组织防御。

德军按常规推断，盟军即使能完成登陆，但大战之后至少需要几个星期的时间进行休整，以补充兵员、弹药、汽油和装备。而盟军的这条补给线是十分漫长的，从瑟堡和布列塔尼半岛上的各个港口到塞纳河畔，沿途的道路并不畅通，铁路也遭到严重破坏，即使动用空军运输，也不是那么容易满足需要的。盟军仅完善后勤补给线，就要花费一段时间。

盟军按原来的预测，德军在塞纳河会进行殊死抵抗，然后逐步退到索姆河、马恩河、默兹河和摩泽尔河一带防守，最后才退到齐格菲防线，沿德国西部阵地抵抗盟军的进攻。因此，盟军司令部的原计划是登陆成功后，继续突破塞纳河防线，再兵分两路向德国进军，其中一路由蒙哥马利率加拿大第 1 集团军、英国第 2 集团军经亚眠、列日向亚琛突击；另一路由布莱德雷率美国第 1 集团军、第 3 集团军经特鲁瓦、南锡向梅斯突击。事实上，盟军并没有预留休整时间，而是一鼓作气，直接打到了塞纳河，德军来不及组织塞纳河的防御体系，仓皇逃过塞纳河，一片混乱。

8月下旬，希特勒下狠心在战略上做出了抉择。他已经意识到巴尔干失守的可能性，并开始让其军队边打边撤，撤出东南战场。与此同时，他暂时放弃了法国，把军队直接撤回到齐格菲防线，这是德国本土附近的第三道防线。

面对这样的形势，盟军司令部的几位主要指挥官都意识到，塞纳河防线基本不存在，原计划在塞纳河畔与德军对峙的预案已经不合时宜了，最佳方案是乘胜追击，直捣希特勒的老巢。这一设想是经英、美两国领导人丘吉尔和罗斯福认可同意的，但是在制订具体实施计划的时候，盟军的高级指挥官们产生了很大的意见分歧。

就在巴顿的第3集团军向塞纳河快速推进的同时，蒙哥马利制订了代号为“市场花园”的作战计划。他在计划中主张采取“一路突击”战略，即由他统率4个集团军，向东北方向一路出击，歼灭加来地区的德国守军，在比利时建立庞大的机场网，夺取安特卫普和鹿特丹，摧毁德国的导弹发射场，占领鲁尔工业区，最后直捣柏林。

“市场花园”计划的具体内容是：在通向阿纳姆的公路上空降2个师，在阿纳姆市郊空降1.5个师，另留1个机动师，待占领机场后再继续在阿纳姆空降；邓普西的第2集团军从安特卫普向阿纳姆挺进，与空降部队联合。在地面部队中，霍罗克斯第30军的1个半装甲师、2.5个步兵师担任主攻先锋部队；第12军的1个装甲师、2个步兵师负责掩护第30军的左翼；第8军的1个装甲师、1.5个步兵师负责保卫第30军的右翼。这些作战部队，包括空降部队共约15万人。

为了兜售“市场花园”计划，蒙哥马利自8月17日以来就试图利用各种手段说服艾森豪威尔。他列举的主要理由有三点：第一，他的计划将给德国人造成更大的混乱，至少能占领德国的鲁尔区，夺取德国的工业基地；第二，德军塞纳河防线既然不复存在，那么，在北部，德国人的“西墙”也不会那么快建立起来；第三，德军为了给盟军正面战场施加压力，用V型飞弹猛烈袭击英国，造成了巨大损失。情报部门还获悉，到9月中旬，德军还将部署1000多枚V－2飞弹，盟军必须尽快摧毁敌人的飞弹基地，减轻英国本土的压力。所以，一路突击刻不容缓。

8月23日，艾森豪威尔驱车去看望蒙哥马利，他首先请求让比德尔·史密斯从英国来这里与他会见，尽管蒙哥马利坚持说史密斯不应来参加他们的会谈，但他仍然来了。蒙哥马利坦率地告诉艾森豪威尔："艾克亲自指挥地面战斗，这是犯了一个错误，最高统帅必须高高在上，以便纵览全局，处理错综复杂的问题——包括陆海空协调、民政管理、政治等问题。"他坚持，地面作战既不应由艾森豪威尔指挥，也不应由布莱德雷指挥。之后，蒙哥马利又对艾森豪威尔"两路推进"的战略提出了较为激烈的批评。

为实施"市场花园"计划，蒙哥马利要求把霍奇斯的第1军拨给他指挥；为保证自己的需要，他将对巴顿的军需供应大作削减。很显然，一路向北挺进的安排对英国有利，但对美国却是不利的，德军很可能聚集起一支打击力量，猛扑蒙哥马利已经暴露的侧翼。一旦这一打击变为现实，就有可能改变整个战争的形势。

布莱德雷间接得知这个计划后，对蒙哥马利违背盟约并偷偷摸摸请求英方批准其计划而感到愤怒、失望和震惊。

同时，他清醒地认识到，这个计划是蒙哥马利企图把英军从助攻转为主攻的把戏。若他的计划成功，英军可直指柏林，美军到时将被迫让出作战物资，甚至停止前进，失去攻打德国本土的机会。

布莱德雷打电话给艾森豪威尔，直截了当地说，这一战略实质上是以一路突击战略取代两路突击战略，他认为这是战争史上最冒险的计划之一，其要害是蒙哥马利想全权指挥盟国的全部地面部队，架空艾森豪威尔。布莱德雷一贯的作风是稳扎稳打，力争万无一失。他认为，德军必将在"西墙"（即所谓的齐格菲防线，是沿德国整个西部边境构筑的连环碉堡群）死守，这是一场艰难的硬仗。因此，他主张采取"两路突击"的战略，即蒙哥马利率领2个集团军按原定路线从北翼进军，由美军向他提供部分地面部队和空中支援。布莱德雷率2个集团军从阿登

1944 年 7 月，蒙哥马利和丘吉尔在诺曼底

山南麓进军，两军在齐格菲防线或莱茵河会合后，继续向德国腹地发起最后的总攻。

一贯作为调解者的艾森豪威尔，内心开始权衡来自蒙哥马利、布莱德雷及骚动的美国将领们的压力，以求得他们的平衡。他的一贯作风仍然是折中、妥协。

一方面，他充分肯定了“两路突进”方案的稳妥性和可行性，另一方面又满足了蒙哥马利的部分要求，他下令：由蒙哥马利北路部队承担主攻任务，派美国第 1 集团军和李奇微[①]的第 18 空降军支援其向东北

① 李奇微：即马修·邦克·李奇微（1895—1993），美国陆军上将。第二次世界大战期间，参加了西西里岛登陆战役、诺曼底登陆战役、“市场花园”战役、阿登战役和鲁尔战役等。朝鲜战争中任美国第 8 集团军司令兼“联合国军”地面部队司令，因挽救了“联合国军”而著名。

突击，并在燃料方面给予优先供应；巴顿第3集团军将尽一切可能向默兹河挺进，在南路进军的目的是对蒙哥马利的配合和策应。这一命令看似公允，实际上对巴顿来说是极不公平的，它意味着第3集团军的供应一下子被削减了一大半，汽油供应则几乎降到了零，单凭仅存的这点燃料是不可能发动大规模攻势的。

随后，布莱德雷在沙特尔向霍奇斯和巴顿下达作战任务：第1集团军在默伦和芒特两地越过塞纳河后，向利尔前进；第3集团军分为左右两路，于翌日从塞纳河边的桥头阵地出发，沿巴黎向东的两条公路干线继续追击，目标是梅斯—斯特拉斯堡一线（巴顿称之为“南锡缺口”）。巴顿习惯于先行动后计划，他的精锐部队中有3个装甲师和4个机械化步兵师早已做好准备等待出发了。

8月23日，当巴顿为增加2个师的兵力，以便能尽快向东推进至德国的边界，即齐格菲防线，去拜访布莱德雷时，知道了蒙哥马利的计划。布莱德雷告诉他，如果蒙哥马利已经有了他自己的计划，第3集团军就不得不利用剩下的物资——弹药和汽油——去进行最大程度的进攻。

巴顿当即在地图上分析了蒙哥马利的进军路线，他越是注意看地图，就越对蒙哥马利的计划不以为然。巴顿自己也有一个粗略计划——“必胜的计划”，即以第3集团军3个军的力量全部渡过塞纳河去，迅速向东挺进，穿过德军暂时还比较空虚的齐格菲防线，直抵莱茵河，而后直捣柏林，力争在秋雨把战场变成无法通过的沼泽之前，使主力抵达莱茵河对岸。其实，蒙哥马利的计划目标与他的目标有相似之处，只是主力和进军战线的选择有别。巴顿对布莱德雷说：“我不能理解，为什么蒙蒂要继续请求调动在加来的4个军向东北穿过比利时。在那里（因为大部分是水路），坦克实际是无用的，而且在今年整个冬天都是如此。不幸的是，蒙蒂有办法说服艾克同意他自己的想法。”

在这一计划的争论中，巴顿的处境十分微妙。从某种意义上讲，巴顿内心是赞同蒙哥马利的计划的，虽然他的计划浪漫色彩很浓。巴顿一向对布莱德雷拖沓迟疑的作风不满，主张毫不停顿地渡过塞纳河，大刀阔斧地实行“正面突破”战略。不同的是，蒙哥马利主张由他来指挥盟军所有的地面部队，而巴顿则从自己的实际地位出发，希望能从第1集团军得到1个军的兵力支援，由第3集团军在南翼实施主攻。但在后来讨论战役计划的过程中，巴顿实际上仍站在布莱德雷一边。因为根据以往的经验，巴顿原以为布莱德雷会按原计划在塞纳河边休整，不同意他连续进攻的主张，但实际上布莱德雷完全支持他的这一主张，这使他喜出望外。此外，布莱德雷一再告诉他，对两种计划的抉择实际上是“在两个国家之间进行选择，一个计划主要是由美国出力，另一个计划基本上是让英国来承担作战任务”。将主攻方向置于英国人一侧，特别是掌握在蒙哥马利之手，将会刺伤美国人民的感情。所以，巴顿坚决支持布莱德雷。为了迫使盟军司令部同意布莱德雷的计划，巴顿向布莱德雷建议，他们和霍奇斯3人都以辞职相威胁，这样一来，艾森豪威尔就会让步。布莱德雷向艾森豪威尔提出了一个“不能说服巴顿”的站不住脚的辩解。巴顿鼓气说道：“我认为，在这种摊牌中，艾克是不敢解除我们的职务的，我们必将获胜。”

8月26日，第3集团军从默伦和特鲁瓦开始行动了，巴顿又进入了紧张的战时状态。这天拂晓，他驱车来到设在枫丹白露的第20集团军司令部，随行的还有一批通信部门的摄影记者，他们的任务是要拍摄一部名为“同巴顿将军在一起的一天”的影片，他们奔前跑后，忙得不亦乐乎。巴顿对此十分好奇，他一整天没有休息来配合他们的工作。随后，巴顿又前往驻在蒙特罗西南的第5步兵师，向师长欧文祝贺他新近在塞纳河畔取得的战绩，并向几十位战斗英雄颁授予“优异服务十字勋章”，表彰他们在8月23日与德军的激烈战斗中的英勇表现。这个师奉命搭乘坦克前进，他们曾大发牢骚说，坐坦克既颠簸又拘束，一点也不舒服。当时巴顿曾告诉他们：不管乘坐坦克是否舒服，每个士兵至少可以前进25英里，并能节省体力，而步行只能走15英里，这就是机动部队的优势。而后，巴顿原路折回，在默伦渡过塞纳河，因为第7装甲师正在这一地区艰难地推进。官兵们远远就认出了巴顿，许多人站上坦克向他欢呼致意，巴顿则一个劲地催促他们快速行进。

巴顿返回枫丹白露后，换乘飞机视察了从桑斯到特鲁瓦的进军路线。第 4 装甲师师长伍德向他报告说，该师的突击队在特鲁瓦遭到德军的顽强抵抗，炮火十分猛烈。但在美军 1 个中型坦克连的冲击下，德军防御很快就土崩瓦解了，接着，2 个装甲步兵连以一个有力的冲锋便占领了该地。

尽管第 3 集团军在第一天的进攻中大踏步前进，但巴顿仍不满意，要求部队还要加快推进的速度。

8 月 28 日，巴顿的一个装甲师在蒂那里堡和沙隆渡过马恩河，进入一马平川的平原地区。就在这时，他遇到了两个严重的问题，令他极为恼火。首先，蒙哥马利的部队要在图尔奈实施空降，这一行动占用了为巴顿运送物资的所有飞机，使第 3 集团军的燃料和物资供应日益吃紧；第二，由于战线日益拉长，巴顿部队的右翼充分暴露，而承担保护右翼任务的法国第 2 装甲师的官兵们，此时还在巴黎大街小巷的酒吧和妓院中寻欢作乐，迟迟不能归队。上午 10 时 30 分，布莱德雷赶到巴顿的司令部，命令装甲部队暂停进攻，但巴顿提出强烈抗议，并大发雷霆。最后，布莱德雷勉强同意他仍向默兹河推进。

8 月 29 日，艾森豪威尔从法国乘飞机回到英国的盟国远征军最高司令部。他花了一整天的工夫，起草向盟军联合参谋长会议报告关于纳粹损失的文件，并和贝茨将军一起阅览例行报告。他认为，正式中止蒙哥马利对地面部队的全面指挥权，只由他自己指挥英国第 21 集团军群的时刻到来了。

为了不使蒙哥马利难堪，艾森豪威尔决定约请新闻界人士，向他们发表对蒙哥马利的赞誉和歌颂。8 月 31 日，艾森豪威尔驱车到伦敦，与特德一起出席在情报部举行的大型记者招待会，他称赞说："他（蒙哥马利）不仅是我们最亲密的朋友，而且是与我们并肩作战 2 年的战友。他是这次战争及其他任何战争中伟大的战士之一，我对他无比钦佩。"然后，他告诉新闻界蒙哥马利为什么会失去对地面部队的全面指挥权。直到他讲完话坐下后，会场上仍然长时间响着掌声，为此，艾森豪威尔感到此举是成功的，他再一次挽救了这个伟大的联盟。

9 月 1 日，报纸上发表了一条新闻：丘吉尔授予蒙哥马利第五颗将星，他成了一名陆军元帅。

这是蒙哥马利在战争期间的第二次晋级提升。第二天早上，英国广播电台在新闻节目中发布了这个消息。艾森豪威尔立即向蒙哥马利发去了热情洋溢的贺电。

蒙哥马利的晋升，让其他美国将领感到震惊，因为美军目前没有这种军衔。巴顿毫不隐讳地说：“陆军元帅这件事令我不快。”而一向温和有加的布莱德雷此时也是怒发冲冠，他吼道：“蒙哥马利不过是个三流将军而已。他也从未干出过什么名堂，别人打不赢的战争，他也没有打赢，更不必说打得比别人好了。”

不管怎样，巴顿仍在油荒中苦苦挣扎到 8 月 30 日，第 3 集团军所需的 40 万加仑汽油的指标只有 3.2 万加仑得到兑现。由于汽油严重不足，参谋长加菲不得不命令第 12 军在进军康麦斯的途中停止前进。巴顿听到这一消息后十分生气，他亲自给第 12 军军长埃迪打电话，命令他说：“将军，你必须继续前进，直到发动机汽油耗尽，然后步行前进！我们必须而且一定能够拿下默兹河的渡口。”

一天早晨，巴顿正在指挥调度阻塞公路的坦克和装甲车，布莱德雷亲自驱车赶来，要他停止快速进军，否则中止一切给养。同时他还传达战令：摧毁德军在本地的 V－2 飞弹基地。

“为什么不叫蒙哥马利去干？那是他该干的事。”巴顿急了。

“我无权这样做。”布莱德雷平静地回答。

巴顿对身边的一位中校惋惜地说：“多好的时机，多好的地点……”但装甲部队必须停下来，巴顿抚摩着一辆被打烂了的坦克，叹道：“上帝啊，我真爱它！”

此时，巴顿的先头部队已按计划推进至南锡附近地区，这里距萨尔河 75 英里，距莱茵河不到 100 英里，离梅斯只有 35 英里。又有情报传来说，德军的“西墙”防线无人防守。巴顿对布莱德雷愤怒地咆哮：“真该死！只要你给我 40 万加仑汽油，我在 10 天内就可以让你进入柏林。”

但在布莱德雷看来，一切都是不可更改的，图尔奈的空降作战已在实施之中，蒙哥马利北路军的主攻角色已使巴顿的行动变得无足轻重了。巴顿被迫在巴黎东南部原地待命，进行一些微不足道的侦察任务。

巴顿认为，盟军最高司令部是有意不给他汽油，以防止他快速推进。巴顿的怀疑不是没有道理的。这段时间，盟军最高司令部已经把分配汽油指标作为控制下属活动的一种手段，以防他们各行其是。艾森豪威尔正在以实际行动支持“一路突击”计划的实施，防止巴顿过早突破“西墙”进入德国腹地，只是嘴上不便明说。巴顿在给妻子的信中说：“我每前进一步都得拼命，然而，现在阻止我的不是敌人，却是‘他们’……假如我能偷到些汽油，仅凭这一条，我就能打赢这场战争。”

巴顿心里明白，不能再有不切实际的指望了，一切都得靠自己。面对油荒，他想起了一个人——后勤处处长沃勒尔·马勒。

马勒是一个坚毅而机敏的后勤军官，很有些传奇色彩。他“是整个欧洲战区最会捞取物资的后勤处长……他按照‘兵马未动，粮草先行’的原则办事，总是要比别人先行几步”。早在战役开始之初，马勒就预见到部队的用油量将会剧增，因此，在大量收集各种物资的同时，他想尽一切办法尽量多地收集和储备汽油。

巴顿找来马勒，对他说：“不管你用什么方法，哪怕是偷，你也要让我的装甲车开起来。”马勒领会了巴顿的暗示，于是，他公开鼓励部队利用一切方式和途径攫取汽油。在他的鼓动下，有的部队把开入巴黎的卡车连同车上的汽油一同掠走，有的士兵偷偷用管子把别人油库里的油抽走，还有一些人员则冒充第 1 集团军的人，去油库冒领了不少汽油。巴顿对此采取了默许甚至纵容的态度，只不过不像马勒那样露骨而已。为了引起别人的同情和关注，他有时还乘坐着油箱只剩下一点汽油的吉普车来到布莱德雷的司令部，临走时总忘不了加满他的油箱。

这却使友军的上司大为光火，他们告到了艾森豪威尔那里。当上司找到巴顿时，他解释说：“我不管其他，我只知道我的坦克、装甲车没有油，就是一堆废铜烂铁。”最终，这件事也就不了了之了。

巴顿部队的汽油还有一个来源是战场上的缴获。例如，在攻占桑斯时，盟军缴获了德军 10 万多加仑汽油，在夏龙又获得 10 多万加仑汽油。对于这些战利品，马勒采取了特殊的处理方式，既不上报，也不记录，而是尽快地发到部队手中，以解燃眉之急。

9 月初，巴顿的部队一部分进入马恩河畔的一个小山谷。这里是著名的产酒区，到处洋溢着醉人的酒香。他们缴获了大批好酒，有上等的白兰地、葡萄酒和香槟，酒瓶子上大都印有“德国国防军成员专用”的字样。巴顿灵机一动，立即吩咐部队给每一位为他运送汽油和物资的飞机驾驶员送上一份厚厚的礼品。这一措施产生了意想不到的效果，空军部队的飞行员都争先恐后地为第 3 集团军运送物资。

就这样，巴顿在极其艰难的情况下奋力挣扎着前进，他直率地告诉自己的下属军官们，他要对付的敌人有两个——德军和自己的上司！对于战胜德军，巴顿是满怀信心的，他相信，假若美军继续前进，没有任何力量可以阻止他们。而对付上司他却不能太过火，还要注意策略。

不过，尽管巴顿想尽了办法，仍不能彻底解决严重缺乏燃料的问题，部队的推进时断时续，至 9 月 2 日，部队已经停顿了致命的 3 天。而此时，在霍奇斯的协助下，英国军队已经攻入比利时，并于 9 月 4 日占领了布鲁塞尔。这时，希特勒下令采取了疯狂的措施来阻止盟军船只开往安特卫普港，以致盟军的船只在进入安特卫普港之前，大都遭到德军潜艇的攻击，这样一来，盟军的补给危机始终得不到缓解。

同时，由于蒙哥马利忽略了一个问题，没有扫清通往安特卫普港的航道口港湾的残敌，使德军第 15 集团军残部沿港湾两侧构筑了坚固的阵地工事，并且开始了大面积的布雷行动。此时，德军仍旧控制着战场以西 600 英里布列塔尼的布雷斯特港口。夺取港口控制权，已经成为军人意志和国家尊严的象征。对希特勒来说，布雷斯特港象征着他再度征服法国的决心，而且他准备把该港作为其新型潜艇基地。

9 月 4 日，艾森豪威尔突然改变主意，给巴顿开了绿灯，命令他恢复对萨尔河“西墙”的进攻，然后向法兰克福挺进。不幸的是，艾森豪威尔的反应慢了大半拍，战场形势此时已发生了重大变化，德军充分利用了第 3 集团军停顿的 5 天时间，重新部署了防御体系。

9 月 9 日，艾森豪威尔在凡尔赛与布莱德雷会谈了一夜，布莱德雷态度强硬，详细陈述了他反对蒙哥马利放弃扫清斯凯尔德湾而去攻击阿纳姆的理由。在这次长谈中，艾森豪威尔向布莱德雷保证：“市场花园”计划在实施中才能优先得到补给，蒙哥马利的部队将在莱茵河桥头堡停下来，绝不再发动一路突击；布莱德雷仍保留对科利特、柯林斯的控制权，它们未纳入蒙哥马利的计划内；在蒙哥马利实施其计划时，霍奇斯和巴顿在后勤补给允许的条件下仍可向莱茵河推进；“市场花园”计划完成后，蒙哥马利的主要任务还是扫清斯凯尔德湾之敌并使安特卫普港得到使用。

蒙哥马利在计划之争中已经全盘获胜，但他并不知足，并显得傲慢而狂妄。9 月 10 日，他与艾森豪威尔在布鲁塞尔会面时，拒绝艾森豪威尔的首席行政长官汉弗莱 · M. 盖尔①参加由艾森豪威尔、特德等主持的会议，而他自己的手下格雷厄姆将军却参加了会议。会议结束后，蒙哥马利挥舞着文件，争辩道：“我认为，美军在这次战役中已经出够了风头，现在该轮到我了。我在 6—8 月这三个月里，退居后位已经待得够长的了，我牵制了诺曼底德军的大部分兵力，而你们美国人，特别是巴顿，则能驰骋战场，没有遇到什么重大的抵抗。此外，我并不打算让清一色的英国人来担负这次进攻。我请霍奇斯的第 1 集团军和我们一起干。我只要美国第 3 集团军留在默兹河阵地上。”他用极为强烈的语气谴责艾森豪威尔的战略和指示。

这一次，艾森豪威尔不再忍让了，他把手放在蒙哥马利的膝上，对

---

① 汉弗莱 · M. 盖尔（1890—1971）：英国陆军中将。参加过第一次世界大战，第二次世界大战期间主要负责后勤管理工作，曾担任艾森豪威尔的副参谋长，协助艾森豪威尔筹划诺曼底登陆和随后的欧陆作战的全部后勤工作，直到战争结束。

他说："镇静点，蒙蒂！你不能这样跟我说话，我是你的上司。"

蒙哥马利这时才意识到自己的失态，他说："对不起，艾克！你的决定使我无法控制自己。"

这次会议前一星期，休斯从华盛顿动身飞往伦敦，到格朗维尔看望因飞行事故受伤的艾森豪威尔，休斯让大家欣赏了他为巴顿买来的一支新 38 毫米口径手枪，这支手枪也装有特制的象牙枪柄。他恶作剧似的说，在华盛顿，他曾经让一位陆军妇女队的队员握住"乔治的象牙手枪"。他的话引起全场哄堂大笑。他们讨论了有关战区后勤司令部（美国在占领区的一个补给机构）日趋严重的补给危机问题。

经艾森豪威尔同意，休斯作为欧洲战区参谋长，把办公地点迁往巴黎。

巴黎已经不是战区，美丽的景色、漂亮的姑娘及夏末的太阳让这些美国人深深地陶醉。休斯在日记中写道："酒成了主要问题。对某些将军来说，问题也许是这样，但对战斗部队的指挥官来说，还有比这更紧迫的问题：汽油和弹药的短缺越来越严重。"休斯当天一直熬夜到凌晨 1 时 30 分，然后大喝苏格兰威士忌和最上乘的法国科涅克白兰地。他很想再次和巴顿在一起，但是他要穿透官僚阶层的迷雾才行。他打听了好几次，才找到巴顿的所在位置——巴顿的司令部设在夏龙市。

整个 9 月，法国没有发生多少具有实际军事意义的事。按计划，蒙哥马利应于 9 月 17 日实施"市场花园"计划的第二步，但他在 9 月 12 日给艾森豪威尔打电话，要求推迟到 9 月 23 日或 26 日才行动，原因是供给困难。实际上，蒙哥马利是想把邓普西手下的第 8 军从诺曼底调来，使该军放弃负责运输物资的工作。艾森豪威尔当着布莱德雷的面大发雷霆，脸色发青，他特别反感蒙哥马利故伎重演。9 月 13 日，比德尔·史密斯代表艾森豪威尔向蒙哥马利保证每天再多给他 1000 吨补给品，以换取他尽快行动。史密斯通知蒙哥马利，艾森豪威尔决定根据他的建议行动，停止萨尔方面的推进。美军新到的第 26、第 95、第 104 步兵师的卡车加入"红球快车"行列，此外再抽调经验丰富的人员和民用卡车去为蒙哥马利保障供给。这是艾森豪威尔一个星期内第二次改变主意。

由于“市场花园”计划的下一步行动迟迟没有实施，德军第 9 师、第 10 师已进驻阿纳姆。

鏖兵梅斯，上演攻防大战

1944 年 9 月，法国战役的进程几乎全集中在“市场花园”计划之下。由于“市场花园”计划一直在争论、修改中，该计划只完成了第一个阶段，即空降和进入比利时的任务。盟军没有真正按照统一的作战方案进行下一步的行动，战局形势一下子变得更加复杂了。

至 9 月上旬，德军的齐格菲防线（即“西墙”）已经完全形成。该防线是德军 5 年前修建的一道屏障，沿着德国边境从北到南，碉堡工事、电网及布雷区密集。若要通过此防线，要么强行突破，要么迂回过去。德军在“西墙”一线部署了 63 个师，约 13.5 万人，为炮台掩蔽部、地堡和坑道重新配备了兵力。其中，最具战斗力的有 15 个装甲师和装甲步兵师。希特勒再次起用了诺曼底战役后曾一度销声匿迹的冯·诺拜尔斯道夫特（德军第 1 集团军司令，以坚韧凶悍著称）将军，并且为他配备了一名年轻精干的参谋长韦斯特法尔。韦斯特法尔在北非作战时是隆美尔的助手，后来又担任过地中海地区凯塞林元帅的参谋长，在德国军界是一位威名远播的后起之秀。希特勒交给他们的使命是：不惜代价阻止盟军向北推进，牢牢控制住荷兰、比利时，并在适当的时候向兰斯实施反攻。

9 月 4 日上午 11 时，布莱德雷赶到夏龙附近的巴顿司令部，带来了进攻的命令。

巴顿的部队要想前进，必须首先攻下梅斯。这是洛林地区一座扼守通向德国的传统战略要道的古代堡垒，数百年来从未被攻陷过。

该城的名称来源于古拉丁文。起初，罗马人为了加强他们的北部边界，保证部队转移的安全，出兵攻占了梅斯，并在此修筑了防御工事。

从此，欧洲围绕着梅斯开始了连绵不断的战争。公元 6 世纪左右，梅斯被匈奴人攻占，此后，梅斯接连被日耳曼人、高卢人及神圣罗马帝国占据，1552 年，亨利二世在领土吞并的过程中成了这三大教区的统治者，从此，梅斯从神圣罗马帝国手中解放出来，开始成为法国的军事重镇。

近代以来，这块土地给法兰西民族留下的是难言的屈辱和噩梦般的记忆。1870 年普、法战争期间，法军在马斯拉图尔、圣普里瓦特和格拉沃格特等战役中连遭惨败，巴赞将军在梅斯投降，最终导致了法兰西第二帝国的垮台。第一次世界大战初期，由于梅斯是德国"施里芬"计划的要地，法军驻重兵在洛林和德军展开厮杀，超过 37 万名的士兵把梅斯变成了血腥的屠场，这块土地下面埋葬着无数法国将士的尸骨。

从地理和气候条件来看，这里是摩泽尔河、尼德河和萨尔河的交汇处，高地、山脉、丛林密布其间，地形极为复杂。9 月，梅斯进入雨季，10 月是降雨的高峰期，这一地区将变成一片泽国。法国人遗留下来的边境要塞和马其诺防线，已经变成了德军的防御战线，使这里变得更加易守难攻。盟军若抢渡江河和发动正面强攻，会给步兵部队造成巨大的伤亡，而装甲部队又很难通过泥泞地带快速前进。

眼下，驻守梅斯的德军是由希特勒狂热的追随者组成的敢死部队。诺拜尔斯道夫特用 7 个师在这里建立起一条坚固的防线，其中有 4 支装备"豹式"坦克的坦克旅（第 106 旅、第 111 旅、第 112 旅和第 113 旅）。对美军装甲部队来说，最令他们头痛的就是"豹式"坦克所占有的优势。这种坦克正面装有 4 英寸厚的钢板，美国的 M－4 型和 M4A3 型坦克确实不如马克－4 型和"豹式"坦克，这一劣势只有靠较好的大炮、空中支援和机动能力来弥补。由于距离鲁尔区不远，德军的后勤供应也十分方便。

尽管困难重重，但巴顿接到命令后没有丝毫犹豫，他立刻召集 3 个军长，做出进攻部署：由第 12 军打先锋，越过摩泽尔河，占领南锡并准备继续进军曼海姆和莱茵河。巴顿的热情和乐观情绪也感染了第 3 集团军的官兵们，他们沉浸在一种胜利在望的感觉之中。

9月5日拂晓，第3集团军的进攻开始了。第一天的战斗打得十分激烈，美军进展很不顺利。第80师的第317团最先发起进攻，准备从帕格尼和布雷诺—穆松桥地区越过摩泽尔河。经过一天一夜的激战，仅有一个营的兵力从穆松桥渡过了摩泽尔河；第318团也被挡在326高地前，无法前进一步；第319团拼命想要把图尔桥头堡扩展到贡德勒维尔堡，却无法在途中攻克维雷勒塞克堡。

巴顿很快发现，他的部队正在啃一块硬骨头。第二天，他加强了攻势，4个战斗侦察队于凌晨3时开始向摩泽尔河进军，以寻找合适的渡口；以装甲部队为先导，主力部队于下午2时发动进攻，但全部受阻。与此同时，德军从四面八方蜂拥而来，连已渡过摩泽尔河的第317团第3营也被赶了回来。这一天唯一的胜利是第318团夺取了326高地。

9月8日，德国党卫军第106装甲旅在奥梅兹发起反攻，插入第90师的2个团之间，它的一个小分队还闯入了该师师部，劫掠走了大批机密档案。第3集团军终于清醒过来了，随即以一次英勇的反击将德军这支小分队击溃了。

与此同时，另一支德军也向第80师发动猛攻，并占领了326高地后面的马尔巴什。为了减少伤亡，美军也向后撤退了数里。巴顿见此情景，气愤地嚷道："这一切都是司令官的错误决断造成的，他命令我们停止前进，使我们坐失良机!"

巴顿这样说是有理由的。早在8月底，美第12军就曾悄悄向梅斯侧翼运动，打算从北面包抄梅斯。但是，关键时刻，巴顿却接到"停止进攻"的命令。这次迂回被德军第5装甲集团军司令冯·曼陀菲尔①预判到了，他利用美军停顿的几天时间，紧急加强了在此方向上的防御力量。

巴顿对梅斯第一阶段的进攻被挫败了。这时天气突然转冷，阴雨连绵。美军缺少汽油和弹药，不敢冒进强攻，双方进入了僵持阶段。此时，巴顿心中比谁都着急。他的第20军在梅斯地区的活动仅限于小规

---

① 冯·曼陀菲尔（1897—1978）：纳粹德国坦克兵上将。11岁参军，参加过第一次世界大战。第二次世界大战期间历任隆美尔部队的坦克师长、第5集团军司令、坦克第3集团军司令。后被美军俘虏。

德国陆军上将　冯·曼陀菲尔

模袭击和侦察，因此，在僵持阶段，他对第 20 军进行了恢复性训练，演练了攻占坚固工事的战术技巧，这些技巧和战术在对梅斯地区的侦察和骚扰行动中不断地被测试、完善。

在此期间，巴顿仍然在想办法发起新的进攻。在恶劣的天气和几乎没有空中支援的情况下，他准备攻占曼海姆一带的渡口。

天气寒冷，大雨倾盆，洪水泛滥，德军抵抗顽强，巴顿的部队在泥泞的道路上每前进一步，都要付出巨大的代价，直到 9 月 12 日，第 3 集团军才有一个装甲师渡过摩泽尔河，其余大部仍在河这边。巴顿对部队在如此艰苦的条件下仍能取得这样的战果感到十分欣慰，他对部下说：“不要着急，让我们坐下来喝杯酒再去冲‘西墙’吧！”他还命令士兵们拿出全部干劲，勇敢杀敌，并许诺，无论哪位士兵，只要他成为盟军中第一个冲入“西墙”的人，就可升任营长。

当巴顿在“西墙”东南段与德军第1集团军纠缠的时候，北段相对空虚，盟军另外两支部队正向“西墙”逼近。北路是从安特卫普来的蒙哥马利的部队，中间的是第1集团军司令科特尼·霍奇斯亲自率领的第7军。霍奇斯一路向科隆挺进，照这个势头，很快就要进入德国本土的第一个城市亚琛了。但德国人依仗着碉堡的保护，在泥泞滑溜的赫特根森林里杀伤了第1集团军大量的坦克部队和步兵。

9月12日，霍奇斯命令杰罗的第5军也参与对“西墙”的试探性进攻，但杰罗的行动也遭到挫败。9月17日，蒙哥马利突然派遣3个空降师，空降到从他自己的战线深入德国领土的一条狭长的“走廊”（其实是一条线路，其间横跨河流的桥梁较多，是一狭窄地段）内，还想派一支装甲部队去这条“走廊”的上方，并让他们向右直接跨越莱茵河下游，在那里，位于荷兰阿纳姆市的河面上横架着一座桥梁。但阿纳姆市驻有两支最精锐的德国党卫军的装甲师，即第9师和第10师。因此，蒙哥马利没有成功。他的空降部队只得回头，与霍奇斯的第7军一起攻打亚琛。经过一天的巷战，盟军终于扫平了亚琛。

这是一个振奋人心的消息，毕竟第1集团军已经突破了德军的“西墙”，并进入德国境内。相比之下，巴顿的第3集团军输掉了这场竞赛。不过，经过这段时间的准备，巴顿又制订了一个“霹雳行动”计划，打算向梅斯之敌发动攻势。糟糕的是，诺拜尔斯道夫特的部队于9月18日抢先发起了全面反攻，待命中的第3集团军对此毫无准备，被打了个措手不及，其中以吕内维尔城的战斗最为激烈，幸亏伍德率第4装甲师及时赶到，打退了德军的进攻，总算稳住了阵脚。

德军的突击打乱了巴顿的部署，9月19日，巴顿被迫对梅斯的德军工事进行密集火力强攻。同时，布莱德雷派第8航空军进行空中支援，出动了数百架次飞机对摩泽尔河西岸和梅斯外围的工事进行狂轰滥炸。随后，第10步兵师的炮兵又进行了两个小时的覆盖式炮击，重点以山炮和105榴弹炮进行破障轰炸。这样的炮火准备一直持续了7天。

9 月 25 日，第 5 步兵师的一个营开始进攻德里昂堡垒地带，但进攻仅仅是试探性的，一是对梅斯的防御体系进行火力侦察，二是准备摧毁敌防御体系的主要设施。这次试探性进攻的初期还算顺利，部队连续占领数座碉堡。但是，随着逐步靠近德里昂堡垒的核心工事，德军的抵抗越来越猛烈，他们用机枪和手榴弹疯狂抵抗，死战不退，一些工事的德军士兵甚至用工兵铲和美军展开肉搏。美军则用喷火器和火箭筒逐个肃清德军工事，双方伤亡都极其惨重。但巴顿满怀信心，雄心勃勃地准备在 10 天内攻破齐格菲防线，进入德国境内。

就在这时，盟军司令部下了一道新的命令，给他们的战斗热情泼了一大盆冷水。

9 月 22 日，艾森豪威尔在凡尔赛的司令部召开盟军高级司令会议研究形势和制定未来战争的方针，审查向鲁尔发起一次全面进攻的方案。这是自诺曼底登陆以来规模最大的一次高级将领会议。蒙哥马利借口因执行“市场花园”作战行动脱不开身而回避这次会议，只派参谋长德吉刚作为代表。布莱德雷在筹备会议时就用口头和书面形式向艾森豪威尔陈述了自己的意见，他认为必须启用安特卫普港；向德国纵深进攻并对德军进行条块切割，迫使其无法集中兵力；对首要目标鲁尔区发动两路突进，南北夹击，蒙哥马利的集团军群将构成北半钳，巴顿的第 3 集团军将构成南半钳，后者通过萨尔直扑法兰克福向北与蒙哥马利会合；霍奇斯的第 1 集团军则向东攻击科隆。这几条建议与蒙哥马利的主张正好相反，争论中，艾森豪威尔又一次偏袒了蒙哥马利。他决定，蒙哥马利将在霍奇斯的支援下夺取鲁尔区，安特卫普港交给加拿大部队去解决。巴顿的任务是由进攻转为防御，以防德军反扑。于是，第 3 集团军于 10 月初全部停止进攻，就地转入战略防御。

布莱德雷内心感到十分沮丧和无比失望。巴顿也大发牢骚，给妻子写信伤心地说：“真想一醉方休。”

10 月中旬的一天，蒙哥马利访问了参战的加拿大部队。他让加拿大人猜测战争还要持续多久，然后，他谈了自己的看法。他说，一切取决于德国人是否将全部力量投入战斗，或者他们是否将龟缩到莱茵河对岸相当远的地方，回避打阵地战。他认为，如果发生后一种情况，发动新的战役就将拖延到 1945 年的春天。巴顿听说后，沮丧到了极点。

10 月 17 日，艾森豪威尔来到南锡拜访巴顿。巴顿向他请求拨给 300 万加仑汽油和够 5 天使用的弹药，他渴望尽快采取行动。但艾森豪威尔对此未置可否，因为他对战略问题和军需供应情况心中有数。

第二天，盟军最高司令部在布鲁塞尔召开了军事会议，艾森豪威尔在会上传达了下一步的作战任务：第 1 集团军于 11 月初从亚琛发起进攻，向东突破敌莱茵河防御；第 9 集团军保护其右翼，向北发展，与从奈梅亨向东南推进的蒙哥马利的集团军群会合；而后，第 9 集团军向北，第 1 集团军向南，包围鲁尔；第 3 集团军的任务是，在后勤条件许可的情况下，从沃尔姆斯和美因茨之间渡过莱茵河。从整个计划来看，第 3 集团军的任务仍然是辅助性的。

巴顿十分无奈，只能在焦急中等待。通过长期的共同战斗，布莱德雷此时已经成为巴顿最坚定的支持者和盟友，他越来越理解巴顿了，希望能运用自己的权力减轻一下巴顿的痛苦。于是，他授权巴顿可以“对战线进行一些小的改动”。巴顿对此心领神会，立即加以大胆的发挥，把它解释为：可以“立即进行一些小规模作战，以便获得有利的出发阵地，一旦最高司令部命令恢复攻势，我们就可以迅速地推进”。

11 月 8 日，第 3 集团军再次发起新的攻势，目标是从沃尔姆斯和美因茨之间渡过莱茵河。部队将在黎明前出发。凌晨 3 时，巴顿一惊而起，此刻外面大雨倾盆，他感到一阵胃痉挛。为了使自己镇定下来，他开始翻阅隆美尔的著作《步兵攻击》，从书中得到了一些启示。隆美尔写道，1914 年 9 月，有一天他也遇上了大雨，然而他的军队依然向前推进并打了一场大胜仗。看到这里，巴顿心想：德国人能做到的事他也一定能做到。3 时 45 分，巴顿又睡着了，过了一个半小时他被炮击声惊醒。“雨停了，”巴顿那天在日记中写道，“天空出现了星星。400 门大炮轰鸣，就像一座空空如也的房子里许多扇门一起猛力关上发出的声响。”他的 4 个步兵突击师很快就跳出战壕。如果他们能够冲过去，他的 2 个装甲师就能越过突破口，夺取梅斯河上的堡垒。

第 90 步兵师率先在蒂翁维尔以北强渡摩泽尔河，这让德国守军十分意外，所以抵抗十分微弱。战至11月9日傍晚，第90步兵师已经有8个营过了河。此时，巴顿反倒显得忧心忡忡，他判断德军一定会有增援。

果然，德军最高统帅部知道巴顿的部队推进到蒂翁维尔，也担心此地有失，决定调第25装甲掷弹兵师增援G集团军群。不幸的是，此时该师正因缺乏汽油在特里夫斯以东趴了窝。当天，德军的第19国民掷弹兵师和第416国民掷弹兵师的步兵在没有坦克支援的情况下，对蒂翁维尔的美军发起决死冲锋，美军战斗轰炸机蜂拥而至，炮兵的700门大炮也对德军的防线进行覆盖式炮击，德军伤亡惨重。随后，巴顿的部队迅速出击，装甲部队像是“铁轮上的地狱”降临到德军头上。巴顿兴奋地大叫：“如此屠杀，我简直要为德国杂种感到悲哀!”这一天，他到教堂里去听最令人痛苦的规诫，让他的随军牧师“为罪人祈祷”。第3集团军攻占了梅斯外围的麦特利赫和柯尼斯马赫两处工事群。

11月11日，美军第7集团军向德军第1、第19集团军的接合部发起猛攻。法军第1集团军进攻德军第19集团军的左翼。至此，盟军有3个集团军全部投入战斗，德军G集团军群的兵力左支右绌，不得不接连后退，收缩防线。但德军城防司令接到的命令是，城防部队必须死死守住目前位置，因此，城内的德军对突围和生还已经不抱任何希望，他们唯一能做的就是坚持抵抗到用尽最后一颗子弹。

11月12日拂晓，德军第25装甲掷弹兵师先头部队（包括10辆坦克和2个步兵营）终于赶到了梅斯以北，随即投入反击美军的战斗中。双方用炮对击，一直持续到13日。美军的炮弹密集，如同下雨一般，大大抵消了德军“豹式”坦克的技术优势，德军伤亡惨重，被迫停止进攻。

11月14日，梅斯守军紧急更换了指挥官，将海因里希·基特尔[①]将军派上来。基特尔在东线是著名的防御战专家，能力和经验都很出众，他发现，要阻止巴顿占领梅斯已经不可能了。当天下午，美第10装甲师渡过摩泽尔河，其B战斗群向梅斯以东的堡宗维尔进攻，准备切断梅斯和外界的联系。美第5步兵师则和防守梅斯南面的党卫军第17

---

① 海因里希·基特尔（1892—1969）：纳粹德国陆军中将。著名的防御战专家，1944年任梅斯城防司令，在此役中受伤被俘。

装甲掷弹兵师交火，而此时美第 5 步兵师的士兵甚至能从望远镜里看到德军从梅斯城撤退的车队了。不过撤退的都是非战斗人员，德第 17 装甲掷弹兵师还死守在阵地上，将第 5 步兵师挡在了梅斯以南的位置。为减少伤亡，美军用炮弹将德第 17 装甲掷弹兵师的阵地炸了个遍，每平方米落弹数达 6 发，该师有可能在编制中消失。

11 月 16 日晚，德军 G 集团军群司令赫尔曼·巴尔克[①]命令诺拜尔斯道夫特的第 1 集团军除第 462 步兵师继续防守梅斯外，其余部队迅速撤退至尼德河防线。德第 462 步兵师共有 1 万余人，拥有 1 个反坦克炮营和 1 个高射炮营，坦克和突击炮则一辆都没有。德第 1 集团军刚刚撤离梅斯前线，美军便开始进攻，第 462 步兵师拼命抵抗，但因兵力差距实在太大，被迫退入城内工事。随后，美第 5 步兵师的第 10、第 11 团从南部攻入梅斯，第 95 步兵师的第 377 步兵团则从北面攻入梅斯，一场残酷的巷战和肉搏血战开始了。面对美军的强大攻势，这群绝望而顽强的德国人打得十分疯狂：打光子弹的机枪手和步枪兵挥动工兵铲和步枪与美军展开肉搏，梅斯南部的一个小小的战斗群甚至还主动向第 5 步兵师发动反击，试图封闭突破口。在这种情况下，美军前进得十分艰难，几乎每个方向都有呼啸而来的子弹，只能使用喷火器和手榴弹一点一点地占领梅斯。战斗整整进行了两天。

11 月 18 日，美第 95 步兵师与第 5 步兵师取得了联系，当天夜里，第 5 步兵师第 10 团切断了德军唯一的撤退通道，梅斯被完全合围。美第 6 装甲师的一个连则将最后一支撤出梅斯的德军编队歼灭在梅斯以东。

11 月 19 日，第 5 步兵师的 3 个团在城市中心会师。而后，美第 3 集团军从多路突入梅斯城内。梅斯的德军被完全分割开，彼此失去了联系。各个小型战斗群几乎耗尽了德军的弹药，基特尔命令士兵收集美军弹药，继续抵抗，同时做好转入内堡的准备。他在一个高坡上向第 462

---

① 赫尔曼·巴尔克（1893—1982）：纳粹德国陆军上将。参加过第一次世界大战。第二次世界大战期间历任德军第 1 装甲师第 1 摩托化团团长、陆军总部装甲部队参谋长、第 48 装甲军军长、第 4 装甲集团军司令，后被美军俘虏。

德国陆军上将　赫尔曼·巴尔克

步兵师的全体官兵宣布：绝不突围！

11月21日，德国守军最后的时刻到了，美军占领了工事群的全部外堡，第462步兵师被迫全部退入内堡坚持抵抗。基特尔也在战斗中受了重伤，在一座烟草工厂的地下室被美军俘虏。美军随即宣称梅斯被完全占领。不过，此时仍有至少6个碉堡的德军拒绝投降，美第5步兵师不得不用炸药解决这些顽固的士兵。直到12月19日下午，最后一个碉堡金尼阿克堡的守军才因食物耗尽而投降。

11月25日，巴顿乘坐吉普车进入梅斯城，在雄壮的军乐声中检阅了攻占该城的英雄部队，给作战英勇的士兵颁发了勋章，并发表了热情洋溢的演说：

我们的胜利，主要依赖于持续不断的进攻，及运用正确的作战方法，揪住敌人的鼻子，猛踢他们的下体。……你们已表现出了你们的勇猛精神，我确信，你们也看到了安全来自勇猛的行动。我为你们感到自豪。你们的祖国也为你们感到骄傲。你们的确是卓越的战士，你们将因在攻克梅斯的战斗中立下的功绩而流芳百世！……我坚信，第3集团军将会也一定会无往而不胜！

第十一章　用兵如神终获胜

盟军兵败阿登，巴顿攻其不备

战争，往往充满诡谲和变数。

1944 年 11 月下旬至 12 月上旬，盟军的 2 个集团军群先后突破了希特勒的“西墙”防线，向德国内地推进。这使盟军产生了一种盲目的乐观情绪，甚至一些高级指挥官也认为，尽管德军的防御战打得十分顽强，并不断组织有效的反击，但他们大势已去，没有足够的时间和力量再发动大规模的地面攻势了。

然而，事实并非如此。蒙哥马利的英军首先遇到麻烦。在比利时，盟国建立并培育起来的抵抗组织变成了难以驾驭的“怪物”。“比利时军队拒绝执行要他们交出武器的命令”，第 21 集团军群司令部不得不以武力相威胁，这使蒙哥马利分散了不少精力和注意力。不过，他一直陶醉在胜利的喜悦中，向盟军司令部提交了一个攻占鲁尔区的计划，之后就请假回伦敦去了。

美军方面，由于第 1、第 3 集团军在突破“西墙”的战斗中，遭到德军装甲名将赫尔曼·巴尔克的 G 集团军群的顽强抵抗，在敌防线内的推进速度极其缓慢。加上燃料严重短缺，第 3 集团军几乎失去了以往那种迅速穿插、快速推进的优势。12 月 3 日，第 20 军才进抵齐格菲防线。此时巴顿的攻势已经进行了 25 天，“三日饮马莱茵河”的豪言壮语早已随风消散。

巴尔克为希特勒赢得了在艾佛尔地区集结重兵的宝贵时间。在前后

3 个多月的时间里，希特勒为扭转败局，正准备集中兵力在西线发动一场反攻，夺回主动权。参谋长约德尔提出了一个“狮鹫”反攻计划（希特勒称之为“悲哀之战”），为此，德国迅速征集了 16～60 岁的 25 万人参战，决定用 4 个集团军共 40 万人的兵力在阿登山地区实施闪电反击，以 7 个装甲师打头阵，强渡默兹河，直捣安特卫普，切断整个美国和加拿大部队的联系。如果这一计划取得成功，德军将在西战场上取得转折性的胜利，因为对于英军来说，不可能有第二次“敦刻尔克奇迹”出现了。

阿登高地自古为中欧战略要地，位于比利时东南、卢森堡北部和法国东北部，面积约 1 万平方千米。由于这里多森林，又称阿登森林。阿登防区此时归属于布莱德雷第 12 集团军群下霍奇斯的第 1 集团军和巴顿的第 3 集团军接合部，有 80 多英里宽的地域，但只有米德尔顿缺编的第 8 军（第 106 师、第 8 师、第 4 师和第 9 装甲师）把守，兵力十分单薄。

鉴于这一带复杂的地形和冬天严寒的气候，盟军最高司令部的几位主要指挥官都认为这里不会有任何危险，于是暂时把这里当成新兵训练的场所。而且，第 8 军正处于战后休整状态，没有重视这一带的防御。艾森豪威尔也在给马歇尔的信中说：“德军在阿登山区的兵力有限，而且时值冬季，他们已无力发起进攻，只能依靠恶劣的气候、洪水和泥泞的道路在一定的时期内守住一条残缺的防御战线。德军目前就像菜板上的鱼肉，就等我们拿锋利的战剑去慢慢地宰割了！”对此，布莱德雷也持赞同的意见，他甚至欢迎德国人进攻，因为希特勒若再次命令德军进行歇斯底里的灾难性攻击，盟军便可于莱茵河以西歼灭德军主力。

出乎意料的是，12 月中旬，在十分恶劣的气候条件下，德军的 13 个步兵团和 10 个装甲师发起了一次强大反攻。12 月 16 日拂晓，当德军突然出击时，一直处于休整的第 8 军完全没有做好应对德军大规模反攻的准备。在密集的大炮声中，蜷缩在睡袋中的美军士兵从睡梦中惊醒，连滚带爬，乱作一团，还不知发生了什么事。德军迅速突破了美军正面防守力量——第 8 军的阵地达 60 英里，而美军只能一边打一边向西撤退。此时，北线的英军和美第 1 集团军在失去空军掩护的情况下也完全处于不利地位。

当天下午，布莱德雷得到了德军发动进攻的报告，他的第一反应是先把这件事搁置起来，暂不理会。因为他判定德军对阿登山区发动的是有限的攻击，阿登山区并不利于德军机械化部队大规模作战行动，其目的无非是迫使巴顿回援巴斯托尼，延迟对“西墙”的进攻。不料到了晚上，前线更加吃紧，告急的电报纷至沓来，布莱德雷这才如梦初醒，惊叫道：“这个狗娘养的从哪儿搞到这么多兵力！”他从德军的数量上判断，敌人发动全面反攻了！看到布莱德雷紧张的样子，比德尔·史密斯将军不无讥讽地对他说：“你不是希望德军反攻吗？现在如愿以偿了！”

12 月 17 日早上，盟军司令官们都意识到德军开始了全面反攻。当时艾森豪威尔正在巴黎参加部下的婚礼，他很快从震惊中冷静下来，明白必须迅速动用第 8 军左右两翼的部队夹击德军以堵住这个突破口，行动最快的当然是空降兵。于是，美军第 82、第 101 空降师奉命分别去圣维特、巴斯托尼增援。当德军按计划朝布鲁塞尔及安特卫普方向疯狂反扑时，西线总司令官龙德施泰特这才注意到巴斯托尼的重要性，立刻派出两员虎将弗里兹·拜尔林和冯·卢特维兹率重兵前来，将巴斯托尼围了个水泄不通，1.8 万多名美军将士面临覆灭的危险。

如此一来，救急就必须有足够的装甲部队。当时，南侧巴顿第 3 集团军的第 10 装甲师离那里最近，于是，艾森豪威尔电告布莱德雷，让他命令巴顿将该装甲师火速调往阿登地区。

中午前，布莱德雷召集巴顿及其参谋人员到他的司令部，召开紧急军事会议。巴顿一到，布莱德雷就向他展示了最新的军事形势地图和从空中拍摄的战场形势照片，照片显示：德军已在阿登山区打开了一个巨大的缺口，德第 5 装甲集团军已经蜂拥而入，形势万分危急。尽管巴顿对此有所预见，但还是大吃一惊。美军整个防线正在垮下来，还有一座行将崩塌的大水坝。“我感到你会喜欢我们将要干的事情，”布莱德雷说，“可是我想这是迫不得已的。”巴顿一声不响地听布莱德雷讲解战略意图：美第 1 集团军在北部坚守，巴顿的南路部队停止在萨尔地区的攻势，至少调 3 个师驰援阿登山区。布莱德雷介绍完情况后，犹豫地把目光转向巴顿，征询他的意见。当时巴顿的部队正在萨尔地区大踏步向东推进，即将取得重大战果。现在从南线调往北线，布莱德雷担心巴顿会因为撤销萨尔战役而无法接受。

当然布莱德雷的担心并不是多余的。此时巴顿第 3 集团军突破“西墙”的时间已经落后，在和英军及美第 1 集团军的竞赛中已输掉了第一场，这对把荣誉看得比生命还重要的巴顿来说，无疑是一次不小的打击。现在又要他放弃唾手可得的“桃子”，他难免会有情绪。而且，巴顿在盟军突破“西墙”后对整个战局的看法和建议没有受到应有的重视，对此他也少不了会有怨言。事情发生之前，巴顿通过大量的情报分析，始终认为战局形势远没有蒙哥马利等人估计的那样乐观，垂死挣扎的德军很可能还要下一次大的赌注，冒险发动大规模攻势。因此，几个月来，他都在利用自己的情报机构侦察德军主力集团军群的动向，尤其对配有新式装备——“虎式”和“豹式”坦克的装甲军特别关注。他发现龙德施泰特正在科隆部署军队，强大的第 5 装甲军和第 6 党卫军装甲军也从前线后撤补充给养，进行休整，这必然会有新的行动。他的情报官奥斯卡·科克的工作是卓有成效的。科克调查的情况更加清晰：德军的精锐装甲部队及党卫军部队正在阿登山区附近秘密集结，似乎已有足够力量发起一次大的军事行动。科克对此十分焦虑，他在 12 月 9 日的例会上发出警告：事态已经发展到相当严重的程度，在第 8 军的正前方，德军在数量和质量上都处于压倒性的优势，而且仍在不动声色地集结部队，而第 8 军却防守松懈，防御体系十分脆弱。但布莱德雷对此置之不理，仍然认为德军进攻第 8 军的可能性微乎其微，即使出现这种攻击也不足为虑，他恰好可以调动北面的第 1 集团军和南面的第 3 集团军围歼敌人。

所以，当布莱德雷硬着头皮向巴顿下达增援指令时，果然遭到了巴顿的拒绝：“是你们犯的错误，凭什么让我去收拾？”面对这位倔强的老上级、现下属，布莱德雷一筹莫展，只得向艾森豪威尔汇报。

12 月 19 日早晨，艾森豪威尔带着特德从巴黎赶到布莱德雷在凡尔登的司令部，与以往不同的是，他这次佩戴着陆军五星上将军衔。他首先与巴顿进行了单独的面谈，向巴顿再次阐述了此战对全局的利害，但倔强的巴顿依然只抽雪茄，不表态。巴顿对全局的形势是一清二楚的，只是不想让别人把他当作救火员，每次救完火就又被搁置在一边。

对此，艾森豪威尔没有动怒，为缓和气氛，他轻松而又自信地说："尽管如此，我们应该把目前的形势看作我们的一个机会，而不是一个灾难。我们坐在这里高高兴兴地回顾一下过去的战例，多少次类似的突袭，德国人都没占到便宜。"他停顿了一下，两眼注视着巴顿，忽然问道，"乔治，你还记得那年的凯塞林隘口战役吗？"

"当然！当时你刚晋升四星上将，就遭到了德军的突然攻击。"

"是的！真好笑，乔治，我刚晋升四星将军，就遭到了攻击，当时多亏有你的奋力支援啊！而现在，告诉你，我刚得到第五颗星，就又遭到了德军的突然袭击……"不久前艾森豪威尔被提升为五星上将，正处于春风得意之时，他补充道，"每当我的肩上增加一颗星，我就会碰上敌人的突然进攻。"

"你是说，为了你的第五颗将星，想让我再帮你一次？"

"为什么不呢？老伙计，再来一次吧！"

军人为荣誉而战。命运使巴顿肩负起了拯救美军数万人的重任。桀骜不驯的他豪爽地向艾森豪威尔伸出了右手。

接下来，艾森豪威尔就地举行了高级军事会议。布莱德雷、特德、平克·布尔、肯尼思·斯特朗、巴顿、德弗斯等参加了会议。艾森豪威尔明确指出：首先，美军必须顶住北面、南面突入防线的德军；其次，控制住咽喉要地圣维特和巴斯托尼；再次，在默兹河岸组织坚固的防御战线，德军有可能推进到默兹河才停下来，美军必须尽可能早地进攻德军的南翼；巴顿是从南翼向北夹击的最佳人选。

这些主张得到了与会者的一致赞同，但在派遣多少部队参加进攻行动的问题上，又费了一点周折。因会前布莱德雷已经命令巴顿的 3 个师（第 4 装甲师、第 80 步兵师和第 26 步兵师）向北进击，因此巴顿表示，他可以出动 3 个师的兵力，于 12 月 22 日准时发起攻击。艾森豪威尔却认为，德军在阿登地区差不多有 20 个师的兵力，巴顿此举关系重大，南翼仅仅 3 个师是远远不够的。布莱德雷立即做了补充，当场拍板把米德尔顿的第 8 军还给巴顿，这样一来，参加行动的兵力达到了 6 个师。艾森豪威尔表示赞同，但他不相信巴顿能在 12 月 22 日发起攻击，决定把时间推迟一到两天。

会上，有人提出把摩泽尔河上游地段的防守任务移交他人，以便巴顿能集中兵力向北进攻。这一提议遭到了巴顿的强烈反对，他表示决不放弃他所控制的这一地区。巴顿看得更远，他还要利用这一地区进一步向德国腹地大规模推进呢！

最后，艾森豪威尔对会议的主要内容做了总结，指出：下一步行动的主旨是在北部堵住战线上出现的巨大缺口，从南部发动协调一致的进攻，其余问题交由巴顿全权解决。

凡尔登会议后，巴顿没有回自己在南希的司令部，而是直接去了卢森堡（布莱德雷的公寓在那里），他先把自己的参谋班子召来，开了一次紧急商讨会议。为了说服手下的参谋人员，巴顿首先强调了阿登战役的重要意义，并以不容置疑的口气说："我们的工作计划已经改变了！我们很快就要投入战斗，但那是在另一个战场上！我们必须高速行军！我们素来以行动神速而自豪，但这一次我们的行军速度要比以往任何时候更快。我毫不怀疑，我们一定会达到上级对我们的一切要求。我们要一如既往，继续消灭德军，不论这些狗娘养的从哪里冒出来。"

接着，巴顿从容自若地阐述了自己的作战部署："假如我们能有第 1 集团军的第 8 军和我们自己的第 3 军，我要把他们当作三把斧子来使用。从左翼起，这些斧子的攻击顺序是：一把从迪克奇附近地区砍向正北方；一把从阿尔隆附近砍向巴斯托尼；另一把从纳夫夏托劈向德军突出部的左前方。"

最后，巴顿对参谋人员说："先生们，我要去见上司了，你们尽快完善一下这三把斧子的进攻计划。做好一切战斗准备，一接到我通知作战命令的电话，就马上行动。"于是，参谋们立即着手制订具体的作战

艾森豪威尔

计划。

与此同时，面临德军的反击，盟军高层的斗争形势又复杂起来了。德军反击前，蒙哥马利、布鲁克、丘吉尔就对艾森豪威尔的长期战略将信将疑，而且不同意他的宽正面进攻战略和预定在1945年5月1日彻底打败德军的时间表。蒙哥马利率盟军进攻鲁尔区的战略在英国人头脑中已根深蒂固，布鲁克的参谋部已起草文件，企图推翻艾森豪威尔的计划。现在，德军的反击又给了英国人一次良机和一个新借口。当然，马歇尔有力地支持了艾森豪威尔，美军在欧洲的兵力也远比英军多，比例是3∶1，英国人不太容易利用美军暂时的挫折夺权。不过，蒙哥马利仍一心想要大干一番。德军切入阿登山拦腰切断南北两军，为蒙哥马利原来建议任命他为阿登山以北的地面部队司令提供了理由，如果这样的话，他将可以控制霍奇斯的第1集团军。

12月19日，当艾森豪威尔、布莱德雷、巴顿、德弗斯正在凡尔登商讨巴顿的“三板斧”计划时，蒙哥马利给布鲁克打电报，声称美军一片混乱，全线崩溃，第 1、第 9 集团军情绪低落，预言布莱德雷将撤走司令部，艾森豪威尔控制不了局面，对战局一无所知。最后，他认为战线已分成两半，指挥瘫痪，要求让他全权掌握指挥北线部队的兵权，当机立断。

12 月 20 日，布莱德雷和巴顿在卢森堡同时接到了一个令人震惊的消息：艾森豪威尔已同意让蒙哥马利负责指挥阿登山以北的所有地面部队，也就是将美军第 1、第 9 集团军的指挥权交给了英国人，布莱德雷的第 12 集团军群只剩下巴顿的集团军了。这对布莱德雷来说无异于降职，因此，他当即向艾森豪威尔提出了强烈抗议。

事情发生后，巴顿却显得比很多人都镇定和轻松，他劝慰布莱德雷说：“伙计，切莫惊慌，以免在部队中引起不必要的不安情绪。这次德国佬的头是伸到绞肉机里来了，事实上，我们现在已经握住了绞肉机的手柄!”

布莱德雷对上司的决定感到很无奈，不得不调埃迪的第 12 军、沃克的第 20 军到反击部位来；让德弗斯手下的海斯利普的第 15 军接管了巴顿原来的大部分防线；同时又将临时抽调的几个师编为第 3 军，由约翰·米利金任军长。

他们已经没有时间抱怨了，因为距发起进攻的日子只有 3 天了。此后 3 天时间，巴顿以他惊人的才干，使第 3 集团军的作战方向来了个大转弯。他要处理诸如兵种协调、通信和后勤保障等一系列的难题，况且，他所面临的是一个十分陌生的地区，形势严峻，时间紧迫。

12 月 21 日，巴顿对自己的部队进行了一次闪电式的巡视。他首先前往重灾区，会见了第 8 军军长米德尔顿、第 4 装甲师师长加菲，了解了大量第一手资料，对部队做了战斗动员和军事部署。士兵们看到巴顿精神抖擞、充满信心，纷纷向巴顿表示绝对听从召唤：“你指到哪里，我们就打到哪里。”接着，巴顿又和第 3 军军长米利金交换意见，并视察了第 9、第 10 装甲师。在返回卢森堡之前，他还视察了第 4、第 80 步兵师。

回到指挥所后，巴顿用电话向自行火炮部队、司令部人员、炮兵部队及后续部队发出命令，移动地图上的位置，他要充实反坦克部队，组编步枪队，转移弹药库和战地医院，并引导各部队进入各自的阵地，枕戈以待。由于参谋们不在身边，他便打电话到各个夜总会寻找他在南锡的所有参谋官立即到位。

几个小时后，根据巴顿的命令，第3集团军各部门、兵种和作战单位都进入紧急战备状态，以最快的节奏投入工作。

布莱德雷本想乘飞机去第1集团军霍奇斯那里介绍战略上的变化，做出新安排。但霍奇斯正在撤退中，司令部从斯帕后撤到列日郊外的乔德枫丹，他手下的第5军、第8军遭到了德军第6装甲军的沉重打击。面对这一局面，布莱德雷通过电话了解到，霍奇斯的其他部队被德军打成了散兵游勇，遭到分割包围，但是英勇的官兵们（包括101空降师）仍在巴斯托尼、圣维特等地顽强抵抗德军的进攻。从整个战局来看，霍奇斯在南翼的部队已无法组织反击，重任落在了巴顿肩上。

巴顿的此次救援行动，堪称是军事史上的伟大壮举！在短短的3天时间内，在极其恶劣的环境中，把一支十几万人马的大军，从萨尔地区快速调往阿登山区，实现了战线由南向北的全面转移，各部队、各兵种之间配合默契，整个行动有条不紊，这样的工作效率是其他任何部队所望尘莫及的。巴顿依靠其手下工作人员对他的大力支持，现在完全可以用野战电话机来指挥这一场极为复杂的战斗了。

与此同时，巴斯托尼等地的美军正在殊死抵抗。霍奇斯的第7军的战斗最为激烈。辛普森手下的第7装甲师、第30步兵师也调给霍奇斯指挥。第1集团军能攻善守的第1师、第2师、第9师在北面突出部的要害部位挖壕固守，支援新编第99师作战。德军司令弗里兹·拜尔林狂妄地以为巴斯托尼的美军已成瓮中之鳖，于是派代表进城进行恫吓，要求被围困的美军在光荣条件下投降。守军司令麦考利夫的回答极为简单："白痴！"麦考利夫的行为很快传遍全镇，士兵们大受鼓舞。

12月22日晨，大雪纷飞，原野茫茫。第3集团军的官兵们在没膝的雪地里艰难行进。年近六旬的巴顿和官兵们一起步行，他为自己的部队感到骄傲。

次日，有消息传来，德军又向巴斯托尼增援了，且天气预报说，这一地区的天气还要恶化，将持续有雪。此时，大多数军官主张中止前进，但巴顿救难心切，他吼叫着："不能停止前进，一分钟也不行!"

12 月 23 日凌晨 6 时，盟军的进攻开始了。为解巴斯托尼之围，盟国空军几乎倾巢出动，7 个战斗轰炸机群、11 个中型轰炸机群、第 8 航空队的 1 个师及一些皇家空军的运输机飞抵巴斯托尼上空。运输机全力向巴斯托尼运送各种物资，轰炸机则轮番对德军的重要目标实施轰炸，在德军战线背后造成了大范围的破坏。接着，巴顿命令加菲的第 4 装甲师的第 2 战斗群趁德军正在休息，以伸手不见五指的夜色为掩护，杀开一条血路，突破德军对巴斯托尼的包围圈，运输部队和救护车跟在装甲部队后面迅速驶入该镇，巴斯托尼的防御力量大大得到了加强。

负责主攻的第 3 军军长米利金及其参谋人员都是战场上的新手，但作战极其勇敢顽强。当天，其左翼的第 4 装甲师和右翼的第 26 师进展也十分顺利，分别前进了十几英里。第 80 师则攻占了梅尔齐希。巴顿在当天的日记中高兴地写道："米利金干得比我预料的好。我让他到前线听一听炮弹的爆炸声和子弹的呼啸声，我相信他会干得更加出色!"

随后，在第 9 装甲师、第 80 步兵师的增援下，第 4 装甲师开始扩大已打开的走廊，并努力打通阿尔隆通往巴斯托尼的公路。德军对巴斯托尼的围攻告终了。

不过，在连续两次的快速推进之后，美第 3 军的进攻遇到了重重障碍。他们所面对的是德国的精锐之师——第 6 党卫军装甲军，该军能攻善守，十分顽固，不仅有战斗实力，而且很注重策略。白天，他们躲在工事后面以逸待劳，利用强大的工事阻滞美军的进攻；夜里，他们利用一切可乘之机组织反攻。双方你争我夺，战斗打得十分艰苦，消耗巨大。

不管怎样，最危险的时刻已经过去了，各部队均顶住了德军的攻势，巴斯托尼依然巍然屹立在德军突出部上。这个支撑点就像一个钉子，将德军大举进攻的部队死死钉在了这一地区，使他们不敢贸然向盟军纵深发动大的攻势。

这一年的冬天特别寒冷而潮湿，厚厚的积雪长时间覆盖着大地，气温已降至零下十几度。盟军部队连日在极为艰苦的环境中战斗，很多人患上了流感和"堑壕足"病。恶劣的气候还给空军、运输部队和装甲部队的行动造成了巨大不便。在此情况下，蒙哥马利违背他对艾森豪威尔的许诺，也不顾李奇微的强烈反对，命令第 82 空降师撤出圣维特。

美国陆军四星上将　李奇微

12 月 24 日，圣诞节前夜，美第 4 装甲师遭到德军的猛烈反击，后退了数千米。到 12 月 26 日，曙光终于出现了。巴顿第 3 集团军的先遣部队打通了通向巴斯托尼的一条狭窄通道，解救了固守城中的美军；柯林斯违抗蒙哥马利的命令，让哈蒙的装甲师冲出迪纳特的防线阵地，在圣诞节早晨发起进攻，经过 2 天的坦克激战，摧毁了德军第 2 装甲师的大部，使德军第 5 装甲军在抵达默兹河以前就被拔掉了一颗尖利的牙齿，德军被迫停止进攻。这两场胜利大大鼓舞了盟军的士气，并成为此次战役的转折点。

击溃围攻巴斯托尼的德军后，巴顿指挥美军全力冲向了另一个目标——乌法利兹。

12 月 27 日，巴顿曾向最高司令部提出了一个“削掉德军大突出部”的反击计划，即用最有冲击力的装甲部队从巴斯托尼出发，直捣比特堡和普吕姆。这个计划有点冒险，最终未被批准，但巴顿毫不气馁，他命令部队准备进攻新目标乌法利兹。

巴顿自信突出部的德军已被击败。尽管他的第 3 集团军在从巴斯托尼向北推进到乌法利兹时遇到了强大的抵抗，但是他知道怎样去鼓舞自己的部队英勇作战。1945 年元旦来临了。在记者招待会上，有人问他：“德军装甲部队的集中情况怎么样？”巴顿幽默答道：“他们的装甲部队已经完蛋了，除非他们的坦克能够繁殖。”

新年之夜，巴顿命令炮兵部队在午夜 12 时用最猛烈的火力向敌人持续炮击 25 分钟。这既是向德军示威，也是鼓舞士气，庆祝初战胜利。

之后，巴顿向第 3 集团军的官兵们发布了一道书面命令。

士兵们：

从阿夫朗什血的走廊，到布雷斯特，穿越法国到萨尔，越过萨尔进入德国，现在又走过巴斯托尼，你们的纪录是连续不断的胜利。你们不仅绝对地打败了凶残、狡诈的敌人，而且以钢铁般的意志克服了各种地理、气候的困难。无论炎热、灰尘还是洪水、冰雪，都不能阻挡你们前进的步伐。你们在速度、战绩上创造了军事史上不会被打破的纪录。

最近，我在获得“优异服务十字勋章”之后，又接受了“橡叶勋章”。这枚勋章授予我并不是因为我做出了什么贡献，而是因为你们取得的成就。我从内心感谢你们。我对你们新的企盼和坚定的信念是：在全能的上帝的保佑下，在我们总统和最高司令部的卓越领导下，继续沿着胜利的道路前进，打倒暴政，铲除邪恶，为死难烈士报仇，恢复世界和平。我没有找到合适的词作为我的结束语，最好还是引用一句不朽的名言献给你们：“勇敢的军人们，老兵们，你们经受了血与火的洗礼成长为钢铁巨人。”

美国陆军中将　小乔治·巴顿

由于盟军的英勇作战，到 1945 年 1 月中旬，阿登战场上的局势发生了根本性的逆转，盟军已掌握了战场主动权，德军的进攻已是强弩之末，围歼德军的时刻到来了。1 月 16 日，巴顿命令部队从南北两路全速向赫法利策推进，夹击德军部队。

希特勒别出心裁的阿登反扑，在一定程度上打乱了盟军进攻的时间表，但这次的反击行动最终也给德军带来了巨大损失，希特勒在这一仗中赔掉了他最后的赌本：800 多辆坦克、1000 余架飞机，德军伤毙、被俘、失踪达 12 万人之巨。

当然，阿登战役也是美军自登陆以来遭遇最残酷的一次血战，仅第 3 集团军就有 1.5 万人付出了生命，加上失踪、受伤人数，美军损失将近 10 万人。为此，铁血将军巴顿也变得越来越多愁善感，看到运送伤员的长长的救护车队从前线返回时，他常常抑制不住自己的感情，潸然泪下。

1 月 16 日，柯林斯的第 7 军从北向南推进，在乌法利兹与巴顿的部队会师，终于把围歼德军的“口袋”封住了。当晚，巴顿躲在自己的办公室里，写下了一首伤感凄楚的小诗：

噢！乌法利兹，小小的城镇，
我看见他们依旧躺在那里，
起伏破碎的街道，
只有飞机在上空翱翔。
夜色如墨的街道，
见不到一丝可怜的灯光。
永恒的希望和恐惧被带入地狱，
就在昨天晚上。

强渡莱茵河

阿登一战，德军可谓伤筋动骨，最后的日子日益临近。

1945 年 1 月 12 日，苏联的巨大攻势开始了。不过几天时间，红军便长驱直入，攻占了华沙。

1月23日，美军重新夺回圣维特；27日，第3集团军的先头部队已抵达乌尔河。

此时，德军在莱茵河西岸仍拥有85个师的兵力。在希特勒的说教和戈培尔的宣传蛊惑下，德军将士仍然感到前景是充满希望的，他们决心效忠元首和帝国，与盟军在莱茵河背水一战。这可以说是德国人在本土的最后一道防线，德军不得不孤注一掷。

经过对形势的分析，艾森豪威尔认为彻底打垮德军的时机已经成熟，决定再发动一次大规模的战役，给德军以致命的一击。他想在高级军事会议上讨论这个问题，但这个全线出击的设想一经提出，便立刻遭到了蒙哥马利的强烈反对，盟军最高司令部内部又发生了激烈的争吵，主要分歧仍然是过去美、英两军矛盾的继续——军事指挥权问题。在英军参谋总长布鲁克的支持下，蒙哥马利想再次争回对盟军所有地面部队的指挥权。

因艾森豪威尔的火车被炸，布鲁塞尔的会议推迟到1月28日才举行。因此，布莱德雷得以先和艾森豪威尔谈了自己对战局的认识。巴顿对此抱了很大希望，满怀期待地指望布莱德雷重新指挥第1、第9集团军，把德军装进包围圈。但是，在随后召开的军事会议上，蒙哥马利毫不客气地发动了一场内部“战争”。

蒙哥马利一再强调，盟军没有足够的力量在南北两线同时发动进攻，必须选定一个主攻战场，这就是他所在的北部战场。他进一步阐明观点，只有主攻不需要的部队才能投入其他行动中。很明显，他的方案旨在一箭双雕，既可以争得地面部队的指挥权，又可以有效地阻止巴顿的第3集团军实施重大军事行动。他几次试图使艾森豪威尔改弦更张，布莱德雷和巴顿对蒙哥马利的做法十分气愤，他们告诉艾森豪威尔：目前美军投入战场的兵力是50多个师，而英军只有15个师，蒙哥马利的要求不仅在他们那里无法通过，就是在罗斯福总统那里，在参谋长联席会议上及在美国人民面前也是无法通过的。会上，艾森豪威尔没有对此明确表态。

会议结束后，蒙哥马利马上给格里格写了一封信。他说，这次会议

“完全失败了，他在会上可不像之前那样支持我。布莱德雷和特德也参加了会议，我是单枪匹马地对付他们三个人。特德站到了他们一边，这是很令人讨厌的”。蒙哥马利说艾森豪威尔打赢这场战争的计划也是“很令人讨厌的”，“这一计划不会成功”。

与此同时，布莱德雷和巴顿联合起来，以辞职相要挟。布莱德雷对艾森豪威尔说：“艾克，你要知道，我是不能在蒙蒂手下工作的。倘若让他指挥全部地面部队，那么你必须把我送回美国。因为他若成为我的顶头上司，我就会丧失指挥信心。”

艾森豪威尔左右为难，他考虑的首先是维护两军的团结与合作，只有在这个大前提下，才谈得上指挥权问题。考虑再三后，艾森豪威尔提出和特德一起于12月12日去伦敦访问丘吉尔。之后，他又通过电话与马歇尔磋商，最终采取了老办法——折中、妥协。“这一次，”史汀生在日记中写道，“我发现甚至连马歇尔也觉得艾森豪威尔在和英国人打交道时过分迁就了。我很为此事担心。”

艾森豪威尔亲自草拟了一个“作战计划大纲”，并把这个在欧洲西北部的作战计划呈报给盟军联合参谋长会议。

他计划先摧毁莱茵河以西的敌人的力量，攻占莱茵河北面和南面的桥头堡，然后用15个师的强大兵力向鲁尔以北推进。这一行动将攻占整个鲁尔工业区。

实际上，这个计划除了在作战指挥权方面没有满足蒙哥马利的要求外，其余全部采纳了蒙哥马利的主张。整个战役分为两个阶段：第一阶段是向莱茵河进军，第二阶段是打到莱茵及更远的地区去。蒙哥马利的集团军群进军路线是从鲁尔以北的下莱茵省进入德国北部平原；布莱德雷的集团军群则向美因茨、法兰克福地区进攻。这次计划把重兵投放于攻势的“左肩”——由蒙哥马利所部承担主要任务。这对巴顿和霍奇斯是一个打击，他们的部队都在右侧，计划中只是继续对“西墙”进行穿插攻势。而此时的穿插早已经完成，实际上，巴顿处于原地待命状态。

可以说，艾森豪威尔的计划更多考虑的是政治因素，而无法适应战场上瞬息万变的形势。英军参谋总长布鲁克在日记中写道：“我还发现，艾克现在并不指望在（1945 年）5 月以前跨过莱茵河!”

不久，艾森豪威尔又对方案做了调整：命令蒙哥马利的第 21 集团军群（包括美军辛普森的第 9 集团军）集中力量发动攻势，夺取从奈梅亨到杜塞尔多夫的莱茵河西岸地区。在这一阶段，第 1 集团军交回给布莱德雷指挥，其任务是，占领鲁尔大坝，同时保护第 9 集团军的南翼。当第 9 集团军抵达莱茵河后，第 1 集团军立即向科隆进攻，占领该城后向南推进，切断莱茵河西岸敌人的退路。艾森豪威尔始终强调，“我们必须在莱茵河以西击败德军”。

1945 年 2 月上旬，美国后勤部队首脑布里恩・萨默维尔的计划和执行处长勒鲁瓦・卢茨少将来到法国，他和这里的大部分将军都认识。在拜访了布莱德雷之后，他接着去拜访巴顿，沿途处处是遭到轰炸和破坏的村庄。村子里“总有几个居民悲哀地守着残垣断壁”。最近在摩泽尔东部发生的一场战斗的痕迹历历在目：动物的尸体，弹坑里的没有干的泥浆，还有一片狼藉的器材。巴顿对卢茨说，他们这里遭受了 1861 年以来最严重的洪水。他的部队还在梅兹作战，敌人的一个堡垒扼守着该市的西部。巴顿声称，他打算以其现有的武器装备尽力向前挺进，然后掘壕据守。这显然是气话，说明他对艾森豪威尔的作战计划极为不满。他对部下说：“让我们美军待在这里袖手旁观，这是一种愚蠢而又不光彩的结束战争的办法。先生们，我们是决不会干愚蠢和不光彩的事情的!”

由于蒙哥马利又回英国休假去了，他的主攻部队几乎无所事事。布莱德雷的 12 集团军群下只有第 1 集团军和第 3 集团军，他采取了修正性作战方案，允许巴顿在艾佛尔正面发动攻势，以阻止德军向北撤退去对付蒙哥马利。在此过程中，巴顿将可以突破摩泽尔河西岸锡格弗里德的防御，向基尔河推进。

巴顿问布莱德雷：“至少，我能继续采取一次侦察行动吗?”布莱德雷明知巴顿是要发动一次全力以赴的进攻，但他仍然同意了。

这种花招使蒙哥马利非常不痛快，他的确算计着从南侧得到美军额外几个师的增援来加强他的莱茵河出击行动。而巴顿的巧妙计划，使蒙哥马利的权威还不致受到漠视。

即使像戴着脚镣的大象一样，巴顿也要抓住一切机会“跳场舞”。他首先瞄准了艾佛尔。

2 月 6 日，艾佛尔战役打响了，部队的进展十分顺利：在第 8 军前线，其第 90 师攻克了 5 座城镇和几十个村庄；第 7 军逐渐逼近基尔河，第 80 师歼灭了奥尔河与盖伊河之间“西墙”防线的敌军，攻克 3 座城镇；第 20 军肃清了萨尔河与摩泽尔河三角地带的敌人，第 10 师清除了 5 个地区的守敌，推进到萨尔河—摩泽尔河三角地带的最后一个目标，而后向东北攻占萨尔堡，一直扫平到萨尔河畔，攻占了几座城镇。这一系列行动摧垮了德军从萨尔劳滕向北至圣维特之间的“西墙”防线。

在此期间，蒙哥马利一直在筹划一个代号叫“真实”的作战计划，在前进基地储存了大量的兵力和弹药。因 1 月冰化雪消，默兹河的水位一天内就上升 6 英尺，致使洪水泛滥，此计划延迟到 2 月 8 日开始实施。

2 月 8 日凌晨 5 时，上千门大炮持续不断地轰击了 10 个小时，还有 900 架轰炸机猛烈轰炸，随后，由加拿大集团军第 2 师的各步兵营开路，打响了这次战斗。蒙哥马利对 3 天后的结果表示十分满意，他言称“在帝国森林进行的战斗打得很漂亮”。其用意是不言而喻的，他不愿让别人尤其是巴顿抢了他的风头。

2 月中旬，罗斯福、丘吉尔和斯大林在克里米亚的雅尔塔会晤，磋商划分战区和瓜分德国。当雅尔塔会议做出了决定后，艾森豪威尔在战略上几乎没有抉择的余地了，易北河从北到南将德国一分为二，会议规定易北河以东将由苏联人统治，这将是不可侵犯的分界线。根据这一总的原则，艾森豪威尔把他在欧洲西北部的作战计划呈报给盟军联合参谋长会议。

布莱德雷不久便接到盟军司令部一个新的作战计划。该计划规定，蒙哥马利率部在德军力量最强大的北部发起主攻，第 3 集团军由艾佛尔向北推进，穿过莱茵河在普法尔茨地区发动攻击，与蒙哥马利进行配合。

当巴顿从布莱德雷那里得知，蒙哥马利即将在北面发动进攻，并将从第 3 集团军抽调几个师去扩充其进攻力量时，心中十分不快。他对布莱德雷说：“根据我对命令的理解，我有权把第 3 集团军的进攻范围向

（前排从左至右）丘吉尔、罗斯福、斯大林在雅尔塔

东扩展，渡过基尔河，沿着萨尔河渡口以东的深谷向南推进。此外，如果装甲部队在摩托化步兵的支援下有可能快速突进到莱茵河的话，我就有权抓住这个时机推进。”布莱德雷此时与巴顿有着相同的处境，他非常理解巴顿的心情，因而再次默许了巴顿的行动。

巴顿的下一个目标是特里尔，但他攻打特里尔所需的坦克部队不足。为此，他专程去了一趟巴黎，希望通过私下活动能“借”到至少 1 个坦克师的兵力。他顺道去看望了老朋友休斯。他们在谈话中推测战争何时结束，谁将统率太平洋战区。巴顿兴致很高，毫无睡意，直到凌晨 1 时方才告辞。因此，第二天休斯什么事也没有干成。他悲叹：“乔治受到了伤害，但少不了他。”

巴顿到巴黎后，无论到哪里都能被人们认出来，他为此沾沾自喜。特别令他高兴的是，他竟然把第 10 装甲师“借”到手了，只是最高司令部要他限期归还。为此，他决定进行一次时间和空间的争夺战。他中断了与上级的所有联系，命令部队快速奔袭，在 2 天之内拿下特里尔。

2 月 28 日，第 10 装甲师以最快的速度向特里尔推进，队伍穿过危机四伏的雷区，冒着敌人猛烈的炮火快速前进。这天，巴顿刚回到司令部，布莱德雷亲自来把上级的命令告诉巴顿：月底前停止进攻特里尔。布莱德雷显得非常憔悴，疲惫不堪，似乎丧失了以往的自信。巴顿问道："如果我向科布伦茨奔袭，或者机会突然来到时去拿下科隆，会不会有人反对？"布莱德雷显得有些无奈，说："没有人反对。"黄昏时，巴顿给布莱德雷打电话，说特里尔还没有攻下。布莱德雷告诉他继续打下去，并说："我不想再听你的这种电话了。"

巴顿开始以小时来计算部队的战斗进程。3 月 1 日 11 时，第 10 装甲师和 2 个步兵团攻入特里尔城郊，并于 13 时 30 分攻入城内。到当天 21 时左右，全城的敌军就被肃清了。

第二天拂晓，巴顿刚恢复与上级的通信，就收到一份急电：绕过特里尔，"因为攻克它需要 4 个师的兵力"，立即归还第 10 装甲师。看罢电文，巴顿诡谲地笑了，他对部下说："我们遵命，让第 10 装甲师归队，我们绕开特里尔，继续前进。"但布莱德雷心里很清楚，他从第 9 集团军司令部打电话来向巴顿表示祝贺。巴顿从电话中听出艾森豪威尔就在旁边，但这个主宰他命运的人并没有给他任何夸赞和祝贺。

接下来，巴顿开始酝酿另一场战役——普法尔茨战役，目标是攻克科布伦茨。因各个集团军战斗减员严重，为了使上司同意他打一次漂亮的运动战，而不是计划中所预定的辅助性战斗，也为了争取得到进攻所需要的足够兵力，巴顿不得不故伎重演，施展"计谋"，只是这次不仅仅借一个师。

这天，艾森豪威尔把自己的儿子约翰带来交给布莱德雷，巴顿正好在场。此时，战场上的形势对美军十分有利，巴顿的第 8 军已推进到莱茵河畔，第 20 军已逼近萨尔姆河，向北开到多尔多赫地区。巴顿大谈坦克部队在战役中的优势和战绩，并对约翰说，"战争已经到了最后阶段，军人争取荣誉的机会不太多了"，听得约翰心动不已。约翰对巴顿早就深怀敬意，这位年轻的中尉（美军第 71 师的一名排长）当即表示想到巴顿的坦克连任职。布莱德雷一听吓坏了，他怎么敢让约翰去跟巴顿玩命呢，于是决定把约翰留在自己的司令部做一名参谋。尽管如此，巴顿还是用超规格盛宴招待了他们一行。因艾森豪威尔的腿伤还没好，巴顿特意挑了2个女服务队员照顾他，艾森豪威尔感到十分温馨惬意。宴会进行到高潮时，巴顿请求说，有3个师刚刚休整结束，正好可以帮他打科布伦茨。艾森豪威尔已经明白了巴顿的别有用心，但他并不想当着儿子等人的面驳了巴顿的面子，因为巴顿是他们心中的偶像。因此他敷衍说，请布莱德雷与第9集团军会商。此时第9集团军仍归蒙哥马利指挥，布莱德雷不想自找麻烦，便答应从自己掌控的部队中调给巴顿2个步兵师和1个装甲师（即第26师、司令部警备师第80师、第12装甲师）。

巴顿再次借兵成功，心情异常喜悦。当天晚上，巴顿接到参谋长盖伊的电报，说埃迪的第12军一部已夺取了摩泽尔河上一座完好无损的桥梁，目前正在扩大战果，建立牢固的桥头阵地。巴顿立即把这个好消息转告布莱德雷和艾森豪威尔，乘他们兴高采烈之际取得了他们对继续扩大战果的支持。于是，普法尔茨战役就这样打响了。

巴顿返回部队后立即命令：中断与上级的通信，多架些桥梁，继续进攻。很快，埃迪就在摩泽尔河上架起了3座桥梁，为进攻普法尔茨地区做好了必要的准备。

此次战役即将结束时，德军9个师撤退至摩泽尔河以东，在洪斯吕克山一带建立起一道新防线。巴顿的第3集团军得到第26师、司令部警备师第80师和第12装甲师后，如虎添翼，向洪斯吕克山防线猛扑过去。

当时，巴顿已有8个师先后到达了科布伦茨以南的莱茵河。4个装甲师以雷霆万钧之势穿越了号称“装甲部队不可逾越”的洪斯吕克山地。德军乱作一团，晕头转向，束手无策，一些纳粹的死硬分子混杂在百姓之中潜逃，溃不成军。巴顿命令第19战术空军部队的轰炸机全部出动，对蜂拥在狭路上的逃亡之敌进行狂轰滥炸，步兵部队也全面进攻。

随后，加菲的第4装甲师和埃迪第12军的步兵部队在科布伦茨南面渡过摩泽尔河，楔入敌军后方阵地；沃克第20军的装甲部队突破了“西墙”防线，正攻向莱茵河。同时，帕奇的第7集团军也攻破了“西墙”防线，正向北推进。德军兵败如山倒，有组织的撤退立即变成了一场大逃亡，一窝蜂似的奔向莱茵河唯一尚存的渡口施佩那尔。10 天里，第 3 集团军的 12 个师向南猛攻，争先恐后地渡过摩泽尔河，穿过在齐格菲防线南端与美第 7 集团军对峙的德军后方，包围并消灭了德国 2 个集团军，俘虏德军 6 万多人，攻占土地约 2. 6 万平方千米，而美军所付出的代价极小。

正当巴顿按照原定进军路线全速向前推进的时候，艾森豪威尔交给第 3 集团军一个新任务，让巴顿率部队朝韦拉河和威悉河挺进，然后转向易北河，全力打击希特勒所谓的“全国防御堡垒”（又称阿尔卑斯堡垒）。早前，德军对“全国防御堡垒”大肆宣传，旨在打乱盟军的作战部署，他的这一招果然达到了目的，“全国防御堡垒”成了盟军指挥官精神上的一个沉重负担，艾森豪威尔把它作为巴顿的下一个攻击目标。

巴顿悻悻地嚷着，无论什么时候，只要艾森豪威尔和布莱德雷碰在一起，他们就变得谨小慎微了。“我们曾经贯穿于这场战争中的那种大胆进攻的策略，早就成为过去的事了。”但他仍坚决执行了这个命令。通过高效的情报部门调查，他又派出小股部队进行侦察，花费了几天时间，很快就有了结论：这个被大肆渲染的阿尔卑斯堡垒不过是一个虚幻的空中楼阁。事实上，德军在各地顽固坚守的阵地都是堡垒。

就在巴顿奉命改变进军路线期间，他偶然获悉自己被授予了四星上将军衔，这让他颇感欣慰。他对部下说：“如果早在第一批提拔我的话，我会更高兴。”这个荣誉对他来说确实显得有些迟了。

几天后，巴顿的第 3 集团军一直在控制进军的速度，为的是等待第 1 集团军和第 9 集团军追上来。

从整个战局看，蒙哥马利的集团军群进军速度显得缓慢而笨重。德军破坏罗尔河水坝后，蒙哥马利的部队停滞不前达 13 天之久，辛普森的第 9 集团军及柯林斯的第 7 军共 15 个美军师也寸步难行。丘吉尔暴怒了：从 2 月 9 日“真实”作战行动开始以来，英军伤亡达 2 万人，进展却只有几十英里。丘吉尔强调一定要按计划抢渡莱茵河，进攻柏林。尽管同盟国的几个首脑已经划定了战区，攻打柏林是苏联红军的事，但丘吉尔并没有真正放弃这个计划。

在丘吉尔的直接敦促下，2月23日，霍奇斯的第1集团军终于冲破了罗尔河的障碍，以雷霆万钧之势向前急进。加拿大集团军的进攻吸引了大量德军，给霍奇斯创造了进攻条件。右翼的柯林斯也有力地支援了辛普森的第9集团军，到3月3日，辛普森已从罗尔河推进到莱茵河畔的韦塞尔，共推进90英里。杜塞尔多夫至韦塞尔50英里的德军被肃清，约3万名德军官兵被俘。蒙哥马利的集团军群整体向前推进了约35英里，韦塞尔成了克里勒和辛普森的会师地，他们又俘虏了德军2.2万人。柯林斯的第7军掩护辛普森到达埃尔福特河后，第7军也过了埃尔福特河，向东挺进直抵科隆。

3月2日，丘吉尔、布鲁克前往欧洲大陆祝贺蒙哥马利和克里勒、辛普森的胜利。第二天，当丘吉尔视察辛普森在马斯特里赫特和亚琛间的防区时，部队正向齐格菲防线的部分地段推进，丘吉尔要求和在场的将领一起“到西部壁垒小便去”，摄影师们争先抢占地形准备拍照，但丘吉尔不许他们拍下这一历史性的蔑视敌人的举动。

3月5日，丘吉尔、布鲁克和艾森豪威尔在设于兰斯的盟军最高司令部讨论战略问题。丘吉尔身穿陆军上校制服，叼着大雪茄，亲切地和艾森豪威尔及布莱德雷打招呼。

经讨论通过，蒙哥马利大规模强渡莱茵河的“盗窃”作战计划定于3月24日实施。蒙哥马利的主攻部队共有32个师的兵力，其中美军师12个、英军师12个、加拿大师8个。邓普西的第2集团军拥有9个师，其下属霍罗克斯的第30军为先头部队，将在克桑坦和里斯间发起主攻；李奇微的第18空降军（辖英国第6空降师、美国第17空降师）在第30军前头越过莱茵河着陆；在英军南翼，克里勒的第1集团军也将渡过莱茵河。

盟军最高司令部再次决定，从第12集团军群中抽调近5个师的兵力去增援德弗斯的第6集团军群。按计划，辛普森的第9集团军已划给蒙哥马利执行“盗窃”计划；巴顿的第3集团军要实施“低音”作战计划；霍奇斯的第1集团军应把不少于10个师的兵力划为“盗窃”计划的预备队。

也就是说，布莱德雷的 12 集团军群仍是辅攻。会后，布莱德雷开始实施“伐木者”计划。他决定由霍奇斯的第 1 集团军担任主攻（还要留 10 个师作为蒙哥马利的预备队，柯林斯的第 7 军已回归第 1 集团军，这样霍奇斯手下有第 7 军、第 3 军和第 5 军共 3 个军），柯林斯率第 7 军占领科隆后，沿莱茵河南岸进攻波恩；米利金的第 3 军居中，在第 7 军的南面向东南的波恩、雷马根推进；许布纳的第 5 军居最南，向东南穿过艾佛尔直抵阿尔河。

此时，快速推进的巴顿第 3 集团军已经把后续部队远远地抛在了后面。他们没有空中掩护，没有地面炮火的支援，甚至没有得到上级授权，却在继续发动进攻。在这种情况下，渡河作战能够成功吗？巴顿意识到，良机是难得的，可遇而不可求。况且，蒙哥马利也正在做渡过莱茵河的准备，想抢先渡过莱茵河大出风头，而且他已经准备向全世界宣布：英军首先渡过了这条伟大的河流。巴顿不想再等其他部队了，决定立即渡河！

他计划抢在蒙哥马利在韦塞尔开始宏伟的军事行动前，再发动一次水陆两方面的横渡莱茵河的两栖行动，他通知第 7 军的曼顿・埃迪在 3 月 22 日准备在奥本海姆渡河——这里离 1806 年拿破仑渡河处不远，巴顿通晓这段历史，并特别在意这种与拿破仑之间的联系。

3 月 22 日，第 5 师的 2 个营开始渡河。出乎意料的是，一直被蒙哥马利吹嘘为“中欧天堑”的莱茵河并没有给他们造成什么麻烦，渡河部队进展之快不仅使德军措手不及，而且使第 3 集团军的官兵们也大吃一惊。第 5 师在 22 时建起桥头堡，与德军第 15 装甲师作战时，死伤 28 人。到 3 月 23 日拂晓前，该师已有 6 个营抵达莱茵河对岸，比意料中的要容易得多。

3 月 23 日早晨，布莱德雷正在吃早餐，突然电话铃响了，他拿起话筒，听到一个急切而熟悉的高嗓门喊道：“布莱德雷，我已经渡过去了。”

“渡过什么？”

“莱茵河，布莱德雷，但暂时不要声张。夜里我已经偷偷让一个师渡过莱茵河了，那里的德国佬少得很，还不知道是怎么回事。所以先保守秘密，看看情况的发展再说。”

当天晚上，巴顿又打来电话，兴奋得大吼大叫：“布莱德雷，看在上帝的面上，请向全世界宣布我们渡过了莱茵河。德军想攻占我们的浮桥，让我们打死了 33 个。我要让全世界都知道，在蒙蒂开始伟大行动之前，美国第 3 集团军已经渡过了莱茵河!”

当天，马歇尔致函布莱德雷，抱怨新闻界宣传蒙哥马利过了头，美军将领的英勇作战行动和所取得的胜利一点也不比英军逊色，应该大力宣传美军的霍奇斯、巴顿，以及他们的军长、师长，让世界知晓他们的事迹。

有意思的是，蒙哥马利原定于 3 月 24 日渡过莱茵河，夺取头功。为此，丘吉尔还精心编写了一篇演讲稿，祝贺蒙哥马利发动现代史上第一次强渡莱茵河的战斗。3 月 24 日早晨，英国广播公司播放了这个讲话。实际上，这时第 3 集团军已经先于英军 24 小时渡过莱茵河了。

3 月 24 日早晨，巴顿一身戎装，头戴四颗将星钢盔，神采奕奕，在埃迪、科德曼等人的陪同下，以胜利者（赢了一场与英军的竞赛）的姿态跨过了莱茵河。当他的吉普车开到渡桥中间时，他让车子停下来，朝河里吐了一口唾沫，以这种方式表示他对德国守军的蔑视。然后，他大踏步走上对岸。

当然，巴顿并不觉得自己是一个征服者，他对法、德两国人民都充满热爱与同情。在河岸不远处，巴顿目击盟军的行动造成的后果——大批悲惨的难民惊慌失措，络绎不绝，他深感不安。他在给妻子的信中这样描述：

我见一个妇女，在小山上坐在一架摇篮车旁恸哭，车里堆放着她的财产。一位老人推着一辆独轮车，车上有 3 个小孩子抓着他的手哭叫不止。一位妇女领着 5 个小孩，端着一个饭盒在大声哭叫。在上面的村庄中，什么活的东西也没有了，即使一只鸡也没有剩下……是我心软吗?这大都是由我造成的。

与苏军赛跑，攻入捷克斯洛伐克

1945 年年初，苏联红军的攻势横跨东欧，这是一个令人振奋的消息。他们的目标是一举拿下德国法西斯的心脏——柏林。为实现这一壮举，斯大林调集了 10 个集团军和 2 个空军集团，近 80 个师。3 月初，苏联红军已经攻抵奥德河，离柏林只有 35 英里。而英、美盟军距柏林还有 90 多英里，且补给困难，丘吉尔要想赶在苏军之前拿下柏林是不明智的。相比较而言，罗斯福则主动放弃了这个具有政治意义的柏林战役。艾森豪威尔和布莱德雷自然不愿意耗费巨大人力、财力去夺取这块最终要交给苏联人的土地，所以，他们对越过易北河以后的战事和攻克柏林并不太关注。

美军的重点是肃清划归给美国范围内的残敌。3 月 25 日，布莱德雷命令霍奇斯率第 1 集团军从雷马根桥头堡发起进攻，巴顿第 3 集团军在法兰克福全线出击，以此作为最后围剿行动的开始。

4 月 2 日，艾森豪威尔在达姆施塔特的第 7 集团军司令部就餐时，向空军司令亨利·阿诺德[①]吐露了他对战争的反感。阿诺德后来写道："战争耗去了他的一切，但他还是强迫自己继续干下去，直到把胜利的全部障碍扫除干净。"

就餐后，阿诺德驱车经高速公路到法兰克福去探望巴顿。巴顿的司令部设在那里的一座老营房里。"我面前没有任何障碍，"巴顿告诉阿诺德，"我能够深入，明天就能和苏联人会师，但是，上级司令部让我停在这儿，直到我右边的部队跟上来，方能继续向前。"

巴顿知道他的前面就是他要去的道路。他告诉阿诺德，前一天，有一个纳粹兵朝他所住的这座建筑里的一个军官开枪，这个军官被打死了，这让他十分气愤。接着他又用自夸的口吻说："昨天我面前一个小

---

① 亨利·阿诺德（1886—1950）：美国空军五星上将，绰号"快乐的阿诺德"。第二次世界大战期间历任美国陆军航空兵司令、主管航空兵事务的陆军副参谋长、陆军航空队司令等职，被誉为"美国现代空军之父"。

镇里的敌人游击队拒绝投降，于是我把小镇烧掉了。”这显然是个笑话。

阿诺德比巴顿小 1 岁，他的头上是 5 颗将星。巴顿对空军的战绩从不恭维，但对这位司令官却很佩服。阿诺德给巴顿提了一些关于战后归属的建议，巴顿表示现在还来不及考虑，因为他的部队还正在推进中。

美国空军五星上将　亨利·阿诺德

4 月 3 日，辛普森的第 9 集团军终于从蒙哥马利手中调出来，重归布莱德雷指挥。在此前后，苏联红军在柏林东面的奥德河受阻，停顿了几个星期。辛普森后来回忆此事说：“那时，如果允许我继续前进，我一定能先攻进柏林。”他的先头部队距离柏林大约 60 英里。4 月 15 日早晨，辛普森收到布莱德雷的命令，让他直接乘飞机到海尔堡。辛普森抵达后，布莱德雷告诉他：“你必须在易北河停下来。你不能进入柏林。”

“命令是谁下的?”辛普森问布莱德雷。布莱德雷简单地回答：“艾克将军。”

其实，布莱德雷早有一个与英军争锋的作战计划——“低音”计划。他认为，即使不进柏林城，也要为攻占柏林出点力。他提出的目标是肃清萨尔区的德军，使德弗斯的第 6 集团军群也进抵莱茵河。帕奇的第 7 集团军担任主攻，指挥 3 个军 14 个师首先在萨尔突破齐格菲防线；法国第 1 集团军担任支援任务。他命令霍奇斯的第 1 集团军向东沿着卡塞尔—莱比锡轴线径直前进，直到和苏联红军会师为止。

4 月 5 日，装备精良的第 1 集团军开始行动，推进期间因等待修复被德军炸毁的横跨威悉河的桥梁，进军有所停顿。几天后，第 1 集团军和作战经验丰富的第 3 装甲师再度会合组成先锋队，突入哈茨山脉。

“低音”计划主要考虑的是军事目的，其基本点是以最快的速度和最小的代价，彻底地歼灭德国境内希特勒的所有武装力量（即所谓的全国防御堡垒），他们所要面对的第一个堡垒就是阿尔卑斯山堡垒。该计划认为柏林是政治目标，因此把攻克柏林放在了次要位置。根据这个计划，第 3 集团军的任务是迅速穿过德国中部，直抵易北河畔与苏军会师。

在此后的日子里，巴顿的部队以风驰电掣般的速度快速推进，不让德军有任何建立防御阵地的机会。装甲部队沿韦拉河两岸向爱森纳赫推进，越过富尔达河，粉碎了德军在埃德河、富尔达河和韦拉河一线进行防御抵抗的企图，并攻占了米尔豪森、戈塔和苏尔。4 月 10 日，巴顿命令部队向穆尔德河前进。5 天内，装甲部队推进了 80 英里，攻至克姆尼茨近郊。

巴顿接下来是蔚为壮观的大踏步推进，与其说是追击溃不成军的德军，倒不如说是享受胜利进军的喜悦和骄傲。进军途中，巴顿不听参谋们的建议，只派一支小部队去袭击法兰克福以东 90 英里的汉梅尔堡战俘营，目的是营救在突尼斯被俘的女婿约翰 · K. 沃特。结果，这支特遣队被德军“吃掉”了，沃特没有被救出，而且受了重伤，后被另一支部队救出。巴顿轻敌致败，并且行动未经任何人批准，艾森豪威尔事后严斥了他一顿，但在给马歇尔的报告中却只说巴顿有时有点小孩子脾气，但敢于开拓，不愧为一员猛将。

到 4 月 11 日，由于苏联红军仍未发动攻击柏林的预期攻势，美军再次考虑是否进攻柏林的问题。在巴比，辛普森已拥有一个桥头堡可作为进攻柏林的跳板。巴比离柏林 90 英里，辛普森有 3 个军 13 个师共 33 万人集结在那里，2 个军已到了易北河，安德森的第 13 军也已从鲁尔区赶到了易北河。

于是，布莱德雷开始把注意力转移到南部战线和阻止德军在阿尔卑斯山脉建立堡垒的问题上来。巴顿已抵达穆尔德河，他可以向东南继续挺进，直扑林茨和多瑙河。德弗斯担任巴顿右翼的掩护，经纽伦堡及慕尼黑向东进攻。

4 月 11 日晚，巴顿的司令部里来了许多贵客，他们是艾森豪威尔和布莱德雷等人。此前，他们视察了第 12 军夺取的埋藏着纳粹大量黄金的一个矿区，又视察了奥尔德鲁夫诺德的一个集中营。那里的工人被迫在极为恶劣的条件下在附近的军火工厂干活，为德军生产武器。

4 月 12 日晚上，艾森豪威尔、巴顿和布莱德雷一起讨论最后的战略方针。在讨论柏林问题时，艾森豪威尔想方设法说服巴顿放弃进攻柏林的想法，并指出攻打柏林毫无战略、战术价值。巴顿和蒙哥马利一样，十分渴望攻打柏林，多次公开表示他将率军进攻。艾森豪威尔根本说服不了巴顿，因为巴顿和丘吉尔一样，打心眼里不相信苏联红军。最后，巴顿倔强地说：“艾克，我不理解你是怎么想的。我们最好攻占柏林，再迅速挥师东进，直抵奥德河。”

深夜，三人分别去睡觉，但巴顿全无睡意，烦躁中他打开收音机收听 BBC 的节目。播音员传送了一条震惊世界的消息——罗斯福总统去世了！巴顿异常悲痛，为总统的逝世感到万分痛惜。他匆忙去叫布莱德雷，然后一起去找艾森豪威尔，三人相对无言。过了一会儿，他们又交谈了近两个小时，为罗斯福总统未能看到大战的结束而惋惜，表示对新任总统哈里 · S. 杜鲁门不放心也不了解。布莱德雷提醒巴顿，马歇尔将军仍在华盛顿协助杜鲁门，结束欧洲战争和打败日本的战略早已定好，只要马歇尔还在参谋长的位置上，反法西斯战争的战略就不会改变。不过，巴顿还是期待奇迹会出现。

4月14日，盟军在美因茨举行了莱茵桥的通车典礼仪式，巴顿应邀前去剪彩。当别人为他拿来一把剪彩的大剪刀时，他轻蔑地拒绝了，嘴里嘟嘟囔囔："把我当成什么人了，裁缝师傅吗？他妈的，给我拿刺刀来！"

4月15日，辛普森打电话给布莱德雷说，可以用麦克莱恩的第19军、吉勒姆的第13军向柏林发起进攻。第19军可以在17日黄昏抵达柏林郊区，吉勒姆也表示18日中午可抵达柏林。

攻打柏林的政治诱惑力如此之大，令布莱德雷不禁怦然心动。正当布莱德雷让辛普森认真准备进攻、不要轻举妄动时，艾森豪威尔也在反复思量攻打柏林的得失。大军长驱直入，后勤补给困难自不待言，以数十万士兵的生命去换取一座毫无军事意义的城市，得不偿失是肯定的。他最后下定决心，让苏联红军去攻打柏林。若苏联红军无力攻克柏林或柏林较难攻克时，盟军再考虑是否去攻打柏林。

同一天，艾森豪威尔下达总攻令。在北部，蒙哥马利渡过易北河后，向基尔—卢比克突击；在中部，第1、第9集团军扼守易北河和穆尔德河，没有命令不允许前进一步；在南部，巴顿奋力向前，挺进多瑙河谷、萨尔斯堡与苏军会师，德弗斯负责掩护巴顿的右翼，向东南进攻。

辛普森对布莱德雷很不满意，他认为若派他进攻，将很快攻克柏林。但布莱德雷认为这不现实，辛普森灰心丧气，很不高兴。美军的总攻已经开始，但目标不是柏林。集结了很长时间的苏军何时攻打柏林，巴顿的进攻是否能够成功，都还有悬念。

4月16日至19日，苏联红军突破了奥德河、尼斯河地区。在苏联红军总攻前，希特勒发布了"后撤便当场格杀勿论"的命令，并谎称若苏军占领德国，老人和孩子将被残杀，妇女将被当作军妓等，借此迫使德军负隅顽抗到底。这天，苏军白俄罗斯第1方面军、乌克兰第1方面军和白俄罗斯第2方面军，加上波兰第1、第2集团军等共162个步兵师、骑兵师，以及21个坦克军、机械化军和4个空军集团军共约250万人，在约4.2万门火炮、迫击炮及约7500架作战飞机的协同下，对德军发起了最猛烈的进攻。

4 月 20 日，巴顿也开始转向南方发动新的战役，他的目标是迅速穿越德国，抢在苏军之前进入捷克斯洛伐克。最高司令部同意他向这一地区挺进，但对是否可以进攻未明确表态。2 天后，第 3 集团军发起了全面进攻，3 个军沿着阿尔特米尔河、多瑙河和伊萨尔河一线推进，很快就肃清了沿线的德军。

5 月 2 日，朱可夫指挥白俄罗斯第 1 方面军进抵柏林，他们从屈斯特林登陆场进行主突击，当天攻占了柏林。白俄罗斯第 1 方面军在战役结束前与盟军在易北河会师。乌克兰第 1 方面军在科涅夫的指挥下突破尼斯河，向贝尔齐希总方向实施主突击，消灭了科特布斯和柏林以南贝利茨、维滕堡、德累斯顿等地的德军。

苏联元帅　朱可夫

与此同时，巴顿的第 80 师到达萨因河，并攻占了德国的“圣城”——希特勒的诞生地布劳瑙，5 月 4 日攻占林茨。就在这一天，布莱德雷打电话告诉巴顿：最高司令部已经同意巴顿的最后一次战役——向捷克斯洛伐克挺进。

当美军在中部与苏军迅速接近、巴顿也向南进军时，蒙哥马利的第 21 集团军却步履蹒跚。第 21 集团军的第 8 军接近辛普森的第 9 集团军，于 4 月 19 日抵达易北河，驻守在劳恩堡对岸，比辛普森的部队晚一个星期到达易北河；中部是英军第 12 军，于更晚时候即 4 月 23 日才抵达易北河，停留在汉堡对岸；霍罗克斯的第 30 军遇到恶战，于 4 月 24 日包围不来梅，3 天之内用炮火将不来梅夷为平地才攻占了这座城市。4 月 26 日，中尉科茨布在易北河畔的斯特雷拉用望远镜发现了对岸的一群苏军士兵，他立即命令发了几发绿色信号弹，然后违反规定率 5 人登上抢来的帆船渡过易北河，与一位苏军少校和另外两名苏联人在易北河东见了面。这是美军和苏军人员第一次非正式见面。此后，该团的其他巡逻队还在附近与苏军有所接触。直到 4 月 26 日，莱因哈特和苏军第 58 步兵警卫师长弗拉基米尔·鲁萨科夫在托尔高正式会谈，美、苏两军正式会师于易北河。

柏林的纳粹官员在苏军密集炮火的攻击下，大多逃之夭夭，只有希特勒等人留在柏林的地下室里，并且准备于 4 月 20 日庆祝希特勒的 56 岁生日。20 日当天，希特勒感到柏林守不住了，便下令在阿尔卑斯山堡垒建立一个内部要塞继续抵抗，但他的命令已无人去认真执行，结果不了了之。疯狂而又绝望的希特勒孤身一人死守柏林。4 月 30 日，苏军抵达蒂尔加腾，希特勒自杀身亡。

此时，巴顿的第 3 集团军还在进行最后的冲刺。5 月 3 日，由第 1、第 2、第 97 步兵师及第 9 装甲师组成的第 5 军已经调给巴顿指挥，第 3 集团军总兵力达到了 54 万人，第 3 集团军也由此成为第二次世界大战中最大的一个集团军。巴顿只用了一天的时间，就把进攻行动部署完毕。在他看来，占领捷克斯洛伐克犹如探囊取物。第二天，他向部队发布了新的命令——进军捷克斯洛伐克。

战斗很快打响了，第 1 师向卡尔斯巴德推进；第 97 师向比尔森推进；里德的机械化大队攻克了克拉托维和普拉西里；第 90 师打通了雷根山口；第 5 师打通了另外三条公路，越过特普拉河；第 12 军做好了进攻布拉格的准备，第 4 装甲师正在向布拉格推进。

布拉格是一座很神秘的城市，对巴顿很有吸引力，但他没有立即攻城。因为在 5 月 5 日这一天，布拉格的守军基本上瓦解了，当地的爱国者走出地下状态，自动解放了这座城市。

正当巴顿做好进城的准备时，他接到了总司令部的命令：第 3 集团军必须停止在预定的停止线上。

1945 年 5 月 8 日，这是巴顿率第 3 集团军战斗的最后一天，他已得知，德军的投降书于 5 月 9 日零时生效，各集团军在此期间不要贸然行动。当天晚上，巴顿召开战地记者新闻发布会。一位记者问道："将军，我们为什么不去占领布拉格呢?"巴顿笑着回答说："我可以告诉你们为什么。"记者们听了全都掏出笔记本，很期待地盯着巴顿，不料巴顿却说："因为我们奉命不要去占领。"尽管记者们闻言大都很失望，但还是一阵哄堂大笑。

其实，巴顿心里也五味杂陈，对他来说，战争实际上已经真正结束了。夜里，他仍激动不已，难以入睡。欧洲战争的一幕幕场景在他的脑海中再现。那些古老的、令人肃然起敬的历史名城，那些千百年来一直经历着征服与被征服的军事重地，国王、将军、贵族老爷，踏着拿破仑的足迹横扫欧洲，多么令人激动！从奥马哈海滩和犹他海滩到阿夫朗什、圣洛、莫泰恩、阿让唐—法莱斯，一直到巴斯托尼、圣维特、亚琛、罗尔河水坝、艾佛尔、科布伦茨，美军将士的鲜血染红了大半个欧洲。此时，他突然感到一阵空前的孤独和疲劳。

5 月 9 日，巴顿眼睁睁地看着苏军乌克兰第 1 方面军进入布拉格。巴顿无可奈何，于 5 月 10 日对第 3 集团军发出了停止战斗的第 98 号命令。

在解放欧洲的战争中，巴顿和第 3 集团军留下的是奇迹般的纪录。在 281 天的战斗中，军团保持了直线距离 100 多英里宽的进攻正面，向前推进了 1000 多英里，占领了约 21.2 万平方千米的土地，解放了 1.3 万座城镇和村庄，其中有 27 座大中城市。他们给敌人造成的损失是：

伤 38.62 万人，亡 14.45 万人，俘虏 95.6 万人，共计约 148.67 万人。

巴顿的军事领导艺术和指挥才能也在领导第 3 集团军过程中发挥到了巅峰。正如他后来评价自己在取得胜利中所起的作用时所写的："可以这样说，在整个欧洲作战当中，除了没有发布占领哈默尔堡的作战命令之外，就我所知，我没有犯过别的错误。在其他方面，我对我的作战行动都感到十分满意。在所有的情况下，几乎是在整个作战中，我都是处于上级指挥部的约束之下。这也许是件好事，因为我可能太急躁了。然而，我并不相信我当时性子太急，如果允许我放手干的话，我想战争可能会更早结束，更多的生命会得到拯救。"

胜利的喜悦和残酷战争所造成的痛苦令巴顿悲喜交加，眼下，战争终于打赢了，但这位勇猛无前的战神却突然感到一阵莫名的孤独和惆怅……

第十二章　威震天下功与过

祸从口出，黯然神伤

欧洲的战事结束了，硝烟正慢慢消去，和平的日子似乎来得很正常。艾森豪威尔和布莱德雷都在考虑参加对日作战扫除残敌的问题。

在太平洋战区，麦克阿瑟占领了菲律宾，尼米兹攻占了硫磺岛和冲绳，等待他们的是攻进日本本土。麦克阿瑟被任命为太平洋战区总司令，他制订了 1945 年 11 月 1 日以 80 万兵力进攻日本九州的“奥林匹克作战计划”。在雅尔塔会议上，苏联答应在德国投降后的几个月出兵中国东北，与日本作战。欧洲战争结束后，美军的部队将部分调往太平洋攻打日本，这是毫无疑问的。早在 4 月 25 日，马歇尔就电告艾森豪威尔，麦克阿瑟已高兴地接受霍奇斯及其第 1 集团军去太平洋作战，但不再接受集团军群一级的指挥官。如果艾森豪威尔和布莱德雷要去太平洋战区的话就得降职，这对功臣们来说是无法接受的，他们都需要认真考虑自己的去向。不久，马歇尔发来电报说，杜鲁门总统将任命艾森豪威尔出任美国陆军参谋长，布莱德雷将出任退伍军人管理局局长。

巴顿认为，这些计划都是战区最高司令官的事，他们习惯搞计划，而他一点也不喜欢，对职位的升迁也不太在意。他只知道，没有战争，他就将失业，进入和平生活对他来说是一种折磨。他在 5 月给妻子的一封信中写道：“我热爱战争、工作和振奋人心的事。对于我来说，和平将是一座坟墓。”因此，他极力要求赴远东参加对日战争。他利用空军司令阿诺德来访之机，请他在马歇尔面前替他游说。他还几次亲自写信

美国海军五星上将　尼米兹

给马歇尔，表示愿意立即飞赴远东参战，他盼望有新的作战命令，哪怕只让他指挥一个师也好。

5 月 11 日，休斯等人飞抵德国雷根斯堡第 3 集团军的司令部。巴顿住在这座古堡里，司令部像博物馆一样，里面摆满了各式各样的古董。巴顿与休斯等人边喝酒边谈今后的打算，都有老骥伏枥、壮心不已的感慨。为了不让休斯看出自己颓丧的情绪，巴顿告诉休斯说，他准备去伦敦旅游，并极力怂恿休斯去休假，尽兴地游乐一番，放松放松。

在去伦敦旅游之前，巴顿还对苏联共产主义者赢得了一次“胜利”。在布拉格，为庆祝苏军的胜利进驻，白俄罗斯第 1 方面军举行了一次庆功宴会。宴席上，朱可夫元帅端杯要敬巴顿，巴顿很不客气地说：“我不和混蛋喝酒。”朱可夫先是恼怒，想了想又举杯说：“那就混蛋敬混蛋一杯酒吧!”巴顿欣然接受，一饮而尽后，又笑着说：“朱可夫和巴顿都是他妈的狗娘养的!”他们一起放肆地哈哈大笑。

巴顿对苏联红军钢铁般的纪律和强大的战斗力表示钦佩，但又认为他们都是缺乏教养的机器人，他讥讽朱可夫是一个滑稽的小丑、一只丑陋的猴子，苏军的将领都是缺乏绅士风度的无能之辈。这时，另一位苏联将军要求与他对饮，意图很明显——战胜狂妄的巴顿，结果巴顿把他灌得烂醉如泥，之后巴顿精神抖擞，迈着正步走出大厅。

5 月 16 日，巴顿抵达英国伦敦。他发现这座城市在饱受战争摧残后，远逊于德国城市。他到旅馆登记后，就打电话订了两张戏票，这个演出他看得“津津有味”。当他坐在剧院里的时候，很多记者围了上来，给他拍照。他不知道记者为什么对他感兴趣，他后来在日记中风趣地写道：“我想，他们或许把我认作蒙哥马利了。直到我起身走出剧院，他们这才发现我比蒙哥马利高大。”

当天晚上，巴顿突然接到最高司令部作战参谋布尔打来的电话，让他立即向艾森豪威尔报到。巴顿当晚便起程返回法国。艾森豪威尔告诉他，铁托的势力正在巴尔干地区迅速膨胀，有可能对阿尔巴尼亚和意大利地区采取武装行动，美军决定在意大利北部展示一下军事实力。马歇尔还特意指示让巴顿去执行这一使命。

7 月 4 日，巴顿回到巴黎，在休斯家里吃着三明治，痛饮苏格兰美酒，他对休斯开玩笑说：“比阿特丽丝真使我受不了，我倒是乐意留在欧洲!”他还说，如果麦克阿瑟不在太平洋，他是乐意到那里去的。但他并没有谈到他将接受的任务。

跟休斯分手前，他说：“坚守在这里，我和你或许会管理这个区域。”

巴顿仅用两天时间便做好了执行新任务的一切准备工作，但不久，他的这一希望彻底破灭了，因为驻意大利盟军总司令马克·克拉克不愿让巴顿进入他的势力范围，而且铁托的行动也很快被制止了，该项计划取消。巴顿的热情一下子降到了冰点，他觉得自己将从此变成一个无用的局外人。不久，他怀着怅惘抑郁的心情回到美国，进行短期休假。

6 月 7 日，当佩戴着 24 枚闪闪发光的勋章的巴顿乘坐飞机回到波士顿时，鲜花、彩带和欢呼的人群很快就把他淹没了。在巴顿妻子的家乡，那里的人也把巴顿看成是当地土生土长的村民。在灿烂的阳光下，金色的州旗在微风中飘扬，起码有 100 万人排成长达 25 英里的队伍夹道欢迎这位凯旋的将军。巴顿那颗疲劳伤感的心又振奋起来。在他看来，自己所受的一切磨难和打击都由此得到了补偿，他又像诗人一样赞叹，世界还是那么美好！

巴顿多次被邀请到各地发表演讲。每到一地，他都是以职业军人的形象出现，一身戎装，迈着武士般的步伐健步走上讲台，用威武洪亮的声音和不容置疑的口吻发表自己的见解。在洛杉矶市政厅的台阶上发表演说时，巴顿显得十分谦逊，他指着胸前的绶带说："勇士们用鲜血换来的勋章，只不过由我们佩戴而已。"说罢热泪盈眶。但更多的时候，他的演讲偏激而不合时宜，常给自己惹来麻烦。正如那些熟悉他的将军们所说的："巴顿的嘴巴并不是经常听大脑使唤的。"

比如，在哈奇城埃斯普兰纳德广场上的一次讲演中，巴顿深深地触犯了烈士们的父母。他说："人们普遍认为只有在战场上牺牲了生命的人才算是英雄，相反，我倒认为在战场上送了命的人往往是大傻瓜。"这句话的真实目的是强调，"战争的真正目的不是为国捐躯，而是要设法保存自己，消灭敌人"，但别人未必像他那样去理解。他的这番话被美联社刊载出来后，立即在各地引起了轰动。最后，巴顿不得不出面向烈士父母们公开赔礼道歉，才平息了这一事件。

再如，巴顿在演讲中仍是以战时那种激昂癫狂的情绪和极端的言辞阐述他的思想主张，他敦促人们要继续备战，继续保持高昂的士气，放弃任何和平麻痹思想，甚至鼓励小学生学习护理和军事技术，以便为下次战争做准备。这些杀气腾腾的言辞，好像是一个好战分子在进行战争动员。有些新闻记者为此追问巴顿："在日军即将覆灭的情况下，你还想把战争引向何方？"巴顿对此无言以对。他很快便发现，自己的言论和思想与当时美国的社会气氛是多么不协调，饱经战乱的美国人民刚刚获得和平，人心思定，渴望过祥和富足的生活。他对战争的热情再一次受到人们的攻击，巴顿过去的一些政敌也在《星条报》上对他进行攻击和诋毁，不久，这位胜利者的英雄形象变得暗淡起来。

巴顿只能在宿命中等待着，就像赴死的英雄在乱哄哄的世界里执着于自己的信念，哪怕这种信念可能被所有的人彻底否定，他也无所顾忌。但同时，巴顿又深深感到，战争已经退居到次要地位，和平真的降临了，他将脱离他所熟悉的战场，置身于一些烦琐、毫无刺激的平凡工作中。巴顿是一个纯粹的军人，他对政治既不喜欢也不精通，然而，历史往往会令人啼笑皆非。不久，巴顿被委任为驻巴伐利亚军事行政长官。这是一个令他十分厌恶和不适的职位，因为这个职位将使他必须面对错综复杂的问题，他不仅要着手处理战争遗留下来的后遗症，还要处理各种政治问题，最讨厌的是要与苏联人打交道。

8 月上旬，巴顿回到捷克斯洛伐克工作。他在 8 月 10 日的日记中写道："又一场战争结束了，随之结束的还有我对于这个世界的价值。对于我个人来说，这真是个令人垂头丧气的想法。现在剩下的就是等待死神到来和身后的永垂不朽了。幸运的是，我又在反纳粹组织和巴伐利亚政府中任职了。"事实上，巴顿对他的新工作一窍不通。在一次工作视察中，他擅自下令迁走 1500 名纳粹战犯，以保护他们免遭捷克斯洛伐克政府和人民的惩罚，这一做法大大激怒了当地人民。9 月初，他雇用了一个曾参加过德国党卫队的人，这件事又被上升到政治高度，引起了舆论的公开批评。同时，他还为一批在第二次世界大战中有污点的德国银行家和企业家辩护，事态越来越严重，而巴顿自己却毫无察觉。

接着，苏联军方向艾森豪威尔抱怨说，在巴顿辖区内的几支德国部队的遣散和拘禁工作进行得非常迟缓。艾森豪威尔的副手约瑟夫·麦克纳尼[①]向巴顿转达了这一消息。巴顿对苏联人越发反感了，他抑制不住内心的愤怒，大发雷霆说："他妈的，这些该死的苏联人！我早晚要跟他们打仗，就在这一代时间里。为什么我们现在不趁着军队比较完整的

---

① 约瑟夫·麦克纳尼（1893—1972）：美国陆军上将。第二次世界大战期间历任马歇尔将军的副参谋长、北非美军司令、地中海美军司令。战后任驻欧洲美军司令。

时候，把这些该死的苏联人赶回苏联去呢？如果我们把德国人武装起来，让他们与我们一同向苏军进攻，我们就可以轻而易举地取得胜利。他们恨透了这帮杂种。”巴顿甚至坚信，自由世界与苏联之间的战争势所难免，盟军应该趁苏联未做好准备之前向其发动进攻。因此，他对美国官方对苏联的外交政策十分恼火。巴顿在与外交官罗伯特·墨菲的谈话中，进一步表达了尽快与苏联开战的想法。谈到此事，他眼中充满神采，对墨菲说：“难道我已经打完最后一仗了吗？我是否还有机会走一趟莫斯科？我可以在30天之内推进到那里。千万不要等苏联人来打我们，到那时我们已经没有什么战斗力了，军队已大部分被裁减了。”

在与苏军领导人的接触中，艾森豪威尔已经和朱可夫等人建立起了友谊，他坚守《波兹坦公告》精神，这个宣言的目的不是对德国人进行惩罚，而是使德国法西斯主义不会再复活，不会再对人类构成威胁。他主张，为了避免新的世界大战，战后应实现普遍持久的和平，而其基础之一便是保持与苏联长期和平共处、友好合作的关系。而巴顿一系列不负责任、失去控制的言论和行动，一次又一次激怒了艾森豪威尔。但巴顿对艾森豪威尔的警告很不以为然，这使得新闻界又把注意力集中在了巴顿身上。这一次巴顿是以失败者的面孔出现的。

第二次世界大战结束才几个月，巴顿似乎已经把德国人的暴行忘却了，他开始重新看待他们，根据他们在未来反苏战争中可能发挥的作用来重新评价他们。在他眼中，德国纳粹已经不是法西斯，而是联合反苏的坚强盟友。与此同时，德国的纳粹分子从巴顿的言行中意识到，乔治·巴顿将军是他们的朋友。在巴伐利亚，一些德国人甚至举着鲜花向他欢呼：“巴顿是我们的救星，他把我们从苏联强盗的手中拯救出来。”

对于巴顿的所作所为，艾森豪威尔十分反感，尤其讨厌巴顿在公开场合大放厥词。马歇尔对巴顿的言行也很不满意，尤其对巴顿在西方国家和苏联之间制造的矛盾冲突更为气愤，因为这涉及严肃的政治问题。为此，马歇尔警告巴顿：“请你行为检点一些，闭上你那张惹是生非的臭嘴。”

但巴顿仍然没有悔悟和谦卑的迹象。由于他的政治观念极其保守，加上不愿妥协的倔强性格，他在这段时间的工作和社交场合出现了不少纰漏，甚至发生了严重的错误，给他的晚年带来了许多麻烦和困扰，并最终导致了他政治生涯的终结。

9 月 22 日，巴顿在巴特特尔茨的司令部里召开了一次记者招待会。这时，“对于将级军官的谈话不得援引”的禁令刚刚取消，赴会的记者都是有备而来，想从巴顿这里捕捉某些畅销的信息和新闻，所以提的问题都十分敏感和尖锐。当然，最具爆炸性的问题就是巴顿对待纳粹分子的态度问题，因为记者们知道，最高司令部正在调查引起非议的巴顿对纳粹分子的处理态度。调查已发现，至少有 20 名按规定应予清除的纳粹分子在巴顿扶植的谢菲尔政府中身居要职。

巴顿像往常一样管不住自己的嘴巴，有话必说，直言不讳。在这次公开谈话中，他贬低非纳粹化的计划，并宣称军事管制政府“如果雇用更多前纳粹党成员来担任管理工作，或作为熟练工作人员，就会取得更大的成效”。巴顿丝毫不加修饰的妄言狂语，使在场的人无不感到惊愕，其中一位狡猾老到的记者感到巴顿的谈话有利用价值，于是便想诱使他谈谈另一个重大政治问题。这个记者问道：“将军，毕竟是大多数普通纳粹分子参加了他们的党，这与美国人成为共和党或民主党人不是一样吗?”巴顿没有觉察这是一个陷阱，想也没想就脱口而出：“是的，差不多!”

第二天，记者们的报道便见诸报端，掐头去尾后的标题是：“巴顿贬低非纳粹化”“一位美国将军说，纳粹党人就像共和党人和民主党人一样”。这一消息不胫而走，传遍了欧洲和北美洲。

巴顿看到这些别有用心的报道后，感到非常气愤，他在日记中写道：“今天早上又搜罗了一堆美国各大报刊的杂牌消息……我总是把它们丢在一边。今天报上有很明显的敌意，并不是针对我个人的，而是冲着整支军队而来的。这些奇怪的抱怨好像是说，我们在选择巴伐利亚政府成员的行政长官时把宝押错了。新闻记者轻率的样子好像表示他们比我知道的要多，虽然我本来就什么也不知道。大概，想让我气得发疯就是他们的目的。”

由于类似的事情经历得多了，巴顿并没有太把这件事放在心上，他觉得这就像一场风暴刮过，一会儿就会平息。然而，这次他却没有以前那么幸运了。因为现在是和平时期，巴顿这名战神已经不是必不可少的人物了，牺牲他对大局并不会有多大影响。况且他还在不断地犯错误，华盛顿的政客们不能容忍他，在他们看来，巴顿将共和党和民主党人士与纳粹分子等同看待，侮辱了美国的两党制。艾森豪威尔也不能容忍他，因为自停战以来，巴顿已经惹了不少麻烦，虽然他一再提出警告，但巴顿却置若罔闻。

9 月 24 日，维克托・伯恩斯坦又在《下午报》上发表了攻击巴顿的文章，文章最后用粗体字下了结论：巴顿将军应被解职。这句话很快就流传开了。

在舆论的压力下，艾森豪威尔不得不采取行动，他命令参谋长史密斯打电话给巴顿，要求巴顿立即召开一次记者招待会，收回 9 月 22 日讲话的全部内容，并公开道歉。巴顿奉命召开记者招待会，但会上他只是轻描淡写地谈了自己的“失误”，并利用这一时机为自己的观点辩解、文过饰非。巴顿的举动深深激怒了艾森豪威尔，他认为巴顿已经不可救药了，不仅不适合做处理纳粹分子的工作，而且也不适合管理巴伐利亚和第 3 集团军。

9 月 28 日，艾森豪威尔在赫希斯特会见巴顿。巴顿预感到这将有可能结束自己的军人生涯，已经准备好在会谈时做最后努力。他急急忙忙从巴伐利亚赶来，下身穿着简朴的士兵裤，而不是他那漂亮的马裤，上身穿着随便的夹克，没有佩戴他那支心爱的手枪。会见进行了差不多 4 个小时。会谈中，艾森豪威尔带进来两个人，一个是爱德考克将军，另一个是道恩博士。很明显，道恩博士是专为爱德考克提供情报的，这是个老奸巨猾的家伙——一个纯粹的德国人，他们当面出示了有关巴顿言行的调查材料。会见结束时，艾森豪威尔严肃宣布，解除巴顿第 3 集团军司令的职务。

这一次，巴顿所有的努力都无效，他不再祈祷奇迹，也没有表现出一丝一毫哪怕是权宜之计的谦卑与懊悔。一切的反抗情绪都表现在他那绝对的沉默之中。他在9月29日的日记中写道："一个难以理解的问题在会谈中被提了出来，我昨天想了想，认为我最大的优点和最大的缺点是我的坦诚和缺乏心计。……到了和平时期，我的英国血统又使我容易被别人撤职，而且不走法律程序。但是，我仍然会按艾森豪威尔将军的意愿行事，不仅是从字面上，也是从精神实质上。"

事后，他的老战友、老朋友布莱德雷来看望他，企图缓解他那颓丧的情绪，安慰他说："乔治，你对欧洲战争做出了很大贡献。你在西西里岛打士兵的那件事，对战争胜利起了不小的作用。"巴顿苦笑了一下，接着自我安慰道："至少第3集团军是光荣的，我们光复了1万多座城镇，打死打伤敌军150万。"这时，巴顿的眼里又出现了千年前的古代战争结束后的情景，耳边响起一个声音：人生只有一个辉煌的顶点，一切荣华都是过眼云烟，但真正的英雄会名垂青史。

10月2日，《纽约时报》《纽约每日新闻》等具有重要影响力的报纸以头版头条大字刊印："盟军最高司令艾森豪威尔免去巴顿将军美第3集团军司令之职"。

消息传出后，大西洋两岸一片哗然。第二次世界大战的硝烟刚刚散尽，为盟军的胜利立下汗马功劳、创造了许多坦克作战指挥奇迹的巴顿将军，却在法西斯的投降书墨迹未干之时，被免去了主要职务！难道一切真应验了那句古老的谚语：狡兔死，走狗烹？

10月7日，巴顿怀着极其沉重的心情与第3集团军告别。在告别仪式上，面对曾并肩战斗、生死与共的官兵们，巴顿满眼泪花，发表了真诚热情的告别演说：

特拉斯科特将军、军官们、士兵们：

一切好事都有尽头，到目前为止，我所经历过的最美好的事情就是我荣幸地指挥过第3集团军。……我们共同取得的伟大成就，主要归功于美国的战斗精神，但是，如果没有各专业工作人员的通力合作和后勤供应，仅凭美国人的英勇善战，那也是无济于事的。……

在此集合的官兵们，你们是集团军的战斗人员、管理人员和后勤人员的代表。请接受我的衷心祝贺，祝贺你们的勇敢和忠于职守的献身精神，并且热诚地感谢你们的忠贞不渝。……我相信你们今后在特拉斯科特将军的领导下，会创造出更加辉煌的成绩。……再见吧，愿上帝保佑你们！

也许是为了平息舆论，也许是为了给这位驰骋疆场的英雄挽回一点面子，几天后，盟军最高司令部任命巴顿为第15集团军司令。但这支所谓的集团军根本不能称为军队，只是一支由后勤人员组成的“服务部队”。巴顿成了一名光杆司令，没有了他曾经为之倾注了全部才智与心血、与之共赴枪林弹雨、共同享受胜利的辉煌与荣誉的第3集团军——他是多么爱这支部队！现在唯一剩下的是一个让他体面过渡的“空壳”部队。作为一名将军，巴顿的指挥生涯彻底结束了，今后能体现他个人价值的将是他作为将军应该享受的遗产——战争中的勋章及他一直比较喜欢的职业——对军事历史颇有建树的研究。

惨遭车祸，战神离世

战争刚刚结束时，巴顿就曾产生过一种很奇怪的预感——自己的生命将要终结了。这时，这种感觉似乎更加根深蒂固地盘踞在他的心头，越来越强烈。他曾经多次对人说，今后他将无所事事，不如一死了之。他还几次对孩子们讲，他可能再也见不到他们了，并神秘地说：“真的，有人已经向我透露了。”

已是深秋时节了，但南汉密尔顿似乎并没有多少凉意。军人的习惯使巴顿一大早便坐在自家的花园里喝早茶了。经过一场夜雨之后，空气显得格外清新，高大的树木在微风中沙沙作响，树上的鸟儿婉转地鸣叫着，绵延起伏的田野映入他久为狼藉的战场所充盈的眼帘。巴顿情不自禁地站起身来，走到花园尽头，一双蓝眼睛望着远方，渐渐陷入了沉思。

这是一个多么幸福、宁静的家园啊！他和妻子比阿特丽丝经常坐在沙发上，手拉着手，静静地望着辽阔的田野，享受轻松而亲密的时刻。频繁的战事使他经常不能与家人团聚，而“隆隆”的炮声和恶劣的战场环境把宁静和温馨衬托得更加可贵。长年的戎马倥偬虽已使他两鬓微霜，但岁月的流逝并没有磨掉他的毅力和干劲，脸上的皱纹和头上的华发铭刻着人生的沧桑，使他更像一位威严的奥林匹斯山战神。作为一个快60岁的老人，时光已不再允许他为未来的战争做准备。“一个战士应当在最后一次战斗中被最后一颗子弹击中而倒下”，这是他的职业信条。这句悲壮而浪漫的话并没有在现实中得到实现，然而他相信自己就是这样一个战士，坚信自己的一切都没有失掉，失去第3集团军司令的职务并不能否认他是一名真正的战士！

第二次世界大战结束后，欧洲战场的高级指挥官们的归宿各不相同。卡尔·斯帕茨①任陆军航空队指挥官，成为唯一进入五角大楼与艾森豪威尔共事的人；比德尔·史密斯出任驻苏大使；帕奇于1945年11月突然逝世；辛普森因病退役；霍奇斯仍为第1军司令，但因身体衰弱，只保留了一个挂名职务，不久便过上了隐居生活；德弗斯被艾森豪威尔留下指挥陆军地面部队；杰罗则到利文沃思堡的陆军指挥与参谋学校担任校长；克拉克留在维也纳，任美国占领军司令；柯林斯任陆军新闻处处长；李奇微为驻联合国军事委员会代表；马克斯·泰勒出任西点军校校长。

巴顿一直认为自己的未来是虚无缥缈的，而且他也不愿意去多想。

这时他才发现，比阿特丽丝已经站在自己身后好久了。她已经和巴顿做了36年夫妻，两人一起经过了无数的风风雨雨。巴顿起伏不定的命运，让她一次又一次为他担心。情绪多变、狂野不羁的巴顿令许多人头疼，也给他自己惹下了许多麻烦。

现在，东奔西跑的生活彻底结束了，政治上的忽起忽落也不会再来袭扰他了，但百无聊赖而捉摸不定的和平生活比上述一切更可怕。一个

---

① 卡尔·斯帕茨（1891—1974）：美国空军上将，美国空军第1任参谋长。第二次世界大战期间任美国陆军第8航空队司令、北非和地中海占区盟军空军司令。

在战场上最忙碌、最受瞩目的人要平平静静地度过余生，需要时间来调适自己，家庭的欢乐在这时显得格外重要。

在这种既和谐幸福，又抑郁忧思，还有几分虚无缥缈的神秘气氛中，巴顿迎来了自己的60岁生日。

“比，今天有什么安排吗?”巴顿问妻子。

“亲爱的乔治，明天就是你的生日，好多朋友给你送来了礼物，我们是不是安排一个宴会呢?”

“一个宴会是安排不完我的朋友的。你想想，比，军界、政界的老朋友们都没有忘记我这个‘该死的’，还有那么多崇敬我的人，他们会永远感激我的。”巴顿说到这里，顿感心中热潮翻涌。这也难怪，对于一位在战场上屡建奇功、传奇无穷的军事指挥家来说，赢得传世英名比任何褒奖都更能满足他的愿望。

的确，人们并没有遗忘他。很多人给他寄来了生日礼品和美好的祝辞，那些被他解放了的人也给他送来了大量礼物，很多地方都在准备授予他荣誉市民的称号。卢森堡早就把他当成自己的公民了，授予他阿道夫·德·拿骚骑士大十字勋章；比利时也不甘落后，奖给他战争十字勋章，并授予他利奥波德最高荣誉勋章。人们永远感激他作为盟军的高级指挥官为解放被纳粹践踏的欧洲所立下的汗马功劳。

最令巴顿感到欣慰的还是美国人民对他的宽宏大量及对这位返回的远方游子的厚爱，美国多家报纸、杂志纷纷撰文对巴顿的生日表示祝贺，歌颂他战争时期的功绩。许多大城市张灯结彩，庆贺巴顿60大寿。所有这些，都使他那颗饱受创伤的心灵深感欣慰。回首历史，他既不抱怨也不悔恨，他相信自己的一生还是有一定价值的。

“乔治，你知道吗，艾克也来了贺电。”比阿特丽丝小心翼翼地说。这句话已在她的心中盘旋了好久。她非常清楚巴顿与艾森豪威尔之间的微妙关系，但鉴于艾森豪威尔是巴顿的上司和即将走马上任的陆军参谋长，而且他的这个举动完全出自一个普通朋友的真挚祝福，她没有理由不让巴顿知道，即使他会因此而不悦。

巴顿自己也认为，艾森豪威尔是他命运的主宰，而他们两人是性格、命运完全不同的人，艾森豪威尔的温文尔雅和他的蛮横粗暴，艾森豪威尔的平步青云和他的原地踏步，艾森豪威尔的一专多能和他的广而不专，都形成了强烈的对比。他们曾是彼此倾慕、相见恨晚的朋友，他们曾就个人的前途、国家的发展、军队的改革进行过彻夜长谈，他们的心曾经是那样接近。可时间总是要打破所有的定式，突然有一天，巴顿发现他们的位置一下子来了个互换，他不得不在一个越升越高的朋友的麾下卖力地做事，朋友的权限大得可以统率盟军，而他的权限却因自己的个性原因，小到连指挥部队前进的速度也要由上司决定。他们唯一相同的是他们在一起战斗的经历。

就在巴顿60岁生日之际，他命运的航船驶入了最后的行程。一直以来，巴顿都被死亡的阴影笼罩着。之前，他乘飞机回总部时遭到了自己空军部队的误击。在柏林举行庆功会时，一头拉车的牛突然跑到大街上，向他直奔过来，幸亏他躲得快，只是头上擦破了一点皮。他就此事开玩笑说："我差点成为不是饮弹而亡而是被蛮牛撞死的美国将军!"8月下旬，他又遭遇一次车祸，险遭不测。

俗话说，大难不死，必有后福。但这句中国俗话对这位美国将军似乎并不管用。

生日过后，巴顿又回到了欧洲。

12月9日是星期日，巴顿的心情很不错，在好友盖伊少将及巴巴拉斯中尉的陪同下，他乘坐上等兵霍勒斯·伍德林驾驶的小轿车去莱茵兰—普法尔茨地区附近的一片森林里打猎。他早就听人说那里野生动物很多，一直想抽个休息日去那碰碰运气。

半途中，他们去参观了一座废墟。由于天气寒冷，下山时，巴顿坐到了前排位置，以便让加热器和马达的热气暖暖自己冰冷的双脚。

离开废墟后，轿车拐上38号公路，在一个检查站被一名宪兵拦了下来，照例检查了他们的证件。

之后，巴顿又重新回到了后排座位。汽车继续在曼姆郊外凯菲尔特10英里长的公路上行驶。当他们来到铁路交叉处时，恰恰一列长长的货车正要通过，路口闪着红色信号灯，巴顿乘坐的轿车缓缓地停了下来。这时，一辆大型军用卡车和一辆宪兵的吉普车也停在了路口，一同等待信号灯停止闪耀和栅栏升起。

11 时 45 分，火车终于过去了，栅栏门升了起来，车辆开始移动。公路上车辆不多，空气清新宜人，视野极其开阔，伍德林加快了速度。快到十字路口时，伍德林发现前面远远开来一辆大卡车，卡车司机显然不熟悉车道，正逆行着准备驶到正确的车道上。伍德林放慢了速度，准备让卡车继续逆行通过。不料，卡车突然向左转，准备横穿公路，伍德林始料不及，两辆车的距离太近，不可避免地撞在了一起。小车的车头撞进了卡车的腹部，车头撞变形了，伍德林受到了轻微的震动，但由于预先有准备，没有受什么伤。巴顿坐在后面宽大的座位上，先是被甩向前面，然后又被重重地甩向后面，强烈的惯性使他无法控制平衡。

“我的脖子受了伤，中尉!”巴顿对巴巴拉斯抱怨说。他的头重重地撞在车隔板的钢架上，伤口大量出血，满脸都是血污。

盖伊不敢怠慢，马上联系了一个宪兵小分队，用汽车将伤势严重的巴顿送到海德尔堡郊外第 7 集团军的新基地医院。医院的院长和主治军医早已等候在楼下，车一到，巴顿立即被送进了外科手术室。

车祸的消息立即传到了法兰克福，巴顿的军医几小时内就赶到了医院，几位著名的神经外科专家也赶来参加会诊。结果很快出来了：第三颈椎单纯骨折，第四颈椎错位，第三颈椎以下完全没有知觉，病情危急，预后不定。这意味着巴顿颈部以下将完全瘫痪。

比阿特丽丝得知消息后，立即与美国陆军医疗团派出的专家一道飞往德国。当她还在飞机上时，又一份公报发表了。巴顿仍然没有摆脱危险，但医生们很乐观，表示手术效果令人满意。巴顿神志清醒，他的轻松幽默与医疗人员的如临大敌形成了鲜明的对比。

比阿特丽丝来到医院后，被立即带到巴顿那里。巴顿看起来气色不错，他安静地躺着，非常感激地向妻子微笑。他表面上很平静，但说出来的话却让比阿特丽丝害怕：“比，我还以为再也见不到你了，感谢你不远千里来看我最后一眼。”

此后，巴顿的病情时好时坏，就像他的脾气一样让人不好捉摸。12

月 20 日下午，他的呼吸突然困难起来，血栓的症状越来越严重，肺积水不断增多。医生们竭尽全力阻止病情恶化，巴顿似乎也表现出一种大无畏的精神，进行着平生最严酷的一次搏斗。

12 月 21 日 17 时 49 分，巴顿心力衰竭，安眠在妻子比阿特丽丝的怀中。

第二天，巴顿的遗体安放在赖因纳尔别墅供人凭吊。世界各家报纸都在头版头条报道："巴顿将军长眠不醒，溘然逝世。"慰问电和唁电如雪片般飞来，其中包括英国陆军元帅亚历山大子爵、波兰军事使团团长科潘斯基中将及蒙哥马利元帅等人发来的唁电。

士兵们川流不息地前来凭吊这位杰出的指挥官，缅怀他的过去，含泪向遗体告别。

乔治·巴顿的墓碑

几天后，在一个浓雾迷漫、阴雨绵绵的早晨，巴顿的遗体被安葬在卢森堡哈姆的美军公墓中，与第 3 集团军的阵亡将士安息在一起，就像他生前与官兵们亲密无间一样。他的墓碑与周围官兵们的一样质朴无华，浮雕金属板上的四颗星下面镌刻着最简约的墓志铭：

乔治 · S. 巴顿
第 3 集团军上将，军号 02605

紧挨着他的是上等兵约翰 · 赫齐瓦恩的坟墓。

安葬完毕后，一支 12 人的枪手队举起步枪，齐射三响，巴顿熟悉的枪声久久地回荡在卢森堡的群山之间。

赫赫战绩，名垂青史

巴顿去世了，但是人们并没有忘记他。

人们开始感到导致他遇难的车祸非常可疑。首先，当时轿车里共有 4 人，除了司机霍勒斯 · 伍德林受轻微伤之外，另外 2 人则毫发无损，只有巴顿遇难；其次，肇事司机居然能够在案发后溜掉，且没有人对事故过程进行详细调查，这点尤其让人感到不可思议。因为宪兵们只对现场进行了草率的例行调查，甚至没有留下任何官方记录。

有人指出，宪兵队队长巴巴拉斯中尉曾经写下一份调查报告，但后来却不见了，据此，有人认为巴顿之死与政治有关，跟他与艾森豪威尔的矛盾有关。第二次世界大战以后，巴顿成为“亲德派”，曾经公开指责盟军的“非纳粹化政策”，并曾把纳粹分子和非纳粹分子的斗争极为不恰当地比喻为美国共和党与民主党两党之争。他甚至还考虑过要扶植德国 9 支未受损失的党卫军部队。他的亲德倾向使艾森豪威尔感到了威胁，欲除之而后快。

后来，美国军事历史学家罗伯特 · K. 威尔考克斯推出了一本书，名为《目标：巴顿》。书中披露，美国第二次世界大战名将巴顿是遭暗杀身亡的，原因是他威胁要披露盟军领导人的失误而惨遭灭口。

威尔考克斯在书中称，中情局的前身战略情报局局长多诺万曾下令让多次立功受奖的神枪手道格拉斯·巴扎塔暗杀巴顿。

威尔考克斯的书包括对巴扎塔的采访和其日记的摘录，详细叙述了巴扎塔是如何设置假车祸现场的。他当时驾驶一辆军用卡车与巴顿的凯迪拉克相撞，随后用一发低速子弹击中了巴顿，巴顿的脖子被打断，而车上的其他人员却毫发未损。巴扎塔还暗示，当巴顿的身体开始恢复后，美国官员没有采取有效的安保措施，任由克格勃的前身苏联内务人民委员会的特工下毒毒死了巴顿。

威尔考克斯称，当他对巴扎塔进行采访时，巴扎塔的内心处于挣扎状态，他在反思自己的杀人行为。巴扎塔供认，他奉多诺万局长的命令制造了假车祸。威尔考克斯还说："巴扎塔对我说，'我们遇到了一个可怕的情况，那位伟大的爱国者已失控，我们必须挽救他，避免他毁掉盟军所取得的一切成果'。"

巴扎塔的生平也极具传奇色彩，他是 1944 年诺曼底登陆之前伞降至法国帮助组织法国抵抗行动的精锐部队成员，因战功而获 4 枚紫星勋章、1 枚优异服务十字勋章、3 枚法国十字勋章。战后他成了一个著名的艺术家，赞助者包括摩纳哥葛蕾丝王妃、温莎公爵夫妇。他最后成为里根政府海军部部长约翰·莱曼的助手，莱曼后来曾任 2001 年"9·11"事件的委员会委员、美国共和党总统候选人竞选阵营的顾问。

威尔考克斯还找到并采访了美国陆军反间谍部门军官斯蒂芬·斯库比克。斯库比克称，他获悉巴顿在斯大林的暗杀名单上，曾多次向多诺万报警，但却被调回国。

威尔考克斯称："我有两个确凿的证据显示，是苏联人最终结束了巴顿的生命。"这一说法听起来很牵强，似是说明美国官员曾对材料进行过掩盖，至少 5 份有关巴顿车祸情况的文件从美国的档案中被撤除，卡车司机在受到询问之前被送往伦敦，巴顿的尸体也没有进行尸检。在底特律一名凯迪拉克汽车专家的帮助下，威尔考克斯还证实，在诺尔斯堡巴顿博物馆展出的轿车不是巴顿出车祸时所乘坐的那辆车。

巴顿曾指挥美国第 3 集团军，在诺曼底登陆后攻占了法国的大片土地，但盟军最高指挥官艾森豪威尔制止了他在苏军之前攻入柏林的雄心。巴顿认为，是艾森豪威尔在 1944 年秋天错误地阻止他关闭“法莱斯缺口”，致使数十万德军逃出了包围圈，德军随后发动了阿登战役，令数千名美军官兵在战役中丧生。

为了安抚斯大林，第 3 集团军在抵达德国边境时被命令停止前进，未能在苏联红军之前攻取柏林或布拉格。威尔考克斯称：“巴顿当时正准备辞去军队的职务，他想与苏联人开战，政府认为他疯了。他还知道可能毁掉许多人前程的战争机密。如果巴顿活着说出他想说的一切，我不认为艾森豪威尔能成功竞选总统。”

总之，围绕着巴顿之死，威尔考克斯在书中再现了当时令人震惊的情景——这些尘封的档案鲜为人知，许久以来犹如蒙着面纱一般扑朔迷离。

这从另一方面说明了人们对巴顿的怀念与敬仰。巴顿去世后，令人不解的是，他生前所遭受的种种批评和责难从此消失了，代之而来的是大量有关他的半神话式的传闻和极为夸张的颂扬，使他从一个很容易招致批评和误解的人物，转变成一个民间传说故事中为圣洁的光环所环绕的半神半人式的英雄。许多人相信，巴顿的成功主要归因于他那与生俱来的军事天才和敏锐的第六感，也与其祖先对他的神秘启示和召唤有着密切的联系。这很容易使人对他产生英雄式崇拜，从而导致对巴顿真实面貌的曲解。作为一个有血有肉的凡人，巴顿与其他人一样，他之所以能取得不朽的功绩，除了他所从事的反法西斯战争的正义性质和世界反法西斯同盟的力量空前强大等客观因素之外，主要与他本人的领导才能和军事指挥艺术有直接的关系。

应该说巴顿生逢其时，他的性格、家庭传统，都决定了他适合做一员猛将；两次大战的经历，也证明巴顿是一个浪漫主义的、具有骑士风度的古典派将领。巴顿所擅长应对的也正是他在作战中遇到的，一个人的成功在于“能力 + 机会 + 态度”。第一次世界大战时，如果巴顿不选择组建和指挥坦克部队，就没有他后来的装甲运动战的惊人成就；第二次世界大战时，如果把巴顿派往亚洲，或许他也无法取得任何杰出成果。当然，马歇尔的“慧眼识英雄”是毋庸置疑的，艾森豪威尔在对巴顿的使用上也是极有分寸的，这最终成就了巴顿，也成就了盟军的最终胜利。

对于巴顿，军界和学术界历来有不同的历史评价。许多人认为，“巴顿将军是一位统率大军的天才和最具进攻精神的先锋官”“他是美国的首席坦克专家”“巴顿是20世纪的拿破仑”；同时也有人指出，“巴顿勇猛有余，智谋不足”“他骄傲自大，华而不实”。但无论如何评说，人们一致承认：巴顿是第二次世界大战中美军最有作为的杰出的高级将领之一，他必将以一往无前的英雄气概和惊人的战绩而载入史册。在西方国家，特别是在美国，对巴顿的研究已成为第二次世界大战战史研究中的一个重要课题，有关他的学术论文的种类和数量相当广泛丰富，有关他的个人传记和学术著作已有数百部之多。

巴顿一生投注在军事领域的心力是全方位的，其中不乏智慧和深思熟虑的结晶。

狠抓部队的军事训练和纪律，是巴顿克敌制胜的法宝之一。第二次世界大战全面爆发时，巴顿认为，对于长期处于和平状态的美国人民来说，战争是一场突如其来的噩梦。他和其他美军将领所面临的紧迫任务，就是把这些和平人民转变成为守纪律、能战斗的战士，完成这一转变的手段便是训练，而训练的基本内容则是向官兵们灌输严格的纪律和杀人的本领。巴顿写道：“一个人要成为一名好军人，就必须遵守纪律，有自尊心，毫不犹豫地执行命令。”他还常说：“一个人要想活下去，杀死更多的敌人，就必须从平时的刻苦训练抓起。我始终相信一句古老的格言，‘平时多流一滴汗，战时少流一滴血’。”

巴顿坚持认为，军事训练的目的是提高部队的军事素质和实战能力，因此绝不能摆花架子，必须从难从严，从实战需要出发。因此，在抓部队例行军事训练的同时，巴顿特别重视抓针对性较强的军事训练和实战演习。在为北非战役做准备时，为了使部队适应非洲沙漠地区的环境，他把部队带到美国内地的一个荒漠地区进行模拟训练。那里气候酷热干燥，寸草不生，白天气温高达40℃以上。在这地狱般的地方，巴顿狠抓高强度训练：长途急行军、坦克实战演习、挖掘战壕、野外生存训练等。面对叫苦连天的士兵和军官，巴顿反复讲述这样一个道理："高超的军事技术和适应能力可以有效地减少部队的伤亡，一品脱美国人的汗水可以在战时使美国人少流一加仑鲜血。"

巴顿一向对军队的纪律问题十分重视，他认为："纪律是保持部队战斗力的重要因素，也是士兵们发挥最大战斗潜力的关键，所以纪律应该是根深蒂固的，它甚至比战斗的激烈程度和死亡的可怕性质还要强烈。"大部分军事将领都很关注军队的纪律问题，但巴顿对军纪的管理有两个与众不同的特点。一是他的纪律标准十分严格，而且常抓不懈。对此他常常告诫部下，"纪律只有一种，这就是完善的纪律。假如你不执行和维护纪律，你就是潜在的杀人犯"。二是巴顿对部队的着装问题十分重视。巴顿认为，着装问题与军人的风貌和战斗力息息相关。他十分严肃地指出："拉稀兵不能打仗。严明的纪律、威武的军容，既反映了军队的精神面貌和军事素质，又能增加官兵们的自豪感和战斗力。"因此，不论是平时还是战争期间，巴顿部队中的每一个人都保持着一种"标准的军人姿态"：胡子刮得光光的，戴钢盔，系领带，打绑腿，皮靴擦得锃亮。每一个参观过巴顿部队的人，都能从他们的军容风纪中感受到一种强烈的震撼，只有一支战无不胜、充满自信的军队，才能展示出如此雄壮的军威。

一些研究巴顿的学者指出："作为统帅人物，巴顿将军的最大特点就是以他本人的尚武精神去激励部下，用他的个性去影响部下。"巴顿本人也宣称，"在一周之内，我能使任何部队士气高昂"。巴顿为什么会有这么大的感染力和号召力呢？从某种意义上说，是他那无与伦比的演说才能和以身作则的实干精神起了重要作用。重视言传和身教是巴顿最突出的领导技巧和军人品格。

从第二次世界大战初期起，巴顿就用他天生的演说才能来鼓舞士气，贯彻他的战术意图。无论是在训练中还是战场上，无论是在胜利之后还是受挫之时，只要一有机会，他总要发表即兴演说，向官兵们讲解战争的目的和作战部署，激发部队的士气，表彰作战勇敢有功者，鞭策激励那些胆小懦弱的人。他讲话一般不用讲稿，信手拈来，滔滔不绝，音调非常高，听起来有些刺耳。在许多场合，他的讲话直率泼辣，妙语连珠，但往往粗俗不堪，具有一种狂热的气质；还有一些话则不堪入耳，听之令人脸红。巴顿本人也清楚自己的粗话是对别人尊严的一种冒犯，但他认为，这对于刺激和提高部队的战斗意志很有必要。他指出，战争本身就不是一件斯文的事情，斯文的人一定打不过那些满怀仇恨和狂热的人。“美国士兵唯一不具备的气质就是狂热，当我们与狂热者作战时，这是一个极为不利的因素。”因此，他要用粗俗、泼辣和露骨的语言唤起这种狂热气质，努力使士兵们仇恨敌人，以凶猛拼命的姿态投入战斗。

当然，巴顿并不是不分场合地随意使用粗鲁的语言。除了大量即兴讲话外，他还经常发表一些正式演说、文告和书面命令，并以措辞规范、行文典雅和感情深邃而著称，有一种拿破仑式的威严和英雄史诗般的韵味，听罢会使人产生一种荡气回肠、精神振奋的感觉，犹如战斗的号角和长鸣的警钟，又像胜利的召唤和殷殷的嘱托，令人热血沸腾，充满战斗的豪情。但巴顿并不像某些人所说的是一个华而不实的浮夸之人，他是一个十足的实干家，注重用自己的形象和实际行动去影响部队和士气。他常说：“从某种意义上讲，一个战场上的将军就是一个演员，他必须以自己的一言一行去影响部下，并尽力使他们仿效和追随。”巴顿正是以自己的实际行动作为无声的语言，向部队传递着自己的信息。

巴顿十分注意深入基层和前线进行实地考察，特别是在军情紧急的时候，他几乎天天都会出现在战火纷飞的前线。每当攻克一座城镇，他总是冒着炮火和第一批入城的部队一道进城。每次两栖作战，他总是不等船靠近浅滩就率先跳入水中，涉水登陆。巴顿从不满足于运筹帷幄和发号施令，他主张：“每个指挥官在自己适当的职权范围内都要身先士卒。军官的级别越高，越应该抽出更多的时间走出去见下级军官，而不要让下级来见他，除了制订协同作战计划的时间外。”他还认为，如果士兵们知道将军也和他们一样有被子弹击中的危险，那么他们就会发自内心地敬重他，愿意听从他的命令。“从舒适的掩蔽部里靠电话指挥部队的时代已经结束了。”对此，他曾经做过一个形象的比喻，他把一段湿面条放在桌面上，用手指去推，说：“领导艺术就是这样，你从后面是无法将面条推向前的，面条会从中间变弯。前线的士兵也是这样，除非有人率领才行。”当然，巴顿并不要求指挥官盲目地频繁地上前线，他认为，将军上前线的目的。一是了解战局实况，二是鼓舞士气，但如果做得太过分，则会失去这两方面的意义。

在战争中，对军队中违令违纪现象的惩处措施很多，也很严厉，其目的在于利用惩处手段造成的畏惧心理，促使官兵们履行职责。巴顿却很少使用这些措施，因为他有更为有效的办法来提高士气和工作效率，那就是关心爱护他的官兵们。

首先，巴顿很关心部队的生活和福利。巴顿认为，“军官不仅应对士兵在战斗中的表现负责，而且平时也要对他们的健康和需求负责。受到精心照料的士兵会成为最好的战士”。在整个战争期间，他总是尽量调整好部队的生活，以保障他们旺盛的战斗热情和工作效率。行军途中，只要有可能，他就不让士兵们步行走路，而是让他们搭乘一切可以利用的车辆，这样做一方面可以大大加快部队前进的速度，另一方面也是为了保存士兵们的体力。在战斗间隙，他总要让部队走进城镇或村庄的房屋中，换上整洁的服装和鞋袜，并设法让他们进行疗养和娱乐活动。他还经常向士兵们介绍各种防治伤病的知识，以保障部队的健康水平，防止非战斗性减员。对于战场上收缴的各类食品，巴顿总是命令尽快分发给各部队，特别是前线的作战部队。他还命令有关部门，保证把官兵们的家信及时送到他们手中。

巴顿认为，仅仅从物质上关心士兵是远远不够的，人最需要的还是精神上的慰藉和激励。他曾经指出：“士兵们作战主要有两个因素，即对指挥官的英雄崇拜和荣誉感。追求军功和荣誉是优秀军人的天性。”所以，巴顿十分重视用表彰等方式去激励和保持部队的士气。他表彰主要有两种方式：一是授奖授勋，这是战时巴顿做得最多的事情之一，有相当一部分是在战场上进行的，也有的是在伤员的病榻前进行的；二是发布新闻或战报，大力宣传和表扬英雄事迹。这些活动对于提高部队的战斗力确实起了不可估量的作用，所以巴顿一再表示："我相信拿破仑的一句名言：只要有足够的勋章，我就能够征服世界。"

其次，是巴顿善于团结下属，大胆任用和保护他们。例如，巴顿的指挥机构并不是一个才华出众的班子，但他们在巴顿的领导下却发挥出了最大的潜力，取得了优异成绩。对此，巴顿的做法是：对他们的工作给予最大的信任和支持。在要求他们忠于上级的前提下，巴顿对下属工作人员充分信任，从不干涉鸡毛蒜皮的琐事，而是放权让他们去干，让他们独立地完成任务。如果他们做出了成绩，他会给予适当的表彰和嘉奖；如果有人受到委屈和伤害，他也会挺身而出给予保护；当他们得到了晋升的机会，即使再舍不得，他也会忍痛割爱，放他们远走高飞。因此，巴顿的指挥班子团结和睦，工作配合默契，全体人员都以精诚合作的精神和实事求是的态度努力工作，为部队屡创佳绩做出了突出贡献。

战争的最终目的是彻底摧毁敌方的抵抗力量，压缩敌方的战略回旋空间，同时使己方的损失尽量减少。以巴顿当时的作战来看，他很好地贯彻了这一方针，堪称现代史上最杰出的战术家之一。

巴顿特别强调装甲部队的大范围机动性，尽一切努力使部队推进、推进、再推进。他在战斗中的一句口头禅是："要迅速地、无情地、勇猛地、无休止地进攻!"正是这种勇往直前的进攻精神，使得他的部队在战场上所向无敌，无往而不胜。

从巴顿在整个第二次世界大战中的表现来看，他的攻势作战思想主要有以下几点。

第一，强调进攻是夺取胜利的唯一有效手段。巴顿对防御嗤之以鼻，他认为："谁也不能成功地守住什么。部队进入掩体就等于失败。事实证明，任何形式的防御都狗屁不值，这样做的人都是笨蛋。"为了证明自己的观点，他列举了大量历史事实，如特洛伊战争、马其诺防线等。相反，他认为，进攻是打击敌人、保护自己的最有效手段，"在战争中，只要奋勇当先，就会无往不胜；只有迅速勇猛，无休止地进攻，才能保住优势和安全。否则，把主动权交给敌人，我们就会陷入被动挨打的境地”。

第二，反对侧翼安全论。由于巴顿部队的推进速度很快，以致其侧翼经常暴露在敌人面前，这引起了许多将领的不安，他们常常为确保侧翼安全而畏首畏尾，同时也对那些一时不能攻克的城镇而忧虑重重。对此，巴顿却不以为然。他认为，在推进中不给敌人留下喘息之机，是获得大捷的重要因素，如果拘泥于侧翼安全和一城一地的得失而拖延进攻，受益者只能是敌人。他主张：不要过分考虑侧翼安全问题，对那些一时不能攻克的城镇也可以绕道而过，只要我军大踏步前进，侧翼安全自然就不会出问题，那些孤立的敌人城镇即使不会被困死，也会自动放弃或者缴械投降。巴顿曾对自己的参谋人员说：“还有一件事要求你们记住，对担心侧翼这种讨厌的事不要去管。让敌人去担心他们的侧翼去吧，而我们决不。”

第三，注重进攻的速度。巴顿认为进攻的速度越快越好，因为“战斗的时间越短，我军的损失就会越小，对敌人的打击就能造成突然性，从而取得更加辉煌的胜利”。即使“有时推进的速度和连续作战的时间会超过人的极限，但这并不可怕，因为这对敌人更为不利，而且战斗胜利后，我军自然会有充分的休整时间，否则贻误了战机，一切都无从谈起”。为了使部队能够快速地前进，巴顿不允许他的军长、师长们撤退，甚至不允许他们停步不前。他曾经对部下说：“我不想接到电报说，我正在坚守阵地。我们什么也不坚守，让敌人去坚守吧。我们要频频出击，大踏步前进。不论你们多么疲劳、饥饿，敌人只会比你们更加疲劳、饥饿。”

第四，强调充分发扬火力优势。在进攻战中，巴顿始终要求部队要充分发挥火力的优势，不要吝惜炮弹和子弹，这样可以达到杀伤敌人、保护自己、火力侦察和鼓舞士气等目的。他指出：“你们的火力压制了敌人的火力……我们的迫击炮、大炮只有开火时才是先进武器，沉默时只是一堆废铁。步兵要接近敌人，必须运动才行，而要运动就必须射击。主要目标尚未发现时，所有的步兵武器火力必须用于搜索敌人可能占领的区域。要利用行进间火力，降低敌人火力的准确性，提高我军的信心。要向敌前沿阵地射击，跳弹的声音更可怕而且杀伤率更高。在火力下滞留是愚蠢的行为，在火力下滞留而不反击则是自杀行为。”

第五，重视后勤保障工作。为了保证装甲部队的连续性大规模进攻，有一个问题始终困扰着巴顿：物资供应不足，特别是油料严重短缺。为了解决这一难题，巴顿煞费苦心，使出了浑身解数。巴顿的后勤处长沃勒尔・马勒是一位传奇式的人物，他领导下的第 3 集团军后勤处是盟军中工作效率最高的后勤部门。但由于部队在欧洲平原上超常规地大步前进，战线迅速拉长，汽油供应不足的问题日益突出，已成为制约部队进攻的重要因素。在巴顿的建议下，盟军采取了一个极富创造性的行动——“红球快车”行动，即动用大批民用车辆，日夜不停地向前线运送油料等军需物资。后来，盟军最高司令部出于战略的考虑，削减了对第 3 集团军的油料供应，直接影响了其进军速度。在这种情况下，巴顿只好采取一些“不正规”的方法以保障汽油的供应：一是马勒对在战场上缴获的汽油，采取了特殊处理方式，既不上报也不记录，而是尽快发给部队，以解燃眉之急；二是巴顿默许士兵去偷油，并对偷油有功者给予奖励，其中最“蛊惑人心”的奖励是放假 3 天。这是一种缺乏绅士风度的美国牛仔式方法，但极有成效，解决了部队的“油荒”。

第六，特别注意情报搜集工作。在瞬息万变的战场上，如果不能及时、准确地获得敌人活动的情报，指挥官就难以做出正确的判断、制订相应的计划并及时做出决定。在西欧战场上，第 3 集团军的情报班子干得非常出色。巴顿经常利用战斗间隙，派出小股部队深入敌后进行侦察或对敌实施武装侦察，因而往往能获得准确的情报。有时，巴顿甚至能比盟军最高司令部更早地了解敌人的动向，做出正确的判断和部署。比如，1944 年 8 月，德军在莫尔坦反攻前，巴顿通过对侦察分队报告情况的分析，判断敌军将进行反攻，因而及时地变更部署，为粉碎敌军的反攻创造了条件。

巴顿的作战思想概括为一句话，就是“进攻，进攻，再进攻”。就一般的战争而言，有攻就有守，有侧翼就有侧翼安全的问题。若一味地强调进攻、忽视防御，侧翼暴露而不加以保护，必然给己方带来巨大的危险，甚至导致全军覆没。但在 1944 年 7 月以后的特定历史条件下，盟军因兵力兵器占压倒性的优势而无须进行防御作战，绝对优势的空军可以保护暴露的侧翼，因而无须担心侧翼安全。巴顿的攻势作战思想在此时此地是绝对正确的。所以，在评价巴顿的攻势作战思想时，应将其放在特定的历史和战场条件下，不能孤立地看待。

巴顿的一生都在为成为一位伟大的将军而努力，他最终如愿以偿了。他在军中服役 35 年，兢兢业业，恪尽职守，取得了巨大成就——他在美军现代化建设事业中所起的重要作用，在第二次世界大战战场上建立的丰功伟绩，以及他在军事训练和实战中创造、积累的成功经验及作战方法，在美国和世界军事史上打上了深深的烙印，为世人所传颂。

当然，我们也很容易在巴顿身上看到各种的缺点，甚至极其严重的局限性。由于性格、教育和家庭背景等因素的影响，他在生活小节、军事和政治事务等方面都很容易走极端，好的时候出类拔萃，令人景仰，坏的时候顽固不化，遭人诅咒。“打耳光”事件、与盟军和美军领导层的几次严重冲突，以及战后日益表现出的政治上的严重保守趋势等，无不影响着他的形象和军旅生涯，也导致了他的个人悲剧。但不管怎样，在第二次世界大战这样一个广阔的大舞台上，杰出的军事将领成千上万，而像巴顿这样以“不断胜利推进的将军”而载入史册的极富传奇色彩的人物，则只有他一个。时至今日，那些在世的第 3 集团军的老兵们仍然自豪地记得——“我们在巴顿的统率下阔步前进!”